全国高等学校食品经济管理专业适用教材

食品供应链管理

何 静 编著

中国轻工业出版社

图书在版编目(CIP)数据

食品供应链管理/何静编著.—北京:中国轻工业出版社,2025.2
全国高等学校食品经济管理专业适用教材
ISBN 978-7-5184-0839-9

Ⅰ.①食… Ⅱ.①何… Ⅲ.①食品-供应链管理-高等学校-教材 Ⅳ.①F407.825

中国版本图书馆CIP数据核字(2016)第048345号

责任编辑:伊双双 钟 雨
策划编辑:伊双双 责任终审:劳国强 封面设计:锋尚设计
版式设计:王超男 责任校对:吴大朋 责任监印:张 可

出版发行:中国轻工业出版社(北京鲁谷东街5号,邮编:100040)
印 刷:北京君升印刷有限公司
经 销:各地新华书店
版 次:2025年2月第1版第3次印刷
开 本:787×1092 1/16 印张:14
字 数:300千字
书 号:ISBN 978-7-5184-0839-9 定价:32.00元
邮购电话:010-85119873
发行电话:010-85119832 010-85119912
网 址:http://www.chlip.com.cn
Email:club@chlip.com.cn

250381J1C103ZBW

序

“民以食为天”,食物是人类赖以生存繁衍、维持健康的基本条件之一。改革开放以来,我国食品产业的内涵与外延发生了历史性的变革,已从“加工业”扩展到“大食品产业体系”时代。食品产业在国民经济和社会发展中的作用举足轻重,成为我国国民经济的重要支柱。

中国共产党十六届五中全会更明确提出,要大力推动农业现代化和社会主义新农村建设,统筹城乡经济社会发展,从我国经济发展的战略高度,把发展食品工业、大力开展农产品深加工与解决“三农”问题密切结合起来,在政策上给予大力扶持,从而为食品产业的大发展创造良好的环境。

“大食品产业体系”下的现代食品产业的发展不仅需要大量食品工程和加工技术型人才,更迫切需要既懂食品工程与加工技术又熟悉食品产业经营管理知识的复合型人才。可见食品产业的迅猛发展对食品经济管理人才的需求越来越大,对食品经济管理人才的要求也越来越高。但是,国内目前还没有专门针对食品经济管理专业的教材,迫切需要编写一套兼具理论性和实践性的教材。上海海洋大学是国内第一个开设食品经济管理本科专业的高等学校,因此,编写一套反映当今食品经济管理的发展现状、符合创新创业型人才培养要求的食品经济管理专业系列教材,是我们义不容辞的责任和义务。

这套教材正是在客观环境和现实需要的双重驱动下,在上海海洋大学有关领导的指导下,在相关教师的共同努力下,由中国轻工业出版社组织编写而成。本系列教材力求反映最新的食品经济管理的理论与实践,注重配套教材的系统性。在写作方式上,注重对学生主动思考能力的启发和创新思维能力的培养,希望达到促进教学质量提高,为社会输送高素质食品经济管理创新型人才的目标。

随着学科的不断发展,其体系结构还有待不断完善,内容也需要不断修改补充。由于时间紧,任务重,加之该教材体系初次建立,使用效果怎样,尚需在实践中接受检验。

全国高等学校食品经济管理专业适用教材编委会

前 言

近几年来频频发生的食品安全事件严重威胁着人类健康，疯牛病、禽流感、瘦肉精、三聚氰胺、地沟油等一系列事件给社会造成巨大损失，并引发了消费者的信任危机，使食品安全问题成为全球关注的重大课题。由于食品安全隐患可能存在于供应链的各个环节，加强对食品供应链的管理可以在一定程度上减少甚至杜绝食品安全事件的发生，因此对食品供应链管理的研究也越来越受到重视。食品供应链是一种更为复杂、涉及环节更多的特殊供应链，它不仅是一条连接供应商、生产者到消费者的产品物料链，而且还是一条在加工、包装、储存等环节实现价值增值的增值链，食品企业通过优化食品供应链管理可以在提高食品质量、保障食品安全的同时提升企业在国际市场的竞争力。

本书分为10章，第1章对食品供应链、食品供应链管理的基本概念以及国内外食品供应链的发展现状进行了阐述；第2~5章详细阐述了食品供应链的库存管理、采购管理、物流管理以及合作伙伴关系管理；第6~7章介绍了食品供应链管理中的信息系统和信息技术，具体阐述了食品安全信息溯源管理的内容、实施流程和实施方法；第8~9章介绍了食品供应链的风险管理，重点阐述了食品供应链安全诚信风险管理的识别、评估与控制，并对如何进行食品供应链绩效评价进行了详细介绍；第10章具体介绍了食品冷链的概念内涵以及冷链物流的规划与管理。

在本书的编写过程中，上海海洋大学张歆祺、刘杰参加了部分章节的资料收集和图表整理工作。本书的编写得到教育部人文社会科学基金项目的资助（项目编号：13YJA630028）。

本书还参考和引用了大量国内外相关的研究成果和文献，在此对这些文献作者表示衷心感谢。

本书的编写和出版得到了上海海洋大学经济管理学院和中国轻工业出版社钟雨编辑的大力支持，在此一并表示感谢。

本书可作为高等院校食品物流管理、食品经济管理、食品物流工程等专业的教材，也可作为从事食品企业管理以及食品供应链管理系统规划、设计和应用的专业技术人员的工具书。

由于作者水平有限，书中难免会有一些不妥和疏漏之处，敬请读者批评指正。

何 静

2016年4月于上海

目录

1 概述

1.1 食品供应链概述

1.1.1 食品供应链的基本概念

20世纪90年代以来,供应链管理已经成为学术界和实业界关注的热门话题,特别是当供应链管理成功地应用于IBM、P&G、DELL等公司的经营管理以后,食品和农产品行业也纷纷效仿并借助供应链管理这一工具来提高自身的竞争力。食品作为一种特殊的商品,社会对其供应链管理有更高的要求。同时随着经济的不断发展和人民生活水平的提高,消费者的消费观念也在不断地改变,从过去的追求数量这种单一的传统模式向“多品种、少批量、高质量、无污染”的模式转变,这就对食品行业提出了新的挑战,必须改变传统的管理模式才能适应市场的变化,满足消费者的需求。1996年,Zuurbier等学者在一般供应链的基础上,首次提出了食品供应链(food supply chain)的概念,并认为食品供应链管理是农产品和食品生产、销售等组织,为了降低食品和农产品的物流成本、提高质量、提高食品安全和物流服务水平,而实施的一种垂直一体化运作模式。

一般而言,食品供应链由不同的环节和组织载体构成:产前种子、饲料等生产资料的供应环节(种子、饲料供应商)—产中种养业生产环节(农户或生产企业)—产后分级、包装、加工、贮藏、销售环节—消费者。如今,在美国、英国、加拿大和荷兰等农业生产较为发达的国家,这一管理模式已经广为应用,并逐渐成为该领域学术研究的重点课题。

通过对食品供应链及相关问题的研究,Gerrt Threinkens Jacaues等指出,食品供应链的优势取决于构建良好的伙伴关系和资产专用性等;英国学者阿罗马认为食品供应链是一个从食物离开农场直到消费者使用末端的连续不断的技术创新趋势(解决各类风险)的过程,包括食用农产品原料生产和食品加工、贮藏、运输、分销、包装、批发零售直到消费者的各个环节及其相互关系,如图1.1所示。

国内学者提出利用供应链管理,通过信息规范化建立市场快速反应机制,开拓果蔬市场;张晟义提出涉农供应链概念,将其定义为“以农业原材料作为后续各阶段生产加工和运销主要对象的供应链的总称”,并分析了食品供应链的特点;杜小芳、张金隆等利用作业成本法对农产品物流配送效益进行评价;陈超、罗英姿等提出构建基于信息代理和信息平台的肉类加工食品供应链。

总结国内外学者对食品供应链的研究,本教材将食品供应链定义为:以食品为研究对象,围绕食品经营,通过对物流、信息流、资金流的控制,协调食品生产资料供应商、农户、食品生产者、食品经营者和消费者之间的利益,从农用产品开始,完成农产品生产作业、收购运

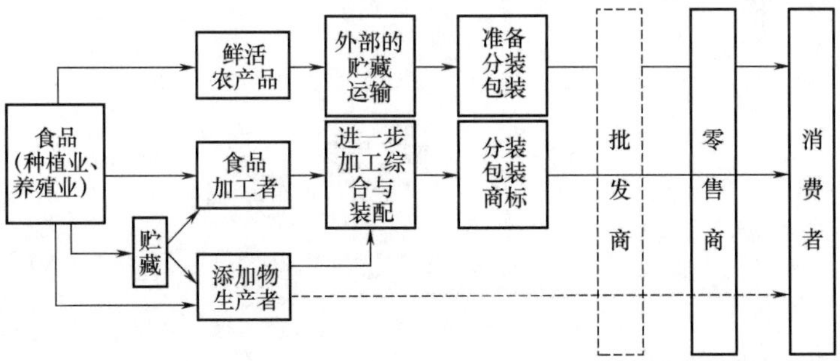

图 1.1　食品供应链结构图

输、生产加工和分销的一系列过程。食品供应链不仅是一条连接供应商、生产者和消费者的产品物料链,还是一条在加工、包装和贮藏等环节实现价值增值的增值链。

食品供应链由不同的环节和载体构成,包括产前环节、产中环节、产后加工环节、流通环节和消费环节。其中产前环节包括种苗业、饲料业、信息指导和产品规划;产中环节包括产地环境、田间管理、技术指导、农用物资和肥料业;产后加工环节包括等级分类、产品包装、保鲜加工和储存加工;流通环节包括流通产品的运输、销售渠道规划、网点布局、冷链流通技术和产销地市场建设;消费环节包括产品的提供和消费的引导。

1.1.2　食品供应链概念产生和发展的动因

食品供应链概念的产生和发展是人们对食品消费的要求不断提高的必然结果,具体而言,主要有以下 3 方面的原因。

(1)消费者对食品及农产品新鲜程度的要求越来越高　要求食品和农产品的交货期、生产期越短越好,迫使食品生产企业实行食品供应链管理,以保证稳定的上游原料和下游的销售畅通。

(2)消费者对食品质量安全越来越关注　为了满足消费者对新鲜、多样化食品及农产品的需要,越来越多的高科技技术被运用于食品领域,新科技新产品(食品添加剂、激素、抗生素等)的过度使用在满足消费者需要的同时,也不可避免地对人体产生了短期或长期的潜在危害,从而引起人们对食品质量安全的关注。人们要求享有知情权,知道食品及农产品从农田到餐桌的一系列生产加工过程,即食品供应链全过程中质量检测检验结果。

(3)外在法律法规的要求　考虑到公民人身健康、国家长远发展,同时在消费者保护组织以及其他研究学者的压力下,各个国家都相应地制定了食品质量安全监管法律法规。这要求食品企业不得不按照食品供应链管理的思想来运作。如欧盟管理法第 178 号(2002)规定,从 2004 年起在欧盟范围内销售的所有食品,都要实行食品供应链跟踪管理与追溯。

1.1.3　食品供应链的分类及其模型

根据食品和农产品物流的发展阶段,Golan E、Boselie D. 等(2002)认为,典型的食品供应链可划分为哑铃型、T 型、对称型和混合型四种类型。

(1)哑铃型食品供应链　这种类型的食品供应链严格来说是一种准供应链(图 1.2)。

它的特点是供应链较短，连接位于两端的交易主体较多，而中间链节少且交易主体也较少，呈现为哑铃型。上游聚集了为数众多的农产品生产者，他们拥有农产品的技术条件较差、产量低且品种少；同时，由于产品生产地离市场较近且只提供单一食品和农产品，使得供应链中参与交易的主体大多为食品和农产品生产者，他们在市场上直接进行交易，很少有联系着生产者和消费者的中间商，种植业者直接将食品和农产品销售给消费者。在发展中国家，特别是靠近城镇地区的蔬菜供应，一般都采用这种类型的供应链。

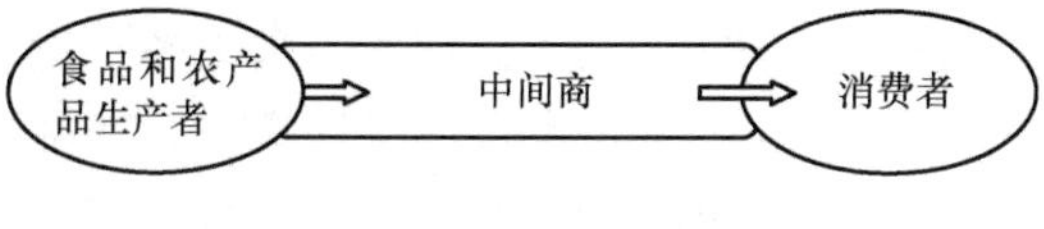

图 1.2　哑铃型食品供应链

（2）T 型食品供应链　这种类型的食品供应链一般适用于食品和农产品的生产地和销售地相距较远，消费需求差异较大的情况。由于食品和农产品易腐烂，食品和农产品生产者不可能直接销售自己的产品，需要通过必要的中间商提供服务，如第三方物流、食品和农产品深加工商和批发商等所提供的相应服务。这种类型的供应链，上游聚集了较多的食品和农产品生产者，而在中游环节对产地生产情况比较了解，又在销售地占有一定渠道优势的销售商却较少。因此，T 型食品供应链的上游种植业者众多，而中下游中间商和销售商较少且集中，供应链的形状呈现为 T 型（图 1.3）。与哑铃型食品供应链相比，它的链条较长，食品和农产品的销售表现为间接性和增值性服务。这种类型的食品供应链在我国较为普遍。在我国农业产业化不发达的地区，由于缺乏一端连接上游农户，另一端连接销售市场和专门从事农产品加工的龙头企业以及相应的中间环节，农产品生产往往和市场需求脱节。因此，T 型食品供应链由于中间环节缺位和低水平的物流运作，易出现上游农户盲目生产而下游农产品销售困难的现象。

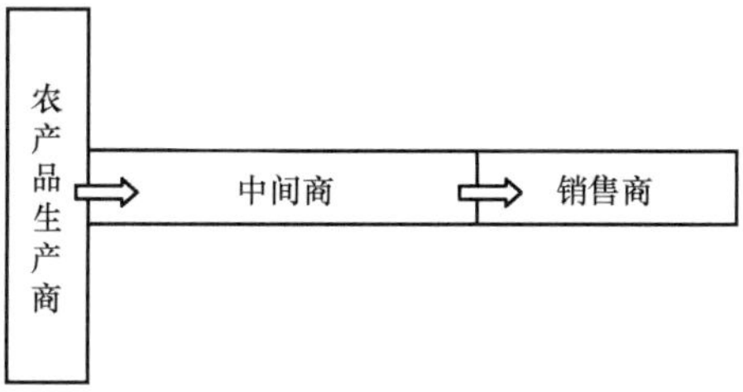

图 1.3　T 型食品供应链

（3）对称型食品供应链　随着新兴销售业态的出现，销售渠道日益被大型专业市场和超市所垄断，食品和农产品的传统销售形式也被超市所取代，而且这种趋势越来越明显，同时由于技术水平的提高，食品和农产品生产也趋向于由少数种植商集约经营。Boselie D.（2002，2003）通过对泰国皇家阿荷德生鲜超市食品供应链管理的调查发现，曼谷有 50% 的食品和农产品是在大型超市（如 7－11、皇家阿荷德、家乐福、Sainsburry 和 TESCO）售出的。这些大型超市为了满足市场对农产品品质一致性和供应稳定性的要求，对供应商进行了严格筛选。因此，皇家阿荷德生鲜超市实施食品供应链管理后，将供应商从原来的 250 家减少为 60 家左右,使物流系统更加高效和简洁。随着上游农产品供应商数目的锐减和超市连锁店的不断扩张,这种食品供应链的上游供应商与下游超市连锁店的数目呈现对称增长的态势(图 1.4)。在发达国家及物流发展较为成熟的大城市里,这种食品供应链经常表现为集中采购、统一配送和尽可能减少不增值的物流环节,以实现节约成本的精益物流(lean logistics)战略。

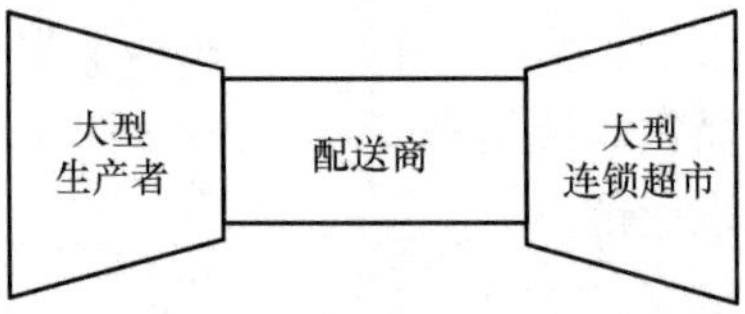

图 1.4　对称型食品供应

(4)混合型食品供应链　随着市场对食品和农产品消费需求的多样化,食品和农产品加工的比重也在逐步提高。据有关统计表明,目前美国未加工蔬菜和加工蔬菜所占的百分比为15%和85%;水果为30%和70%。其他发达国家的情况也大致如此。大型超市为了适应消费需求进行显著变化,将原先由独立企业从事的专业化生产的增值环节进行“内部化”,专门建立大型加工配送中心,对农产品进行清洗、分类、深度加工、包装和配送等增值业务,同时通过在大型加工中心实施 HACCP、GMP 和卫生安全认证,来保证食品和农产品的质量安全。这个环节是前述三个食品供应链中所没有的,这是大型超市和连锁店对市场需求做出快速反应的结果。随着上游供应商实力和优势的增强,加工中心的部分功能,如清洗、分类和深度加工等环节又向供应商回流,使得加工中心的重点放在处理不断扩大的农产品数量和种类业务上。因此,这种食品供应链是一种综合的、多品种、大批量和多频次的混合型供应链体系(图 1.5)。这种食品供应链更关注消费者的满意度,通过加工中心来对市场需求做出快速反应,并实时对食品和农产品进行“度身定制”和深度加工,以实现不同于精益物流的敏捷物流(agile logistics)战略。

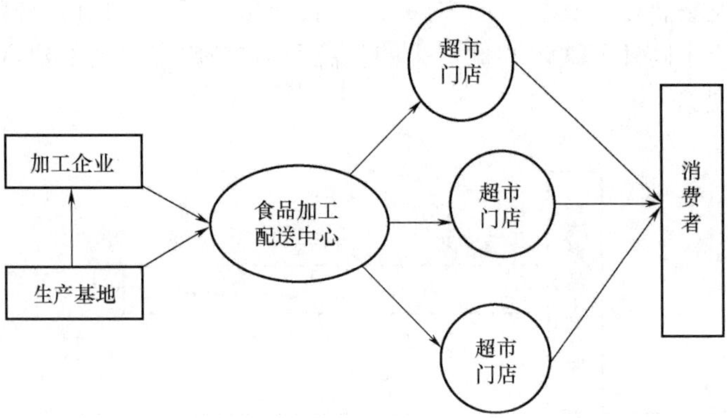

图 1.5　混合型食品供应链

1.2　食品供应链管理概述

1.2.1　食品供应链管理的发展演变过程

食品供应链的分类是建立在科学研究基础上的,并随着食品供应链管理研究的深入而发生变化。在全球范围内,对食品供应链管理的研究大致经历了三个阶段:

第一个阶段为商流管理阶段。研究范围包括从食品和农产品加工企业的产出到消费者消费前的商流阶段，其研究内容通常包含在营销范畴内。

第二个阶段为集成物流管理阶段。研究范围将食品和农产品的物流管理从市场营销中分离出来，且向上游扩展到食品和农产品生产基地的加工过程，强调生产应以市场需求为导向和对整个物流环节的成本控制。

第三个阶段为供应链一体化管理阶段，研究范围进一步向上游延伸到食品和农产品的最上游企业（如种子供应商等），延伸的目的是跟踪和追溯食品和农产品质量安全问题，以便快速和有效地发现并解决问题。

从食品供应链管理研究的发展趋势来看，是更好地集聚资源和竞争优势以增强整个食品供应链的核心竞争力。

1.2.2 食品供应链管理的特点

一般而言，食品及农产品中很大一部分属于生鲜类，这使得食品供应链管理与其他行业供应链管理差别迥异，有其自身的独特性，具体表现在：

（1）供应链管理过程中外包比例较大　因为食品及农产品，尤其是生鲜类的食品单值较低，厂商为降低物流成本，一般会外包相关业务而不会自建系统提高成本。

（2）食品供应链从生产到消费周转时间短但环节多　食品及农产品（尤其是属于生鲜类的食品）从生产、加工、销售到最后的消费，为保证新鲜度抢占市场，对时间要求非常高，但同时又需要经过多环节操作。在多个环节中，每个环节都必须仔细谨慎才能做到最后消费产品的质量安全，这就要求食品供应链设计运作时必须力求高效，同时各个环节都必须有效保证食品质量安全。

（3）在管理中对信息技术要求高　食品消费周期短，对于库存配置、产品运输及渠道管理要求极高，因此对于信息技术的依赖性极大。渠道能力是一种持久的、不可购买的、不可转移的、与消费市场现状密切相关的能力，渠道管理往往是食品企业的核心竞争力所在。通过完善的信息技术，企业能实现与渠道伙伴的及时沟通、有效设置渠道库存，最终实现供应链成本节约下的产品供给。

（4）在管理中对冷链技术依赖性较强　食品冷链以保证易腐品品质为目的，以保持低温环境为核心，不仅有对冷链运输系统的技术要求，还有对冷库等储存场所的冷控技术要求，从而最终确保消费食品的产品品质与质量安全。

（5）供应链横向之间竞争对手较多，消费者对于产品的忠诚度不高　这要求食品供应链管理在保证质量安全的同时还必须考虑各种促销手段和广告对消费者的影响从而最大限度地增加供应链价值。

1.2.3 食品供应链管理的目标

食品供应链管理是通过对食品供应链中的物流、信息流和资金流进行设计、规划、控制与优化，即行使通常管理的职能，进行计划、组织、协调与控制，以寻求建立食品的供、产、销企业以及客户间的战略合作伙伴关系，最大程度地减少内耗与浪费，保证食品的安全健康、实现食品供应链整体效率的最优化并保证食品供应链中的成员取得相应的绩效，来满足消费者需求的整个管理过程。食品供应链管理最根本的目的就是增强食品生产企业的竞争力，其首要目标是通过提供高品质的健康安全的食品提高消费者的满意程度。具体目标包括确保高效率反应；整合内外部供应链；降低不确定性。

1.2.3.1 高效率反应

网络的出现使食品生产企业面临的竞争是全球化的，而且是在信息传递无障碍和无时滞的条件下发生的，这时，响应时间就成为最核心的和第一位的竞争要素。食品生产企业必须综合配置各种资源，以缩短企业对市场需求进行有效反应的时间间隔。

食品供应链管理的最终目标就是要建立一个具有快速反应能力的、以客户需求为基础的系统，使食品零售商及供应商以业务伙伴的方式合作，提高整个供应链的效率，而不仅仅是单个环节的效率，从而大大降低整个系统的成本，同时为客户提供更好的服务，确保实现高效率消费者反应。

1.2.3.2 整合内外部供应链

（1）内部食品供应链整合　一个食品生产企业的内部业务流程也是一条供应链，也就是传统上所说的企业经营的五项基本活动：采购、制造、运输、存储和销售。内部食品供应链管理的目的就是要使这部分供应链达到整合，也就是使这五项基本活动能互相配合，进行整体计划及管理。

（2）外部食品供应链整合　外部食品供应链整合的含义是指从供应商的供应商到客户的客户全部过程，包括外购、生产、分销、库存管理、运输、仓储、客户服务等，充分进行信息交换，并达成统一计划安排，以使此网链中与食品相关的企业都能达到利益最大。这就跨越了企业的围墙，建立的是一种跨企业的协作，以追求和分享市场机会。

1.2.3.3 降低不确定性

不同的食品供应商以不同的方式将食品原料、配料送至加工生产现场，经过复杂的生产过程生产出各种配料和最终食品，再将它们送至客户。食品原料经过采购、生产、运输、再生产，最后成为食品，并送至客户手中，其中包含着很多不确定因素，如复杂的生产过程带有不确定性，实际承运时往往又组合了多种运输手段，能否准时运到也带有随机性，这些不确定的因素均使食品企业被迫增加生产、运营风险。食品供应链管理的一个重要任务就是要降低乃至消除上述不确定性所造成的影响。

1.2.4 食品供应链管理的运行机制

食品供应链的中心任务是要建立和完善一套运行机制，包括合作机制、决策机制、激励机制和自律机制等，通过满足消费者需求实现食品供应链的价值增值。

1.2.4.1 合作机制

食品供应链合作机制体现了战略伙伴关系和食品企业内外资源的集成与优化利用。基于这种合作环境的食品生产加工过程，从食品的研究开发到投放市场，周期大大缩短，而且消费者导向化程度更高；标准化配料使食品企业在多变市场中的柔性和敏捷性显著增强，虚拟制造与动态联盟提高了业务外包策略的利用程度。食品企业集成的范围扩展了，从原来的中低层次的内部业务流程重组上升到食品企业间的协作，这是一种更高级别的企业集成模式。在这种企业关系中，市场竞争策略最明显的变化就是基于时间的竞争和价值链管理。

1.2.4.2 决策机制

由于食品供应链企业决策信息的来源不再仅限于某个食品生产企业内部，而是在开放的信息网络环境下，不断进行信息交换和共享，达到整个食品供应链企业计划与控制的同步化、集成化目的。随着 Internet/Intranet 发展成为新的企业决策支持系统，企业的决策模式将会产生很大的变化，因此处于食品供应链中的任何企业决策模式应该是基于 Internet/Intranet 的开放性信息环境下的群体决策模式。

1.2.4.3 激励机制

食品供应链管理和其他任何的管理思想一样，可使企业在竞争中不断在时间、质量、成本、服务、柔性五个方面加以提高，以更少的成本获取更大的收益。缺乏均衡一致的供应链管理业绩评价指标和评价方法是目前供应链管理实践效率不高的一个主要问题。要有较好的应变能力，不断提高用户服务水平，提高用户满意度，必须建立、健全业绩评价和激励机制，使我们知道食品供应链管理思想在哪些方面、多大程度上能给予企业改进和提高，推动食品生产企业管理工作不断完善和提高，同时使食品供应链管理能够沿着正确的轨道与方向发展。

1.2.4.4 自律机制

自律机制要求食品供应链企业向食品行业的领头企业或最具竞争力的竞争对手看齐，不断对食品、服务和食品供应链进行评价，并不断改进，以使企业能保持自己的竞争力和持续发展。自律机制主要包括食品企业内部的自律、对比竞争对手的自律、对比同行企业的自律和比较领头企业的自律。食品企业通过推行自律机制，可以降低食品成本，增加利润和销售量，更好地了解竞争对手，提高客户满意度，增加信誉，也使食品企业内部部门之间的业绩差距得以缩小，提高食品企业的整体竞争力。

1.2.5 食品供应链管理的实施步骤

食品供应链管理的实施步骤具体由制订食品供应链战略实施计划、构建食品供应链、确定食品供应链协作安排、改造食品供应链流程、食品供应链管理优化五个部分组成。

1.2.5.1 制订食品供应链战略实施计划

实施食品供应链战略首先应该制订可行的计划，这项工作一般分为 4 个步骤。

（1）将食品企业的业务目标同现有能力及业绩进行比较，发现现有食品供应链的显著弱点，经过改善，迅速提高食品企业的竞争力。

（2）同关键客户和供应商一起探讨、评估全球化、新技术和竞争局势，建立食品供应链的远景目标。

（3）制订从现实过渡到理想食品供应链目标的行动计划，同时评估食品企业实现这种过渡的现实条件。

（4）根据计划安排优先次序，并且承诺相应的资源。即根据实施计划，首先定义初期的食品供应链结构，使食品企业在与正确的客户和供应商建立的正确食品供应链中处于正确的位置；然后重组和优化企业内部和外部的食品、信息和资金流；最后在食品供应链的重要领域，如库存、运输等环节提高质量和生产率。

1.2.5.2 构建食品供应链

企业构建食品供应链应关键着眼于以下 3 个方面。

(1)明确自己在食品供应链中的定位　食品供应链由原料供应商、生产商、分销商、零售商、物流与配送商及消费者组成。一条富于竞争力的食品供应链要求组成供应链的各成员都有较强的竞争力,不管每个成员为整个供应链做什么,都应该是专业化的,而专业化就是优势。任何企业都不可能包揽食品供应链的所有环节,它必须根据自己的优势来确定自己的位置,制订相关的发展战略,如对自己的业务活动进行调整和取舍,着重培养自己的业务优势等。

(2)建立食品物流、配送网络　食品能否通过供应链快速地分销到目标市场上,取决于食品供应链上物流、配送网络的健全程度及市场开发状况等。物流、配送网络是食品供应链存在的基础,组建食品物流、配送网络时应该最大限度地谋求专业化。

(3)采用信息技术　从市场营销方式上看,少数食品生产企业处在由生产引导消费的阶段,而大量的食品生产企业则处于由消费引导生产的阶段。无论哪种情况,都应该尽可能全面地收集市场信息,如零售店铺的 POS 系统可以集中收集一部分消费者信息,而物流、配送环节的信息难于集中,应该通过应用条码及其他自动数据采集系统进行采集。食品供应链的领导者还应该倡导建立整个食品供应链管理的信息系统。

1.2.5.3 确定食品供应链协作安排

(1)根据客户所需的服务特性来划分客户群　客户的状况和需求情况决定企业的服务方式和水平。应根据客户需求,如食品供货时间、数量、地点和企业可获利情况等,设计企业的食品物流网络,及时掌握市场的需求信息。销售和营运必须及时监测整个食品供应链,及时发现需求变化的早期信号,并及时根据不同客户的需求安排和调整计划。

(2)控制时间延迟　食品市场需求波动剧烈,因此距离客户接受最终食品和服务的时间越长,需求预测就越不准确,而食品企业还不得不维持较大的中间库存。在实施大规模定制化生产的时候,应运用柔性化生产技术合理确定客户订单分离点,即将食品生产的通用工序和特色化工序进行分离。分离点之前的食品生产是可预测的,能大批量生产,使效率最大化;分离点之后则依靠消费者对食品的个性需求驱动对食品进行特色化加工,最大程度地满足消费者的需求。因此,从时间角度考虑,应尽可能将分离点推迟,即向生产过程下游移动,如将食品生产的最后阶段工艺(特色化包装、分量大小分级、营养成分添加、消费者额外要求等)延迟至收到客户的订单再完成。

(3)与供应商建立双赢合作策略　传统交易合作中,供应商之间相互压价固然有利于单个企业的成本控制,但相互协作则可以降低整个食品供应链的成本。合作在很大程度上取决于信息沟通,在整个食品供应链领域建立信息系统可以使企业与供应链成员的合作形成有效的途径。信息系统首先应该处理日常事务和电子商务,然后支持多层次的决策信息,如食品需求计划和资源规划,即根据大部分来自食品企业之外的信息进行前瞻性的策略分析。合作的持续还要通过激励机制来保证,激励的重要措施是建立整个食品供应链的绩效考核指标,而不仅仅是局部的个别食品企业的孤立标准。食品供应链有效性的最终检验标准是客户的满意程度。

1.2.5.4 改造食品供应链流程

改造食品企业供应链首先要考虑的是应在哪个变化的部分投入改造的努力,食品供应链流程改造基本上是从使命导向或问题导向来衡量的。使命导向追求差异化,问题导向追求效率。因此,前者的流程范围须根据使命重新理清,后者的流程范围则相当清楚而容易确认。使命导向改造的重点是关键流程与整合,问题导向改造的重点则是流程分析与原因确认。例如,企业若遇到新食品导入时效慢、交货准确率差、存货周转率低、产品成本过高等情况,就应当考虑进行供应链流程改造,这些情况属于问题导向的认识方法,策略应是以新的做法维持竞争优势。

1.2.5.5 食品供应链管理优化

食品企业要实现供应链战略,首先要对企业已有的食品供应链管理进行优化。食品供应链管理优化的程度体现在食品供应链管理的质量上,食品供应链管理的质量取决于食品供应链成员合作的紧密程度,而这种紧密程度在很大程度上又首先取决于食品供应链合作成员所能共享的价值观。

(1)加强食品供应链成员合作的紧密程度　科技的进步和竞争日益激烈的市场环境,一方面给供应商、食品企业、消费者提供了成倍的选择机会,另一方面风险与不确定性也随之提高。优化食品供应链的目的在于优化从食品原料供应到最终客户的全部活动,从而创造最大价值。在食品供应链中,不同的经济角色,如供应商、合伙人、联盟对手以及消费者一起合作,共同创造价值。价值产生的形态不再是“链”状,而是复杂的“网络”状。食品企业最重要的战略任务就是重组这些角色之间的位置和关系。不断地设计与重新设计复杂的经营系统,可以使整个食品供应链创造出最大价值,而合作的紧密程度就决定了食品供应链管理的质量。

(2)应用信息技术　由于计算机和网络通信技术的快速发展,互联网、多媒体、数据库、数据挖掘和网上搜索引擎等技术使信息的浏览、获取和分析不再困难,以光纤网为骨干的互联网提供的连通性,也使信息可以在世界范围共享,高速传递。丰富、准确的信息使食品企业经营管理活动中的不确定性和盲目性大大降低,提高了对瞬息万变的市场快速应变的能力。互联网已经成为企业打开未来的钥匙,也完全使电子商务成为可能。现在关于全球电子商务的体系、法律和管理技术都在进一步完善,这些都为食品企业发展提供了一片广阔天空。

电子商务最简单的运作方式和结构就是运用网站。用户进入单独的标准网页,就可以浏览食品供应链成员计算机系统中储存的内容。食品供应链在全球范围内的沟通将改善对消费者的服务,减少存货及运输成本,缩短周期,提高市场份额及改善供应链成员企业的业绩,从而达到优化食品供应链,使食品供应链创造最大价值的目的。

1.3 国内外食品供应链管理现状

自从1996年食品供应链概念产生以来,无论从理论研究还是从实际应用,都推动了食品供应链管理体系的形成和发展,国内外食品供应链管理进入了新的阶段。

1.3.1 国外食品供应链管理现状

1943年成立的世界食品物流组织,在改善食品贮藏、配送过程中的冷藏技术、人才培训、信息沟通、研究与开发等方面的工作卓有成效,并上升为全面的物流服务,在易腐食品方面的表现尤为突出。发达国家对食品服务业如何才能满足消费者的需求、物流及物流服务公司的性能评价和低温条件下食品物流设备与要求等进行研究,并十分重视食品冷藏业与环境的关系、食品冷藏业制冷剂的替代和食品冷藏业的立法研究。

随着经济全球化,国际上对食品质量与安全提出了越来越高的要求。发达国家采取许多积极措施,在生产设备、生产工艺、与外部环境的最佳协调、易腐食品原料的可追溯性、更好的接口管理等方面取得了较大进展。美国、欧洲等发达国家和地区易腐食品物流过程的冷藏率已达100%,日本对食品产业技术与易腐食品的保鲜流通也非常重视。零售和餐饮业处于食品供应链的末端,是食品安全管理的重要环节,已经引起美国、欧洲等国家和地区的高度重视。

1.3.1.1 美国

美国的Freshdirect公司,主要从事生鲜食品的供应链服务,食物直接购自农场、牧场和渔场,进货都要进行严格的检验,其食品价格低于食品店和超市的价格,客户可以通过电话和互联网订货,公司将订货直接送到指定地点。

美国的蔬菜供应链服务体系完善,服务手段先进,实现了产前、产中和产后全程全方位社会化服务。主要包括:

- 技术推广、咨询服务和生产作业服务;
- 耕地、播种、喷施、除草和采收多种作业服务;
- 购销服务,主要提供蔬菜的采购收集、分级整理、加工包装、储运和销售等产后服务;
- 信息服务,利用多种现代化媒体,提供有关生活、农贸、市场、生产技术及病虫害预测预报等多种信息服务;
- 信贷与保险、农场管理咨询、法律、会计和土壤测试等其他服务项目。

美国在发达国家中率先实现了蔬菜产业现代化,较好地解决蔬菜均衡供应的问题。美国的蔬菜生产,从整地、播种到收获及采后处理,都实现了机械化,部分作业还实现了自动化。为了保障质量和降低损耗,美国非常重视蔬菜采后处理的各个环节。一般程序为:采收和田间包装—预冷(有冰冷、水冷、气冷等)—清选与杀菌—打蜡或薄膜包装—分级包装。所有蔬菜包装材料均印有蔬菜名称、等级、净重、农家姓名、地址和电话等,以保证信誉。蔬菜始终处于采后生理需求的低温条件,形成一条“冷链”,即田间采后预冷—冷库—冷藏车运输—批发站冷库—自选商场冷柜—消费者冰箱。由于处理及时得当,美国的蔬菜在加工运输环节中的损耗率仅为1% ~2%。

美国对餐饮业的食品安全的监管十分严格,一是未得到有关政府部门的设计审查,不能兴建餐馆;二是未能取得许可的,不能开业;三是开业后,未能通过日常监督检查的,要受到处罚,情节严重的,被勒令停业整改或者吊销许可证。而且,美国在餐饮业食品安全管理方面很有特点,主要表现在:

- 美国联邦政府与州政府主要负责制定食品安全管理的法规和标准,监督食品生产经营企业,但一般不直接参与管理餐饮业的食品安全。美国FDA制定的食品法典(Food Code)只有经各州政府批准后,在本州内才具有法律效力。
- 县政府卫生部门负责监督管理本县内餐饮业的食品安全,颁布许可证,开展巡回监督检查,实施行政处罚。

• 大型连锁餐饮企业设有专门的质量保证机构,负责本企业的食品安全管理;中小型餐馆必须有 1 名以上取得资格的食品安全管理员,方能营业。

• 国家餐饮协会在政府监督食品安全与企业自律之间起到较好的桥梁作用。

1.3.1.2 荷兰

以荷兰餐饮供应链的发展现状为例,荷兰餐饮供应链的价值链体系由诸如供应商、批发商和餐饮服务商这些不同公司的价值链组成。餐饮服务商生成一份订单发送给批发商,批发商确认接受这份订单,再经包装、储运等工作后,由批发商将食品配送给餐饮服务商。在批发商和供应商之间也存在同样的作业流程。

对于餐饮服务商,所有的出货单都使用标准的订单表格。对于生鲜食品每周都会做一个需求预测,对于不同种类的食品有着不同的配送频率:新鲜产品和其他水产类食品每周配送 2 ~6 次;干货每月配送 1 ~4 次;冷冻食品每月配送 1 ~4 次。对于批发商,新鲜产品和其他水产类食品都由遍布荷兰的 5 大配送中心进行配送,这些配送中心没有任何库存;干货由一个中央配送中心配送到所有的餐饮服务商;冰冻食品由批发商直接配送到餐饮服务商。新鲜产品和其他水产类食品的提前期(从采购到接受)都是 1d,干货和冷冻食品的提前期是 2d。荷兰对餐饮供应链进行了优化,采用一种多级车厢(multi - compartment)配送模式,这种模式是高质量、有效解决生鲜食品配送问题的好方法。多级车厢配送模式,即所有种类的食品都经批发商的配送中心配送到各个餐饮服务商。配送频率随食品种类的不同而不同,运输车有三个不同的温度区:一个是(2 ±4)℃,为新鲜产品和其他水产类食品而准备;一个是常温区,为干货而准备;另一个是 -18℃,为冰冻产品而准备。

采用多级车厢配送模式对餐饮供应链上的所有成员都是有利的,整个食品供应链上的成本尽可能的低,所有种类食品的质量都能得到保证,且空间得到很大的节约。批发商给予餐饮服务商更小的配送量、更高的配送频率。批发商的总配送量提高了,意味着更高效的配送。采用多级车厢配送模式后,批发商的营业额增长了,购买成本却下降了,所以多级车厢配送模式确实给荷兰餐饮供应链带来了明显的改善。

1.3.1.3 日本

为了提高鲜活农产品的附加值,实现产供销过程一体化、合理化,日本建立了一批加工厂、预冷库、冷藏库、运输中心、地方批发市场、超市和零售店等,鲜活农产品产后的商品化比例达 100%。普遍采用包括采后预冷、整理、贮藏、冷冻、运输和物流信息等规范配套的流通体系,政府通过制定法律、法规和公共服务等进行宏观调控。

日本建立了食品供应链信息追踪系统,该系统较为突出的特点是建立了全国统一数据库系统,保存有关肉食、生鲜的各种数据,包括饲料工业和其他有关数据,造就了一个全国共享的数据平台,为提高食品的可追溯性提供了基本保障。另一个特点是食品的最终用户,即广大消费者,能够通过互联网进入各种有关的“主页访问”,将食品质量等问题及时反馈给有关企业和部门,经过管理部门的追踪,找出问题的根源,以最快的速度收回所有有问题的食品,保证广大消费者的安全和利益。

1.3.2 国内食品供应链管理现状

与美国、日本等发达国家相比,我国食品供应链还处于较低发展水平,有待逐步完善。

我国食品供应链的问题不仅仅存在于最终销售环节，更多的是产生于食品的生产源头和供应链上游的前端过程中。通过国内外比较分析，我国食品供应链存在以下问题。

1.3.2.1 食品原材料生产环节

从食品原材料生产来看，食品供应链的问题表现在以下4个方面：

(1)食品供应链开始于农业，农户是食品供应链的源头，农户作为供应商数量巨大，并且分布广泛，增加了战略伙伴关系管理的难度。

(2)农业生产过程中存在着影响食品安全的问题。农业生产是整个食品流通环节的源头，是食品原材料的生产，一旦农业生产过程中产生了食品原材料的质量问题，会影响到最终的消费者。目前，我国农业生产中影响食品安全的问题主要集中在以下几个方面：土地质量、农药和激素的使用、养殖业过量使用各种增产化学药剂。

农产品在种植、养殖过程中，不同程度地受到农药、化肥和工业“三废”的污染，滥用添加剂也给人体健康带来严重隐患。

(3)农业企业的产供销没有形成链，农业企业传统的采购没有对众多供应商进行分析、比较和考察，只是凭借采购人员的经验进行采购，因而往往从短期利益出发，失去了供应商的信任与合作。对供应商也没有认真选择，没有与其建立良好的合作关系，市场形势好时对供应商态度傲慢，市场形势不好时又将损失转嫁给供应商。总之，多数食品企业对食品供应链缺乏重视，产品“卖难”“买难”问题不时显现，有限的资源浪费严重；现代供应链管理思想更是淡薄，实施有效的供应链监督和管理尚未提上议事日程，不少产品的“产、销、贮、加、运”等环节不同程度地脱节，不能实现无缝连接。

(4)农业企业的库存成本较高，农业企业的库存管理是静态的、单级的，库存控制决策没有与供应商和销售商联系起来，无法共享供应链上的资源。

1.3.2.2 食品生产加工环节

加工食品日益增多，包括一些本来不需加工的食品，现在也开始进行一些简单加工，如进行清洗和包装后出售，这就使加工过程中的食品安全控制更为重要。我国目前在食品生产过程中存在严重的问题，主要表现在：

(1)生产环境不符合卫生标准；

(2)生产过程中对食品质量与食品卫生进行严格控制的意识比较薄弱；

(3)一些食品加工企业的生产原料有毒有害、过期变质；

(4)传统生产工艺在加工场所、加工方式和加工器具等方面都存在着严重的卫生问题。

1.3.2.3 食品物流环节

从食品流通过程来看，问题主要表现在以下3个方面。

(1) 食品物流系统整体成本高、效率低　农业物流系统从理论上讲，覆盖了农村与城市、落后地区与发达地区，加上农村物流基础设施落后等因素，使得物流系统优化工作的难度增加。食品物流成本高、效率低，服务水平低主要表现在订单的处理时间和货款的确认时间长，订单满足率低，交货不及时，货损率高等方面。在运送损耗与冷链物流方面，设施建设相当落后。

(2)运输和仓储环节存在隐患　食品流通过程中对仓储与运输要求相当高，稍有不慎，就会对食品造成污染。食品运输需要大量针对食品特性的专业运输工具，而我国食品专用运输工具极为缺乏。很多食品需要在储运过程中冷藏,不能与其他物品混放,需要有好的储运环境并在保质期内流转。但是,目前许多食品由非专业的储运食品企业进行储运。许多食品在储运过程中由于温度、环境和储运时间等原因导致变质或存在食品安全隐患。有些食品从采购到终端消费者需要多次贮藏,以调节产需和供求平衡。然而,目前我国食品仓储容量不足,库点分布不科学、不合理,规模小,且仓型与机械装备水平低,贮藏方式与运输方式不适应,统一调度管理难度大。

(3)物流系统规划不当,物流渠道不畅　一些食品供应链不是按照经济区规划设计的,而是按行政区规划设计,甚至在地方保护主义的驱使下,人为割裂物流,使得流通和供应链渠道不畅。

1.3.2.4　食品销售环节

目前我国食品的零售渠道主要有超市、农贸市场、副食品商店、面包房和熟食店等,其中起主要作用的是超市和农贸市场。从食品零售环节来看,主要存在以下问题。

(1)农贸批发市场中存在的问题　农贸批发市场是食品的集散地,相对于最终的零售渠道来说,农贸批发市场的食品更加集中,但农贸批发市场食品安全监管仍面临一些问题。例如,批发市场缺乏一定的食品安全检测手段与检测设备。

(2)调查显示超市是食品流通最安全的通道,但目前超市在食品安全的管理上也存在以下需要加以重视和亟待解决的问题。

① 对超市中食品安全职能部门组织结构的设计不完全符合食品安全控制的要求。

② 对超市配送中心和门店食品安全相关设施的投入不适应食品安全控制的要求。

③ 连锁超市管理体系中对加盟店的食品安全控制需要加强。

④ 联营和招商部分的食品安全管理有待加强。

⑤ 供应商向门店直送食品的质量监控存在缺陷。

⑥ 食品品质控制中的管理执行力度存在巨大的弹性空间。

⑦ 现场加工的食品原料质量控制存在隐患。

⑧ 超市价格竞争导致采购部门片面压低进价导致食品质量下降。

⑨ 超市对商品的保质期控制管理存在缺陷。

案例　供应链管理提高朝日啤酒鲜度

日本朝日啤酒(Asahi)株式会社成立于1880年,是日本最著名的啤酒制造厂商。经过一百多年的发展,Asahi已经成为举世闻名的啤酒品牌,其中Asahi舒波乐生啤已经成为世界第三大品牌,同时也是全世界销量最大的生啤。为了给消费者提供口味更新鲜、更柔和,口感更爽滑、更顺畅,令人百喝不厌的啤酒,促使朝日啤酒集团更稳固、更快速地发展,日本朝日啤酒株式会社最早推行了鲜度管理。为了进一步提高啤酒的物流效率,他们将啤酒厂—零售店—消费者的供应链作为一个整体进行管理,并将"鲜度"作为消费者满意的目标。

(1)减少啤酒在库天数　朝日啤酒公司于1986年开始推行"鲜度交替"的管理战略,其具体内容是:对产出20d后才出厂的啤酒进行回收。1992年公司重新出台了名为鲜度交替的鲜度管理方案,1993年公司进一步将鲜度管理作为公司经营最重要的问题加以强化。为了搞好此次活动,公司设立了以公司总经理为首的鲜度管理目标,1994 年该目标已上升为 5d 内出厂。从 1997 年起开始实施包含全流通阶段在内的鲜度管理,即从生产到门市共 8d 的总鲜度管理目标。鲜度管理委员会最大的任务是进行计划管理,由以前的从工厂出货日开始算起设定回收日的结果管理,转变为减少啤酒在库天数的计划管理。

当总鲜度管理成为管理目标后,零售店也成为要考虑的环节。因为要实现生产 8d 内送到消费者手里的目标,必须考虑批发商的库存,如果工厂控制在 5d 以内,批发商必须在 3d 内出手,否则无法达到目的。因此,公司在考虑批发商的库存等因素后决定控制出货量。为此,公司研究了啤酒的保存方法。木桶(装酒用的)虽保存于冷藏库中,但运输过程非常关键,因此公司决定采用保温配送的方法。同时,公司也对啤酒不宜照射紫外线,在夏季日晒后容易变质的问题采取了相应对策。为了实施鲜度管理方案,公司调整了管理体制。业务部门的目标是准确预测需求,制订计划,当生产计划与实际的动态产生偏差时,就迅速采取措施,使预测精度上升。同时,生产部门制订了相应的弹性生产计划,以应对变化的市场和小批量生产订单,物流部门为了减少在途库存而及时向生产部门提出生产建议,将产地和销售有机地联系起来,可以有效减少库存;业务部门根据物流部门提供的库存动态信息调整业务计划,生产部门调整生产计划等。

此外,公司还对业务人员进行业务培训以及品质保证培训,并在分公司、分店中选出鲜度管理者经常对库存啤酒进行检验,对特约店也通过发行鲜度管理手册来贯彻鲜度管理方案。这样,业务、生产、物流部门全部参与鲜度管理工作,并由全体人员进行鲜度管理计划的制订、修改和评价。

(2)扩大厂家直送比重　1987 年以后,随着啤酒销售额的增大,公司将重点放在了提高生产量的手段上,生产规模扩大后由于只顾设立新配送中心、租赁新的仓库,没有注意控制库存,导致了库存的增加,后来公司就开始解决这一问题。啤酒的配送有两种方案,一是啤酒工厂—配送中心—特约店,配送线路多,因此需要更多的在途库存,使总库存增加;另一种是工厂—特约店,由于中间环节缩减,库存得到降低。因此,公司决定实施第二种方案。

第一,减少工厂配送车辆的滞留时间,关键作业是拣货。为了提高效率,公司导入了自动分拣装置,以夜间为主体,将手工分拣改为自动分拣,将 16 名检货员缩减到 5 名,装货时间也缩短了。

第二,公司改进了对配送车辆装车的调度和指挥。以前是对配送车辆作业进行示意,凭司机的直觉来拣货,现在研究出了配送车辆自动引导系统。该系统的运作程序是:首先进行库存分配的模拟实验,然后对产品从入门到出门进行管理,尽量在一个场所完成一辆配送车辆的装车作业。使用这一系统可缩短装车时间。

第三,公司还对配送中心的管理进行了改革。公司决定在维持现有服务水平的前提下,对啤酒进行集中配送,采取的办法是逐渐减少租赁其他公司的仓库。如果公司的配送中心有余力还可招揽生意,为其他公司提供配送服务,以此来减少啤酒配送所用的实际空间。进行这些改革后,从工厂直送的比例由 1992 年的 64% 上升为 1997 年的 75%。为了削减库存水平,必须根据市场需求来确定订货。市场信息的收集、需求量的预测等是提高销售计划紧缺度的保证。为了作好销售计划,公司根据业务、生产、资材和物流各部提供的信息,每周召开市场需求与供给分析会议,每周重新评估和修订生产、运输和配送计划方案。

(3)建立生产、销售、物流集成信息系统　1996 年公司建立了生产、销售、物流集成信息系统，各部门都利用这一信息平台进行信息交换。并且各部门之间的计划制订公开化，例如，销售部的计划由生产、销售部门共同确定；生产部门的计划在销售计划确定后与销售部门一起制订。

物流部门的职责是根据集成信息系统各主干数据库提供的信息，根据销售计划、生产计划调整各集团库存及配送计划，向各地区的物流部门传送数据。由于各部门共用同样的数据库，整个生产、销售和物流系统的不确定因素大大减少。

由于将各个环节的信息系统进行集成，公司有条件对库存进行严格管理，公司导入了库存管理系统。配送中心虽一般有3d的库存，但根据模拟实验的结果，发现一般的品种只要有1.6d的库存就不会引起缺货，因此公司制订了将库存控制在1.5~1.6d的方案。这一目标的实现，直接减少了配送中心的库存，也减少了所需配送中心的数量。这一方案的实施结果是，库存天数由1992年的8d变成1996年的5d，如果将销售端的时间计算在内，也实现了8d这一目标。

公司总鲜度管理方案实施以后，物流效率指标（销售额的增加值与物流量的比率：基准值100）从1992年开始一直下降，但1997年开始增加。从1997年起，公司一直在对储存饮料的临时仓库、啤酒仓库、自动仓库的增设、新工厂的建立等问题进行尝试。现在，公司正在研究新的鲜度管理方案，打算推出新的鲜度管理体制，同时考虑有效客户反应（ECR）以及供应链管理（SCM）等新概念提出的要求，准备迎接未来挑战。

（4）结论　啤酒的保质期相对较短，是一种对新鲜程度要求较高的酒类，储存条件要求较高，也不宜多次搬运。因此，厂商必须采取最为合理的分销途径、运作方式及现代设施，将啤酒尽快送到消费者手中。所以，人们开始将目光从管理企业内部生产过程转向产品生命周期中的物流供应链管理，整个配送网络的规划和设计，与啤酒销售是否能够顺利进行息息相关。同时，要提高“鲜度管理”，还需要通过信息技术建立一套完善的、反应灵敏的“神经系统”，将各部门及各环节的信息系统进行整合，提高决策的科学性。

2 食品供应链库存管理

2.1 库存的基本概念

2.1.1 库存的定义

库存是指处于储存状态的物品。广义的库存还包括处于生产加工状态和运输状态的物品。通俗地说，库存是指企业在生产经营过程中为现在和将来的生产或销售而储备的资源。

库存的最基本作用是解决生产与消费时间上的不一致，并创造“时间效用”。例如，粮食生产有严格的季节性和周期性，即使人类已有了改造自然的能力，创造人工条件使粮食种植不受季节影响，但周期性仍是改变不了的。这就决定了粮食的集中产出，但是人们每天对粮食都有所需求，因而供给和需求之间就会出现时间差。凌晨磨制的鲜豆浆在上午出售，前日采摘的蔬菜、水果在次日出售等，都说明供给与需求之间存在时间差。可以说这是一种普遍的客观存在，正是有了这个时间差商品才能取得自身最高价值，才能获得十分理想的效益。但是商品本身是不会自动弥补这个时间差的，如果没有有效的方法，集中生产出的粮食除了当时的少量消耗外，就会损坏、腐烂，而在非产出时间，人们就会没有粮食吃。因此，利用各种存货储备可以把生产与各种消费联系在一起，使商品的大批消费或大批生产无视季节性因素，充分实现时间上的优化配置。

2.1.2 库存的分类

按照库存的目的，企业持有的库存可以分为周转库存、安全库存和季节性储备。

(1)周转库存　周转库存又称经常性库存，是指在正常的经营环境下，企业为满足日常需要而建立的库存。

(2)安全库存　安全库存又称安全储备，是指用于防止和减少因订货期间需求率增长或到货期延误所引起的缺货而设置的储备。

(3)季节性储备　季节性储备是指企业为减少因季节性生产和季节性销售的影响而储存的原材料或成品。

2.1.3 库存管理的目标

库存管理包括实时库存查询与分析，库存预警，对商品的采购做出决策，并在某些情况下对库存进行调配。

对于任何一个企业来说，无论库存过高或过低，都会给企业的生产或经营带来麻烦。因此，库存管理的目的在于用最低的费用，在适宜的时间和适宜的地点获得适当数量的原材料、消耗品、半成品和最终产品，即保持库存量与订货次数的均衡，通过维持适当的库存量，减少不良库存，使企业资金得到合理地利用，从而实现盈利目标。

2.1.3.1 减少不良库存

许多企业都存在库存过剩，商品积压、滞销等不良库存问题。这是因为人们只重视库存保障供应的任务，忽视库存过高所产生的不良影响。库存过高给企业带来的不良影响主要反映在以下3方面：

(1)库存过高将使大量的资金被冻结在库存上，当库存停滞时，周转的资金越来越短缺，使企业利息支出相对增加。

(2)加剧库存损耗　库存过高的必然结果是使库存的储存期增长，库存发生损失和损耗的可能性增加。

(3)增加管理费用　企业在维持高库存、防止库存损耗、处理不良库存方面的费用将大幅度增加。

企业产生不良库存主要有以下几方面的原因：

(1)计划不周　计划不周或制订计划的方法不当，就会出现计划与实际的偏差，使计划大于实际，从而导致剩余库存。

(2)生产计划变更　企业生产计划的变更会带来一定数量的原材料或产成品的过剩，如果不及时进行调整，就会转变为不良库存。

(3)销售预测失误　销售部门对客户可能发生的订单数量估计错误，也将使生产等部门的采购计划和生产计划与实际需求产生偏差，进而出现库存剩余的情况。

2.1.3.2 确定适当的库存结构

库存结构是指不同库存间的比例。确定哪些生产经营环节需要库存的支持，对做好库存管理是非常重要的。我们可以从经营、生产、运输、销售和订货周期5个方面进行分析。这些阶段或环节的库存问题，最终将影响整个企业库存结构和水平是否适当。

(1)从经营方面看　经营的目标满足客户服务的要求，因而必须保持一定的预备库存，但要实现利润最大化，就必须降低订货成本，也要降低生产准备成本，更要减低库存持有成本，因而必须维持适当库存量。

(2)从生产方面看　缩短生产周期可以较好地控制工序间的均衡库存，根据订单生产也能较好地维持适当库存，相关需求的比例要适当。

(3)从运输方面看　运输费用、运输方法、运输途径对库存的适当程度影响很大，运输效益与库存效益的关系要仔细权衡。

(4)从销售方面看　减少流通环节就能减少流通过程中的库存。还要注意适当库存与最佳客户服务水平之间的效益背反。另外，提高销售预测的精确度也能有效改进库存管理。

(5)从订货周期看　运输时间、订单处理手段和周期，以及订货、收货、验货方法都是影响库存的因素。

2.2 食品库存的管理流程

一个完整的食品库存作业管理包括入库管理、在库管理和出库管理三个环节。

2.2.1 食品入库管理

食品库存作业过程的第一个步骤就是验货,收货,食品入库,它是食品在整个物流供应链上的短暂停留。准确的验货和及时的收货能够加强此环节的效率。一般来说,在仓库的具体作业过程中,食品入库主要包括以下几个具体步骤。

2.2.1.1 食品的接受

食品接受工作的主要任务是根据到货通知,及时、准确地为食品入库保管做好一切准备。主要包括以下几项内容。

(1)物流部门要与发货单位或部门及承运单位建立联系,以掌握接货的有关信息。

(2)在充分掌握到货的时间、数量、重量、体积等基本情况后,就需要安排接货计划。接货计划有两个方面的主要内容,一方面是根据内部情况,与发货单位或部门商定到货接取计划;另一方面安排自己的接货时间、接货人员、接货地点及接货设备。

(3)按接货计划在确定的时间办理各种接货手续,如提货或接货手续、财务手续等。

(4)在各种手续完成或手续办理过程中,对接受的食品进行卸货、搬运、查看、清点及到货签收工作,并在适当地点暂存。

2.2.1.2 食品验收入库

食品验收是在食品入库之前,物流部门根据订货单及交货通知单检查所购食品交货是否按时,数量、质量、价格和包装是否正确,以最后确认是否接货的工作。主要包括以下几项内容。

(1)核证　重点是核查食品品类、等级、数量、产地、价格、认证材料、装箱单据和发接货手续等。如果交货通知单或订货单与到货货物不一致,则有必要及时通知采购部门或发货部门查明产生出入的原因。

(2)时间检验　对交货时间进行检验的目的是核查交货期是否和订货单上的日期一致。如果供应商提早供货,可能会导致食品库存上升,占用货位,增加食品储存费用,这时物流部门有权拒收;如果供应商逾期供货,则要进行必要的索赔。

(3)数量验收　对食品数量的验收主要是对散装食品进行称量,对整件食品进行数目清点,对贵重食品进行仔细查收等,确认与订货单或交货通知单所列数量是否一致。

(4)质量验收　质量验收是食品验收入库的核心内容,是整个验收工作中最不能忽略的部分。对食品质量的验收主要有食品是否符合检验检疫标准的要求,食品是否符合仓库质量管理的要求,食品的质量是否达到规定的标准等。

(5)包装验收　对食品包装方面的验收主要有核对食品的包装是否完好无损,包装标志是否达到规定的要求等。

对食品进行检验以后,应当记录验收结果,并以书面的形式阐述验收情况,包括签填验收单据、形成验收报告及进货日报表。

(1)验收单据　在验收操作完成之后,要将食品的品名、等级、数量、价格等填写清楚,实际操作的验收入和送货人要分别在单据上签字。

(2)验收报告　验收报告是对验收情况的详细分析和记录,一般分为三个部分。

①验收基本情况:包括受验食品的品名、等级、数量、订货人、供应商、送货部门、具体验

收人员、验收日期、验收方式和入库时间等。

②验收结果分析：详细记录各项验收内容，并加以综合分析。

③附件：包括验收原始记录、相关单据等。

(3)进货日报表　进货日报表是对当日食品进货情况的书面反映，对于每日验收入库的食品，应填写进货日报表，以方便企业对食品成本进行核算和控制。

物流部门在验收食品的过程中，对照有关标准，发现有严重出入时，应拒绝食品入库。按照拒收食品的数量，可分为全部拒收和部分拒收。

全部拒收是指对于验收不合格的食品请送货人将食品全部运走的处理方法。在食品质量检验的合格率较低时，全部拒收是最保险的质量保证方法。但全部拒收有可能影响企业的食品供应，进一步影响到企业各项业务的正常开展，因此运用全部拒收应谨慎。

部分拒收是指企业拒收不合格的食品。这种方法只能在明确哪些食品合格、哪些食品不合格时才可使用。

2.2.1.3　记账登录

如果食品的验收准确无误，就可以入库保存了。食品入库后首先要安排食品存放的库位和编号，并登记食品收发存明细账，以详细反映库存食品进库、出库、保存的情况。

2.2.2　食品在库管理

仓库作业过程的第二个步骤是存货保管，食品进入仓库进行保管，需要安全、经济地保持食品原有的质量水平和使用价值，防止由于不合理的保管措施所引起的食品变质或者流失等现象，具体步骤如下。

2.2.2.1　堆码

由于仓库一般实行按区分类的库位管理制度，因而仓库管理员应当按照食品的存储特性和入库单上指定的货区和库位进行综合考虑和堆码，做到既能够充分利用仓库的库位空间，又能够满足食品保管的要求。食品堆码的原则主要是：

(1)尽量利用库位空间，较多采取立体储存的方式；

(2)仓库通道与堆垛之间保持适当的宽度和距离，提高食品装卸的效率；

(3)根据食品的不同收发批量、包装外形、性质和盘点方法的要求，利用不同的堆码工具，采取不同的堆码形式。其中，性质相互抵触如相互串味的食品应该区分开来，不得混淆；

(4)不要轻易改变食品存储的位置，大多应按照先进先出的原则；

(5)在库位不紧张的情况下，尽量避免食品堆码的覆盖和拥挤。

2.2.2.2　保管

仓库管理员应当经常或定期对仓储食品进行检查和养护，对于易变质或存储环境比较特殊的食品，应当经常进行检查和养护，尽可能使食品保持得长久一些。检查工作的主要目的是尽早发现潜在的问题，保管工作应以预防为主。在仓库管理过程中，应采取适当的温度、湿度和防护措施，预防破损、腐烂或失窃等，达到存储食品的安全。

为了保持食品的风味、营养、保质期以及食用方便性，出现了许多先进的食物保存方法，如脱水干燥法、食品装罐法和冷冻法等。以脱水干燥法为例，又有四种基本方法。

(1)在阳光下将植物晒干　红甜椒、梅脯、葡萄干一类的食物都是经过一段时间的强烈日晒脱水干燥的。不过,采用这种方法往往会损害植物的形状、质地、颜色及营养成分。经过这种方法处理的食物通常会显得干瘪,而且颜色变深。

(2)热烘干燥　即使用高温的热空气将植物烘干处理。洋葱等一些蔬菜就是用这个方法来干燥的,但是,这种高温处理方法会使食品某些营养成分流失。

(3)真空干燥　这种方法最常用在水果加工处理上,如苹果、香蕉等。这种方法的缺点是必须使用防腐剂。

(4)冷冻干燥法(也是最好的一种方法)　它是从冷冻食品处理过程中引申出的一种方法。尽管采用这一方法将耗费大量时间和能量,但此方法能保存植物最多的营养成分,所以是值得的。

2.2.2.3　盘点

在库存过程中,有些食品因存放时间太长或保管不当使其质量受到影响。为了对库存食品的数量进行有效控制,并查清食品在库存中的质量状况,必须定期或不定期地对食品储存场所进行清点、查核。一般来说,盘点的内容主要有以下几项。

(1)库存数量　通过点数、计数查明在库食品的实际数量,核对库存账面资料与实际库存数量是否一致。

(2)食品质量　检查在库食品质量有无变化,有无超过有效期和保质期,有无长期积压等现象,必要时对食品进行质量检验。

(3)保管条件　检查保管条件是否与各种食品的保管要求相符。如堆码是否合理稳固,库内温度、湿度是否符合要求等。

(4)安全措施　检查各种安全措施和消防设备、器材是否符合安全要求,建筑物和设备是否处于安全状态。

对仓库中贵重的和易变质的食品,盘点的次数越多越好;其余的食品应当定期进行盘点。盘点时应当做好记录,如果出现问题,应当尽快查出原因。

查清原因后,为了通过盘点使账面数与实物数保持一致,需要对盘点盈亏和报废品一并进行调整。除了数量上的盈亏,有些食品还将通过盘点进行价格调整,这些差异的处理,可以经主管审核后,用更正表进行调整。

2.2.3　食品出库管理

食品仓库作业管理的最后一个步骤是把食品及时、准确地发放到客户手中。仓库管理员应根据提货清单,在保证食品原有质量和价值的情况下,进行食品搬运和简易包装,然后发货。仓库管理员的具体操作步骤如下。

2.2.3.1　出库准备

为了使食品出库迅速,加快物流速度,出库前应安排好出库的时间和批次。同时,做好出库场地、机械设备、装卸工具及人员的安排。

2.2.3.2　核对出库凭证

仓库管理员根据提货单,核对无误后才能发货,除了保证出库食品的品名和编号与提货单一致外,还必须在提货单上注明食品所处的货区和库位编号,以便能够比较轻松地找出所需的食品。

2.2.3.3 配货出库

在提货单上，凡涉及较多的食品，仓库管理员应该认真复核，交与提货人；凡需要发运的食品，仓库管理员应当在食品的包装上做好标记，而且可以对出库食品进行简易的包装，在填写有关的出库单据、办理好出库手续之后，可以放行。

2.2.3.4 记账清点

每次发货完毕，仓库管理员应该做好仓库发货的详细记录，并与仓库的盘点工作结合在一起，以便日后的仓库管理工作。

2.3 食品库存控制基本方法

食品库存控制就是要根据食品销量的大小，制订一个订货进货策略，来控制订货、进货过程，达到既满足消费者的需要又控制库存水平，以及使食品库存总费用最小的目的。实际上，库存控制主要解决与订货有关的三个问题。

(1)什么时候进货，即订货点、订货时机；

(2)订多少，即订货批量；

(3)如何实施，即订货方法。

现代库存管理不仅要考虑库存费用，还要考虑采购费用，谋求库存费用和采购费用的总和最低。食品库存控制是一个庞大的系统，总体上可以归结为两大类，即定量订货系统和定期订货系统。因此定量订货法和定期订货法是食品库存控制的最基本方法。需要说明的是，由于食品尤其是生鲜食品对时效性要求很高，下文所介绍的两种库存控制方法多适用于保质期较长的食品，并且要严格遵照先进先出的原则进行库存管理。

2.3.1 定量订货法

所谓定量订货法，就是预先确定一个订货点和订货批量，随时检查食品库存，当库存下降到订货点时就发出订货。在整个系统运作过程中，订货点和订货批量都是固定的。订货点和订货批量的确定取决于库存物品的成本和需求特性，以及相关的存货持有成本和订购成本，订货批量一般取经济订货批量。定量订货法是基于食品数量的订货控制方法。

2.3.1.1 确定订货点

在定量订货法中，发出订货时仓库里该品种保有的实际库存量叫做订货点。订货点是一个决策变量，它是直接控制库存水平的关键。如果订货点太高，则订购食品到货，原有的库存食品还没有卖完，这样新旧食品合在一起，库存量就太大了；如果订货点太低，则订购食品还没到货，库存食品就没有了，造成缺货。

订货点的计算公式：

$$Q_K = D_L + Q_S$$

式中 Q_K——订货点；

D_L——订货提前期需求量；

Q_S——安全库存量。

例如，供应商需要花 14d 来提供订购的原料，而企业每天要消耗 10 个单位原料，再考虑 28 个单位原料的安全库存量。则订货点应为：

$$Q_K = 14 \times 10 + 28 = 168(\text{单位})$$

订货提前期是指发出订货至收到订货物品所需要的时间，它与产品生产、运输路程和运输速度相关，在订货提前期内，按照每天的需求量即可确定订货提前期需求量。

安全库存即缓冲库存，以防在需求或提前期方面的不确定。食品零售业保持安全库存可以在用户的需求不规律或不可预测的情况下，有能力供应他们；食品生产企业保持产成品安全库存可以在食品零售业的需求量超过平均值时有能力补充他们的库存。

2.3.1.2 确定订货批量——经济订货批量

订货批量就是一次订货的数量。它直接影响到食品库存量的高低，同时也直接影响食品供应的满足程度。订货批量过大，虽然可以较充分满足客户需求，但库存成本较高；订货批量过小，减少了库存量及其相关成本，但不一定能保证满足客户需要。在确定订货批量时，需要综合考虑经营过程中的各种费用，根据总费用最省的原则来确定经济订货批量 Q^*。

为导出经济订货量的基本公式，假设不允许缺货，年存货总成本为：

$$T_e = RP + CR/Q + HQ/2$$

式中 T_e——每年总成本，元；

R——每年需求量，单位；

H——每单位物品每年的储存成本，元/年，$H = P \times F$；

P——单位物品的购入成本，元/个；

F——以单位成本系数表示的年储存成本；

C——每次订货的订购成本，元/个；

Q——每次订货的批量或订货量，单位。

根据总费用最省的原则，求年总成本关于批量 Q 的一阶导数，并令其等于零，即可得经济订货量公式为：

$$Q^* = \sqrt{2CR/H} = \sqrt{2CR/PF}$$

在已知经济订货量的情况下，可确定：

期望年订货次数 $n = R/Q^*$

平均订货间隔期 $r = 1/n$

式中 n——每年订货次数；

T——每年需求量。

【实例】假设年度需求量 $R = 2400$ 单位，单位物品的购入成本 $P = 5.00$ 元，存货贮藏成本占物品价值的百分比 $F = 20\%$，每次订货的订购成本 $C = 19.00$ 元。则经济订货量为：

$$Q^* = \sqrt{2CR/H} = \sqrt{2CR/PF} \approx 300(\text{单位})$$

基本的经济订货批量模型(EOQ)的主要假设：

(1)年需求量是独立已知的；

(2)货物向外界采购，每次订货数量不变，而且整批订货，一次全部瞬时到达；

(3)不允许发生缺货；

(4)物品价格无折扣，固定不变，且每次订货费和全年的单位储存费不变；

(5)无其他条件限制(仓储空间、资金占用等)。

2.3.1.3 定量订货法的实施和应用

实施定量订货法首先应确定订货点和订货批量。库存管理人员或销售人员每天检查库存食品，当库存量下降到订货点时发出订货，订货量取经济订货批量。应用定量订货法时要注意它的运用环境及前提条件。

(1)定量订货法的直接运用只适用于单一品种、数量很多、管理手续繁杂的情况，如果要实行几个品种联合订购，要对公式进行灵活处理才能运用；

(2)定量订货法适用于订货不受限制的情况，即随时都能订到货；

(3)定期订货法主要用于 A 类库存，品种少而价值高、比较重要的物品。对这些少数品种实行精细管理，可以保障供应、降低成本。

2.3.2 定期订货法

定期订货法的原理是预先确定一个订货周期(T^*)和一个最高库存量(Q_{max})，周期性地检查库存食品并发出订货，从而达到库存控制的目的。订货批量的大小应使得订货后的库存量达到原定的最高库存量(Q_{max})。定期订货法是基于时间的订货控制方法，实施定期订货法要解决四个问题。

2.3.2.1 订货周期的确定

订货周期就是订货间隔期，它与定量订货法的订货间隔期不同。定量订货法的订货间隔期可能互不相等，而定期订货法的订货间隔期都是相等的。订货间隔期的长短决定了最高库存量、库存水平的高低，因此也就决定了库存费用。订货周期偏长使得库存水平过高；订货周期过短会使订货批次增多，从而增加订货费用。

定期订货法订货周期的确定，原则上应该使得在采用该订货周期订货过程中发生的总费用最省，即取经济订货周期作为定期订货法的订货周期，公式为：

$$T^* = \sqrt{(2 \times C)/(H \times R)}$$

式中变量的含义与经济订货批量公式中一样。

在实际应用时，订货周期也可以根据具体情况进行调整。例如，取人们习惯的自然日历时间单位(月、季、年)，与生产计划、工作计划一致；也可以根据供应商的生产周期或供应周期等确定。

2.3.2.2 最高库存量(Q_{max})的确定

Q_{max}实际是最高库存量的控制线，它是定期订货法用以控制库存量的一个关键参数。定期订货法与定量订货法不同，定量订货法是以提前期客户的需求量为依据，制订策略的目的是保证提前期内客户需求量的满足；定期订货法不是以满足提前期内的用户需求量为目的，而是以满足订货周期内的需求量和提前期内的需求量为目的。即将定货周期(T)和最后一个订货提前期(T_K)内的总需求量作为制订 Q_{max} 的依据，我们可以取最高库存量等于 $T + T_K$ 期间的总需求量。如果用 $D_T + T_K$描述 $T + TK$ 期间的总需求量，则有：

$$Q_{max} = D_{T+TK}$$

因为 $T + T_K$期间的总需求量是随机变化的，它是一个随机变量。其值由两部分组成，一部分是 $T + T_K$期间的平均需求量，另外一部分是为预防随机性延误而设置的安全库存量。

2.3.2.3 第 i 次订货量的确定

定期订货法的订货量不是固定的，每个周期的订货量为最高库存量与当时的实际库存量的差值。更精确地描述是指检查库存时仓库实际具有的能够用于销售供应的全部物品的数量，包括当时存于仓库的物品 Q_K、已订购尚未到货的物品 I 和已经出手但尚未发货的物品数量 B。Q_K、I、B 都是由订货时检查库存得到的实际数据，每次检查库存时的实际数据可能不一样。因此，每次订货量也不一样。第 i 次检查库存发出订货的数量 Q_i 可以表示为：

$$Q_i = Q_{max} - Q_{ki} - I_i + B_i$$

2.3.2.4 定期订货法的实施

具体实施定期订货法时，要分析并确定决策参数 Q_{max} 和 T。然后在具体运行时，每隔一个订货周期 T 检查库存，并发出订货。每次订货量的大小都要使得订货后的库存量达到 Q_{max}。应用定期订货法的前提条件是：

（1）定期订货法直接运用只适用于单一品种的情况，但是稍加处理可以用于几个品种的联合采购；

（2）定期订货法一般用于 C 类库存，品种多而价值低廉，实行周期检查库存并依据库存决定是否订货以及订多少货。

【实例】某配送中心实施定期订货法策略，对某品种的销售量进行了分析研究。统计出过去 9 个月的销售量分别是：11，13，12，15，14，16，18，17，19（t/月），如果他们组织货源进货，则订货提前期为 1 个月，一次订货费为 30 元，1t 物品一个月的保管费 1 元。

（1）根据这些情况应当如何制订定期订货法策略；

（2）在实施定期订货法策略后，第一次订货检查时，发现现有库存量为 21t，已订未到的货物 5t，已售出尚未发货的货物 3t，问第一次订货时应该订多少？

由题目可以得到如下信息：$TK = 1$（月），$C = 30$ 元，$H = 1$ 元/（t · 月）。第一次检查结果：$Q_{K1} = 21\text{t}$，$I_1 = 5\text{t}$，$B_1 = 3\text{t}$。要求制订定期定货法策略和计算第一次订货量。

第一步，先求出月需求量的平均值：

$$R = (\sum R_i)/9 = 15(\text{t/月})$$

第二步，计算订货周期：

$$T^* = \sqrt{(2 \times C)/(H \times R)} = \sqrt{(2 \times 30)/(1 \times 15)} = 2(\text{月})$$

第三步，计算最高库存量：

$$Q_{max} = D_{T+TK} = 15 \times (2+1) = 45(\text{t})$$

第四步，计算第 1 次订货量：

$$Q_1 = Q_{max} - Q_{K1} - I_1 + B_1 = 45 - 21 - 5 + 3 = 22(\text{t})$$

由上面的分析和计算可得出具体的定期订货法策略，即设置订货周期为 2 个月，最高库存量为 45t。周期性地检查库存，发出订货。订货量的大小使得订货以后的库存量达到 45t。

第一次检查库存时发出订货量应为 22t。

2.4 供应链环境下食品库存管理策略

2.4.1 供应商库存管理

长期以来，食品流通中的库存是各自为政的。流通环节中的每一个部门都是各自管理自己的库存，食品零售商、生产加工商、农产品供应商等都有各自的库存，供应链各个环节都有自己的库存控制策略。由于各自的库存控制策略不同，因此不可避免地产生需求的扭曲现象，即所谓的需求放大现象，无法快速地响应用户的需求，在供应链管理环境下，供应链各个环节的活动都应该是同步进行的，而传统的库存控制方法无法满足这一要求。近年来国内外企业开始实践一种新的供应链库存管理方法——供应商管理库存（Vendor Managed Inventory，VMI），这种库存管理策略打破了传统的各自为政的库存管理模式，体现了供应链的集成化管理思想，适应市场变化的要求，是一种新的有代表性的库存管理思想。

VMI 是一种在用户和供应商之间的合作性策略，以对双方来说都是最低的成本优化产品的可获得性，在一个相互认同的目标框架下由供应商管理库存，这样的目标框架被经常监督和修正，以产生一种连续改进的环境。

该策略的关键措施主要体现在以下几个原则中。

（1）合作性原则　在实施该策略中，相互信任与信息透明是很重要的，供应商和用户（零售商）都要有较好的合作精神，才能够保持较好的合作。

（2）互惠原则　VMI 不是关于成本如何分配或谁来支付的问题，而是关于减少成本的问题。通过该策略使双方的成本都获得减少。

（3）目标一致性原则　双方都明白各自的责任，观念上达成一致的目标。如库存放在哪里，什么时候支付，是否要管理费，要花费多少等问题都要回答，并且体现在框架协议中。

（4）连续改进原则　使供需双方能共享利益和消除浪费。

VMI 的主要思想是供应商在用户的允许下设立库存，确定库存水平和补给策略，拥有库存控制权。精心设计与开发的 VMI 系统，不仅可以降低供应链的库存水平，降低成本。用户还可获得高水平的服务，改善资金流，与供应商共享需求变化的透明性和获得更高的用户信任度。

VMI 实施的关键在于有效执行连续补给程序。连续补给程序策略将零售商向供应商发出订单的传统订货方法，变为供应商根据用户库存和销售信息决定商品的补给数量。为了快速响应用户降低库存的要求，供应商通过和用户（分销商、批发商或零售商）建立合作伙伴关系，主动提高向用户交货的频率，使供应商从过去单纯地执行用户的采购订单变为主动为用户分担补充库存的责任，在加快供应商响应用户需求速度的同时，也使用户方降低了库存水平。

通过几年的实施，VMI 被证明是比较先进的库存管理方法。VMI 由上游企业拥有和管理库存，下游企业只需要帮助上游企业制订计划，从而下游企业实现零库存，上游企业库存大幅度减小。但 VMI 也有以下局限性：

（1）VMI 中供应商和零售商协作水平有限；

（2）VMI 对企业间的信任要求较高；

(3)VMI中的框架协议虽然是双方协定，但供应商处于主导地位，决策过程中缺乏足够的协商，难免造成失误；

(4)VMI的实施减少了库存总费用，但在VMI系统中，库存费用、运输费用和意外损失(如物品毁坏)不是由用户承担，而是由供应商承担。由此可见，VMI实际上是对传统库存控制策略进行"责任倒置"后的一种库存管理方法，这无疑加大了供应商的风险。

近些年，VMI在食品供应链库存管理中也得到了广泛的应用，其中不乏众多成功案例，如雀巢管理家乐福的库存，夏晖管理麦当劳的库存等。

2.4.2 联合库存管理

VMI是一种供应链集成化运作的决策代理模式，它把用户的库存决策权交由供应商代理，由供应商代理分销商或批发商行使库存决策的权力。联合库存管理(Joint Managed Inventory，JMI)则是一种风险分担的库存管理模式。其思想产生于分销中心的联合库存功能，各个销售商只需要少量的库存，大量的库存则由地区分销中心储备，也就是各个销售商把其库存的一部分交给地区分销中心负责，从而减轻各个销售商的库存压力。分销中心既是一个商品的联合库存中心，同时也是需求信息的交流与传递枢纽，起到了联合库存管理的作用。

联合库存管理强调双方同时参与，共同制订库存计划，使供应链过程中的每个库存管理者(供应商、制造商、分销商)都从相互之间的协调性考虑，使供应链相邻两个节点之间的库存管理者对需求的预期保持一致，从而消除需求变异放大现象。

JMI把供应链系统管理进一步集成为上游和下游两个协调管理中心，库存连接的供需双方从供应链整体的观念出发，同时参与，共同制订库存计划，实现供应链的同步化运作，从而部分消除了由于供应链环节之间的不确定性和需求信息扭曲现象导致的供应链的库存波动。JMI在供应链中实施合理的风险、成本与效益平衡机制，建立合理的库存管理风险的预防和分担机制、合理的库存成本与运输成本分担机制和与风险成本相对应的利益分配机制，在进行有效激励的同时，避免供需双方的短视行为及供应链局部最优现象的出现。通过协调管理中心，供需双方共享需求信息，因而起到了提高供应链运作稳定性的作用。

联合库存管理的实施策略包括以下几个方面。

2.4.2.1 建立供应链协调管理机制

为了发挥联合库存管理的作用，供应链各方应从合作的精神出发，建立供应链协调管理机制，建立合作沟通渠道，明确各自的目标和责任，为联合库存管理提供有效的机制。没有一个协调的管理机制，就不可能进行有效的联合库存管理。建立供应链协调管理机制，要从以下几个方面着手。

(1)建立供应链共同愿景　要建立联合库存管理模式，首先供应链各方必须本着互惠互利的原则，建立共同的合作目标。为此，要理解供需双方在市场目标中的共同之处和冲突点，通过协商形成共同的共赢愿景。

(2)建立联合库存的协调控制方法　联合库存管理中心扮演协调供应链各方利益的角色，起着协调整个供应链的作用。联合库存管理中心需要对库存优化的方法进行明确确定，包括库存如何在多个需求商之间调节与分配，库存的最大量和最低库存水平、安全库存的确定,需求的预测等。

(3)建立利益的分配、激励机制　要有效运行基于协调中心的库存管理,必须建立一种公平的利益分配制度,并对参与协调库存管理中心的各个企业、各级供应部门进行有效的激励,防止机会主义行为,增加协作性和协调性。

2.4.2.2　建立信息沟通渠道

为了提高整个供应链的需求信息一致性和稳定性,减少由于多重预测导致的需求信息扭曲,应增加供应链各方对需求信息获得的及时性和透明性。整个供应链通过构建库存管理网络系统,使供应链中所有节点的信息同步,提高供应链各方的协作效率,降低成本,提高质量。为此应建立一种信息沟通的渠道或系统,以保证需求信息在供应链中的畅通和准确性。要将条码技术、扫描技术、销售终端(POS)系统和电子数据交换(EDI)集成起来,并且要充分利用 Internet 的优势,在供应链中建立畅通的信息沟通桥梁和联系纽带。

2.4.2.3　发挥第三方物流系统的作用

实现联合库存可借助第三方物流(Third Party Logistics,TPL)具体实施。TPL 也称物流服务提供商,这是由供方和需方以外的物流企业提供物流服务的业务模式。

把库存管理的部分功能代理给第三方物流公司,使企业更加集中精力于自己的核心业务。第三方物流系统起到了供应商和用户之间联系的桥梁作用,为企业提供了诸多好处。

面向协调中心的第三方物流系统使供应链各方都取消了各自独立的库存,增加了供应链的敏捷性和协调性,并且能够大大改善供应链的用户服务水平和运作效率。

2.4.2.4　选择合适的联合库存管理模式

供应链联合库存管理有两种模式:

(1)核心企业集中库存模式　集中库存要求供应商的运作方式是:按核心企业的订单或订货看板组织生产,产品完成时,立即实行小批量、多频次的配送方式直接送到核心企业的仓库中补充库存。在这种模式下,库存管理的重点在于核心企业根据生产的需要,保持合理的库存量,既能满足需要,又要使库存总成本最小。

(2)无库存模式　供应商和核心企业都不设立库存,核心企业实行无库存的生产方式。此时供应商直接向核心企业的生产线进行连续小批量、多频次的货物补充,并与之实行同步生产、同步供货,从而实现"在需要的时候把所需要品种和数量的原材料送到需要的地点"的操作模式。这种准时化供货模式,由于完全取消了库存,所以效率最高,成本最低。但是对供应商和核心企业的运作标准化、配合程度、协作精神要求也高,对操作过程要求也严格,而且二者的空间距离不能太远。

联合库存管理的策略目前在食品领域也得到了实施和应用,比较典型的是在食品冷链中应用,由于食品冷链是以保证易腐食品品质为目的,以保持低温环境为核心要求的供应链系统,所以它比一般常温物流系统的要求更高、更复杂,建设投资也要大很多,尤其是冷冻冷藏库以及冷链运输配送环节的投资。

处于食品供应链下游的为数众多的销售类企业不具备专业的冷链物流运作体系,也没有冷链物流配送中心,加之冷链物流中心的建设也是一项投资巨大、回收期长的服务性工程,建立冷链物流中心对于这类企业而言也不经济,因此不具备专业冷链物流运作体系的零售类企业可与生产厂商或社会性专业物流企业结成合作联盟,实施冷链联合库存管理策略。

例如，一些大型超市与蒙牛建立起长期合作关系，零售店铺的库存有超市和蒙牛共同管理，产品由蒙牛直接配送，利用蒙牛冷链运输直接到达超市的冷柜，避免在流通过程中鲜乳变质，这样既保证了食品的质量也稳固了蒙牛的信誉。

2.4.3 协同规划、预测和补给

协同规划、预测和补给（Collaborative Planning Forecasting and Replenishment，CPFR）最早是由 WalMart 在供应链管理实践中提出的。1995 年，WalMart 及其供应商 Warner Lambert，以及他的管理软件开发商联合成立了零售供应和需求链工作组，进行 CPFR 研究和应用并获得很大成功。在供应链运作的整个过程中，CPFR 应用一系列技术模型，对供应链不同客户、不同节点的执行效率进行信息交互式管理和监控，对商品资源、物流资源进行集中管理和控制。通过共同管理业务过程和共享信息来改善零售商和供应商的伙伴关系，提高采购订单的计划性、提高市场预测的准确度，提高全供应链运作的效率，控制存货周转率，并最终控制物流成本。

目前在 CPFR 国内还处于实施的起步阶段，在国外的实施已经取得一定成效，例如，小吃食品生产业的巨人 Nabisco 与食品连锁店 Wegmans 便成功地实施了 CPFR 导航项目。Wegmans 通过有效促销使其果仁小吃销售量在其他零售商下降 9% 的情况下增加了 11%，由于在供应链中战略地共享需求数据以及在促销和补货中的紧密协作，不仅 Nabisco 极大地增加了其在 Wegmans 中的份额，使仓库补充率从 93% 增加到 97%，库存量下降了 18%，而且 Nabisco 的供应商（坚果种植商）的销售量也增加了 40%。

2.4.3.1 协同规划、预测和补给策略的基本思想

CPFR 提供了一整套工作流程，该流程以提高消费者价值为共同目标，通过供应链上企业的相互协作，共享标准化的信息，制订有的放矢的计划，开展精确的市场预测，有效的库存管理，根据需求动态及时补货，以提高整个供应链的业绩和效率。通过整合供应链上需求和供应两方面的信息，由生产商、零售商等彼此分享，为供应链上各个企业降低库存成本、减少运营费用、创造更多的业务机会、提高销售额、提升满足消费者的需求、形成多方共赢的环境等提供工作指南。

CPFR 既是一种理念，又是一系列活动和流程，它帮助合作伙伴建立准确预测和高效的补货计划，使其在高水平的服务上扩大销售并降低库存。通过一系列合作伙伴认同的业务流程，制订共同的销售和运作计划，通过电子化的交流与沟通，合作修改销售计划和补给计划，从而提高计划的前瞻性和准确性，有效地减少了事后性带来的高成本。

从以上简单介绍可知 CPFR 能实现伙伴间更广泛深入的合作，它的基本思想体现在以下 3 个方面。

（1）合作伙伴构成的框架及其运行规则主要基于消费者的需求和整个价值链的增值
由于供应链上各企业的运作过程、竞争能力、信息来源等不一致，在 CPFR 中就设计了若干运作方案供合作各方选择，一个企业可选择多个方案，各方案都确定了核心企业来承担成品的主要生产任务。

（2）供应链上企业的生产计划基于同一个销售预测报告　销售商和制造商对市场有不同的认识。销售商直接和最终用户见面，他们可根据 POS 数据来推测消费者的需求，同时销

售商也和若干制造商有联系,并可知他们的市场销售计划。制造商和若干销售商联系并了解他们的商业计划。根据这些不同,在没有泄漏各自商业机密的前提下,销售商和制造商可交换他们的信息和数据,来改善他们的市场预测能力,使最终的市场预测报告更为准确、可信。供应链上的各公司根据这个预测报告来制订各自的生产计划,从而使供应链的管理得到集成。

(3)消除供应过程的约束限制　这个限制主要就是企业的市场柔性不够。一般来说,销售商的订单所规定的交货日期比制造商生产这些产品的时间要短。在这种情况下,制造商不得不保持一定的产品库存,但是若能延长订单周期使之与制造商的生产周期相一致,那么生产商就可真正做到按订单生产及零库存管理。这样制造商就可减少甚至去掉库存,大大提高企业的经济效益。另一个有望解决的限制是贯穿于产品制造、运输及分销等过程的企业间资源的优化调度。

2.4.3.2　CPFR 的实施步骤

(1)供应链伙伴达成协议　这一步是供应链合作伙伴包括零售商、分销商和制造商等为合作关系建立指南和规则,共同达成一个通用业务协议,包括合作的全面认识、合作目标、机密协议、资源授权、合作伙伴的任务和成绩的检测。

(2)创建联合业务计划　供应链合作伙伴相互交换战略以及业务计划信息,以发展联合业务计划。合作伙伴首先建立合作伙伴关系战略,然后定义分类任务、目标和策略,并建立合作项目的管理简况(如订单最小批量、交货期和订单间隔等)。

(3)创建销售预测　利用零售商 POS 数据创建一个支持共同业务计划的销售预测。

(4)识别销售预测的例外情况　识别分布在销售预测约束之外的项目,每个项目的例外准则需在(1)中得到认同。

(5)销售预测例外项目的解决/合作　通过查询共享数据、电子邮件(E - mail)、电话、交谈和会议等解决销售预测例外情况,并将产生的变化提交给销售预测,即(3)。

(6)创建订单预测　合并 POS 数据产生一个支持共享销售预测和共同业务计划的订单预测。

(7)识别订单预测的例外情况　识别订单预测约束之外的项目,例外准则在(1)中已建立。

(8)订单预测例外项目的解决/合作　通过查询共享数据、E - mail、电话、交谈和会议等调查研究订单预测例外情况,并将产生的变化提交给订单预测。

(9)订单产生　将订单预测转换为已承诺的订单,订单产生可由制造厂或分销商根据能力、系统和资源来完成。

2.4.4　各种库存管理模式的比较

传统地讲,由于无法确切知道需求与供应的匹配状态,库存的设置与管理是由同一企业完成的,即由库存拥有者管理。这种库存管理模式并不总是有最优的。例如,供应商利用库存来应付不可预测的/不稳定的需求,分销商利用库存来应付不稳定的内部需求或供应链的不确定性。虽然供应链中每一个企业独立地寻求保护其各自在供应链的利益不受意外干扰是可以理解的,但并不可取,因为这样做的结果影响了供应链优化运作,导致重复建立库存,因而无法达到供应链全局的最低成本,使得供应链系统的库存会随着供应链长度的增加而

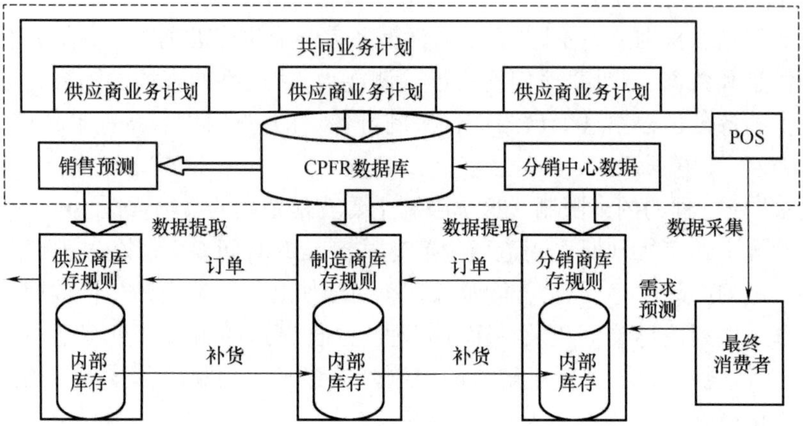

图 2.1　供应链 CPFR 模式

发生需求扭曲。因此,寻求供应链整体库存成本最低成为库存模式发生演变的推动力。

根据供应链中各节点企业的合作程度的高低,可以看出供应链库存管理模式经历了从单纯的交易处理到企业的协同计划决策的过程,从而逐渐地转移到整体的供应链库存管理上来。整个供应链的库存不再隶属于供应链中的某一企业/核心企业,其管理控制权由供应链整体协同计划决定。这种控制权的转移表明供应链中库存所有权与控制权的分离,从而保证供应链中各库存主体从系统协作的思想出发,进而保证整体库存的成本削减、风险的降低和供应链的稳定性。进一步对供应链库存管理模式进行比较分析将会更清楚地发掘供应链整体库存的管理内涵以及更优的管理模式。各种库存管理模式的比较如表 2.1 所示。

表 2.1　　供应链中各种库存管理模式比较

类别项目	传统库存管理模式	JMI 模式	VMI 模式	CPFR 模式
管理实体	各节点企业	核心企业/联合主体	供应商	协同计划协调工作组
主要思想	各节点企业独立管理自有库存,寻求降低自身的缺货、需求不确定等风险的方法	各节点共同参与库存计划管理,共同制订统一的生产计划与销售计划,并将计划下达到各制造单元和销售单元执行	各节点企业共同帮助供应商制订库存计划,要求供应商来参与管理客户的库存,供应商拥有和管理库存控制权,本质上是将多级供应链问题变为单级库存管理问题	CPFR 应用一系列的处理和技术模型,提供覆盖整个供应链的合作过程,通过共同管理业务过程和共享信息来改善零售商和供应商的伙伴关系、提高预测的准确度,最终达到提高供应链效率、减少库存和提高消费者满意度的目标
主要优点	降低缺货、需求不确定性等风险以及对外部交易商的依赖	共享库存信息,加强相互间的信息交换与协调,改善供应链的运作效率、降低成本与风险,改善客户服务水平	降低库存、减少成本,改善缺货、提高服务水平,缩短提前期、提高库存周转率,提高需求预测的精确度,配送最佳化	实现企业之间的功能合作,显著改善预测准确度,降低成本、库存总量和现货百分比,改善客户服务,发掘商业机会,发挥出供应链的全部效率

续表

类别项目	传统库存管理模式	JMI 模式	VMI 模式	CPFR 模式
主要缺点	库存量过高，存在严重的 Bullwhip 效应，库存管理各自为政。缺乏协调沟通	建立和协调成本较高、企业合作联盟的建立较困难，建立的协调中心运作困难，联合库存的管理需要高度的监督	缺乏系统集成、协作水平有限；对供应商依存度较高、要求高度信任；决策过程缺乏足够的协商，加大了供应商的风险	以客户为中心的思想未能完全实现，CPFR 始于需求预测，终于订单产生，因此合作过程不是十分完善
适用范围	传统的库存各自分离，协作信任程度较弱，对待风险态度较保守	供应链节点企业有良好的沟通与信任基础，有联合库存管理中心如大型分销中心，良好的配送能力	下游企业没有 IT 系统或基础设施来有效管理他们的库存；上游厂商实力雄厚、市场信息量大、有较高的直接存储交货水平	供应链企业都有良好的 IT 系统支持并且协作关系固定，对供应链中业务流程保持高度的一致，整个系统能够快速响应客户与预测客户需求
支持技术	MRP/MRP Ⅱ、订货点技术方法、双堆/多堆系统	企业内部大型 ERP、SCM、CRM 系统，基于 Intranet/Extranet 的网络通信系统	EDI/Internet、条码技术、连续补货系统、企业信息系统	企业间的交互系统如基于 SCM/ERP/CRM 集成的系统，高级计划与协调系统、商业智能等技术
实施策略	确定独立需求库存，设置订货库存策略，设定自有安全库存量，按安全库存量补充库存	建立供需协调机制，发挥制造与分销两种资源计划的作用，建立快速响应系统，充分利用第三方物流系统	建立消费者情报系统，建立销售网络系统，建立合作框架协议，组织机构的变革	供应链伙伴达成协议，创建共同业务计划，创建销售预测，辨识销售预测的例外情况，例外情况的解决/合作，创建订单预测，识别订单预测的例外情况，例外项目的解决/合作，产生订单

案例 1　家乐福生鲜食品供应链库存管理

合理、科学的库存管理，可以最大程度减少资金积压，加速资金周转，使资本在不断运动中产生效益。尤其是对于生鲜食品而言，合理的库存可以减少商品在库存积压情况下的自然损耗，更好地把握商品的销售。因此，库存管理是生鲜经营的一个关键环节。

严格的库存管理是家乐福生鲜成功经营的重要基础。家乐福生鲜食品的库存管理主要体现在库存量管理、缺货控制和储存管理（冷藏）以及采购管理四个方面。

（1）库存量管理　对不同的生鲜食品，家乐福明确设定了不同的库存量。一般来说，肉类食品库存控制在 1 ~ 2d、水果为 2d、蔬菜为 1d、鱼类无库存。家乐福每家门店都根据电脑反映的销量来订货，以销订购，尽可能做到零库存。

（2）缺货控制　有关调查表明，消费者的满意度与缺货率成反比，超市缺货会使消费者的要求无法立即得到满足，而且还要花费更多的时间到别处购买。如果一个超市经常出现这种现象，消费者一定会大量流失，并导致营业额大幅下降。生鲜食品的缺货管理较其他商品缺货管理难度大很多，因此，让缺货率降至1%以下，是家乐福管理商品的重要指标。

因为生鲜食品库存有限，一旦缺货很难快速补齐，这就需要供应商加快物流配送的速度。因此，家乐福尽可能选择当地最优秀的供应商。同时，家乐福尽可能通过加强内部管理来最大程度减少缺货现象的发生，平时各门店都制订了相应措施，及时反馈信息，同时家乐福有相应的同期盘点措施，电脑会自动统计商品的销量并能生成相应的订单。同时，对不同商品的销售速度都有专人进行监控，掌握库存动态。此外，家乐福还建立了厂商配送时间表，确保安全库存，或者寻找其他货源或替代品。

(3)储存管理　①储存设备：由于生鲜品储存的温度要求，超市中的冷冻、冷藏设备是生鲜正确储存的必备设施。为了保证生鲜食品的冷冻、冷藏效果，家乐福选择制冷设备时，要求厂家必须有售后安装和维修服务，对设备进行定期检查。家乐福保证制冷系统昼夜不停地工作，以保持商品的新鲜和质量。②温度控制：温度控制是保持生鲜品鲜度的重要保证。低温冷藏温度要在0～4℃，冷冻温度必须低于－18℃，以防变质。

家乐福对不同大类销售区域实行不同的温度控制。一年四季不同区域保持恒温，蔬菜和水果在16℃±2℃、肉类在10℃±2℃、鱼类在12℃±2℃。同时，不同的生鲜应从不同的进货口进入卖场。并且，在卖场内销售时，各种食品的储存冷柜都有专人负责，定期测温、定期记录，使食品保存条件符合食品安全标准要求。

(4)采购管理　①对生鲜供应商的要求：农产品的供应商要配备冷藏车和干净并且经过消毒的周转箱；包装规范，生熟分开；蔬果要新鲜并用卫生的周转箱分类放置；肉类供应商要提供产品检疫合格证。②对生鲜管理人员的要求：要有一定生鲜管理经验的人；要有较高的文化程度的人；收货员要严格检查产品生产日期、温度、蔬果的新鲜度，确保接收的产品是新鲜、合格的；所有验收合格的产品进卖场前贴上色带以指示产品到货日期，用标签注明加工日期，以保证食品在有效地销售期限内销售。生鲜市场的员工必须接受严格的专业训练，并且遵守卫生规定；各部门的生鲜市场人员必须接受基础训练和专业训练，包括SGS训练、国家认证和政府单位专业训练课程。③标准采购步骤：家乐福的采购有三个步骤。首先，定期调研竞争对手的商品价格和质量，将其作为采购、谈判的依据；其次，专门设立收货部把关，检验所进的货与所订的货是否相等；最后是内部监控，家乐福中国区总部设有专人负责中国各分店商品的检验，每隔两个月，质检人员分别对每个分店的商品质量、库房、卖场和服务等进行全面的检查。

案例2　VMI库存管理策略应用

(1)家乐福与雀巢的VMI库存管理　家乐福在引进QR系统后，一直努力寻找合适的战略伙伴以实施VMI计划。经过慎重挑选，家乐福最后选择了其供应商雀巢公司。

在雀巢和家乐福的VMI策略实施中，由雀巢建立整个VMI计划的机制，总目标是增加商品的供应效率，降低家乐福的库存天数，缩短订货前置时间，以及降低双方物流作业的成本率等。

由于双方各自有独立的内部ERP系统，彼此并不相容，因此家乐福决定与雀巢以EDI

连线方式来实施 VMI 计划。

在 VMI 系统的经费投入上,家乐福主要负责 EDI 系统建设的花费,没有其他额外的投入;雀巢公司除 EDI 建设外,还引进了一套 VMI 系统。经过近半年的 VMI 实际运作后,雀巢对家乐福配送中心产品的到货率由原来的 80% 左右提升至 95%(超越了目标值),家乐福配送中心对零售店铺产品的到货率也由 70% 提升至 90% 左右,并仍在继续改善中;库存天数由原来的 25d 左右下降至 15d 以下,订单修改率也由 60% ~70% 下降至现在的 10% 以下,每日商品销售额则上升了 20% 左右。总体而言,VMI 使家乐福受益无穷,极大地提升了其市场反应能力和市场竞争能力。

雀巢公司也受益匪浅,其最大的收获便是在与家乐福的关系改善方面。过去雀巢与家乐福只是单向买卖关系,所以家乐福要什么就给他什么,甚至是尽可能地推销产品,彼此都忽略了真正的市场需求,导致畅销的商品经常缺货,而不畅销的商品却有很多存货。此次合作使双方愿意共同解决问题,有利于从根本上改进供应链的整体运作效率,并使雀巢容易掌握家乐福的销售资料和库存动态,以便更好地进行市场需求预测和采取有效的库存补货计划。

(2)夏晖与麦当劳的 VMI 库存管理　与雀巢和家乐福的合作相比,夏晖与麦当劳的合作更体现出 VMI 策略的时效性和敏捷性,这也是生鲜类食品对库存管理的更高要求,作为连锁快速餐饮企业的麦当劳借助 VMI 有力地提升了其品牌竞争力。

夏晖公司与麦当劳的 VMI 合作关系既属于长期目标型,又属于渗透型。夏晖公司几乎是麦当劳"御用第三方物流"(该公司客户还有必胜客、星巴克等)的物流公司。①保证准时送达率:夏晖的配送车队每天晚上在 11 点到凌晨 1 点之间必须完成送货,准点率在 98% 以上才算符合服务质量要求,因为麦当劳的员工是按小时付薪的,如果在这个时间内不能将货送到,员工的超时工资要由夏晖承担。②保证麦当劳的任何一个餐厅不断货:麦当劳在北京有上百家连锁店,尽管通过 POS 机能够实时了解每一种商品的销售情况,但是如何运输、怎样在北京范围内建立物流中心、如何协调社会性物流资源并不简单。这些非常复杂的工程,需要有极好的供应链管理能力以及供应链网络建设的能力。③保持每一件货物的质量处在最佳状态。④在麦当劳与夏晖合作的 30 多年之中,夏晖公司在每一次的进货出货过程中严格执行着危害分析和关键控制点管理体系,由此达到了很高的产品合格率,一方面保持着良好的食品质量控制,另一方面保持了良好的合作关系,并且麦当劳与夏晖公司之间的合作更为密切。

a. 麦当劳遵从了企业物流合理化近距离的原则。这种做法大大地减少了麦当劳的库存,满足了在制品库存最小原则。

b. 夏晖采用了准时供应方式。供应物流活动的主导是麦当劳,其可按照最理想的方式选择供应物流,而供应物流的承担者夏晖,必须以最优的服务才能被用户所接受。这也是麦当劳和夏晖之间能保持几十年合作关系的原因。麦当劳因为夏晖的供应而节约了巨大的物流成本,夏晖也因此有生意可做,两家企业互相扶持,形成了坚不可摧的伙伴型关系。

c. 夏晖还采用了供应链采购。麦当劳只需将自己需求信息向供应商连续及时传递,由供应商根据用户的需求信息,预测用户未来的需求量,并根据这个预测需求量制订自己的生产计划和送货计划,主动小批量、多频次向用户补充货物库存,既保证满足用户需求又使货品库存量最少、浪费最小。这种 VMI 采购的最大受益者是麦当劳,它可以从繁琐的采购事务中解脱出来,甚至连库存、运输进货等负担都由夏晖承担,而服务率还特别高。

d. 建立起超越买卖关系的合作。麦当劳对物流服务的要求是比较严格的,在食品供应中,除了基本的食品运输之外,麦当劳要求物流服务商提供其他服务,如信息处理、存货控制、贴标签、生产和质量控制等。这样,在夏晖设在台湾的面包厂中,全部采用了统一的自动化生产线,并采用了更先进的设施。这样,既满足了麦当劳对产品质量的严格要求,又使夏晖能在技术创新和发展上促进企业的产品改进,这样做对双方都有利,从而更加增强了企业的外部竞争力。

3 食品供应链采购管理

3.1 食品采购的概念及食品供应链采购的特点

3.1.1 食品采购的概念与特点

采购是企业向供应商获取商品或服务的一种商业行为,企业生产经营活动所需要的物资绝大部分是通过采购获得的,采购是企业物流管理的起始点。采购管理的目标就是以正确的价格、在正确的时间、从正确的供应商处购买到正确数量和质量的商品或服务。

食品采购,对于食品生产企业而言,是指加工食品所需要的原材料、辅助配料和包装物等物资的采购、供应活动;对于经营食品的商业企业而言,是指在食品交易活动中,从买方角度出发的交易行为中所发生的食品采购活动。无论是食品生产企业还是经营食品的商业企业,其流动资金大部分是被购入的食品原料、半成品、成品等所占用。所以,食品及食品原料采购的严格管理及库存的合理控制对食品生产企业的成本有重要影响。

与一般商品相比,食品具有以下特点。

(1)食品保质期短,易变质、易腐败,其损耗大大高于一般商品。

(2)食品价格相对变化很大,批零差价大,很多食品全年价格变动幅度能达到10%以上,大多生鲜食品价格是一天一个价。

(3)许多食品的品种季节性很强,这些食品在较短的某个时期集中上市,在生产、销售和价格上都表现出明显的季节性变动趋势。

(4)食品原料大多为初级农副产品,其质量目前仍主要沿用感官鉴定,缺乏统一的质量标准,这造成食品原料在质量分级定价上的标准制定十分困难。

正是由于食品与一般商品相比存在以上特点,因此食品及食品原材料的采购也具有自己的一些特点,以经营食品的零售店及超市为例,食品的采购具有以下特点。

(1)复杂性　由于食品价格变动较大,造成了采购人员市场采购的困难,同时也增加了对采购人员控制的难度;由于食品质量难以标准化,造成了采购部门对厂家的质量比对和控制较困难,同样也给采购人员降低质量标准以牟取个人私利留下了空间;由于季度性很强,再加上农产品因气候突变影响所造成的产量不确定性,造成了对采购食品的品种和数量预测困难。正是由于以上三个问题,造成食品采购的不确定性、复杂性加大。

(2)风险性　由于食品,特别是生鲜食品,经营成本高、损耗大,操作复杂,如果采购管理不慎,就有可能使零售店或超市因经营食品而出现亏损或加大亏损,难以为继。

(3)规模效益降低　由于食品保质期短,有的生鲜食品仅1~2d,再加上许多零售店及超市未形成规模经营,食品的采购半径较短,使得许多零售店及超市,特别是跨地区经营的超市门店自行采购食品，降低了连锁经营在统一集中采购上所能获得的规模效益。这也是目前我国在洋超市的紧逼下，许多本土超市仍有生存空间的原因。因为洋超市在全国有一二十家，但在某一地区却只有一两家，这些超市在生鲜食品的规模效益上还不是很明显，而当地超市只要规模达到一定程度，统一集中采购，在价格上还是有一定优势的。

3.1.2 传统食品采购管理的特点

在传统的食品采购管理中，采购方首要考虑的问题是采购的价格和以何种方式与供应商进行交易。一般而言，是通过多个食品供应商进行报价，充分利用多头竞争，从中选择价格最低的供应商作为合作者。虽然采购食品的质量、数量和交货期限也是采购方关心的重要问题，但是与价格比起来却处于次要地位，而且这些问题都是通过一些事后检测和控制的方法来实现，及时性很差，往往会影响到后续的生产和销售，甚至会带来一些食品质量安全方面的问题。传统的食品采购管理主要存在以下几个方面问题。

3.1.2.1 传统食品采购过程是典型的非信息对称博弈过程

选择供应商在传统的食品采购活动中是首要任务。在采购过程中，采购一方为了能够从多个竞争性的供应商中选择一个最佳的供应商，往往会保留私有信息，因为给供应商提供的信息越多，供应商的竞争筹码越大，这样对采购一方越不利。因此，采购一方尽量保留私有信息，而供应商也在和其他供应商的竞争中隐瞒自己的信息。

3.1.2.2 验收检查是采购部门重要的事后把关工作，质量控制的难度大

质量与交货期是食品采购一方要考虑的另外两个重要因素，但是在传统的采购模式下，要有效控制质量和交货期只能通过事后把关的方法。因为采购一方很难参与供应商的生产组织过程和有关的质量控制活动，相互的工作是不透明的。因此需要通过各种有关标准如国际标准、国家标准等，进行检查验收。缺乏合作的质量控制会导致采购部门对采购物品质量控制的难度增加。

3.1.2.3 供需关系是临时的或短期的合作关系，且竞争多于合作

在传统的食品采购模式中，供应与需求之间的关系是临时的、短期的合作，而且竞争多于合作。由于缺乏合作与协调，采购过程中很多时间消耗在解决日常问题上，没有更多的时间去做长期性预测与计划工作，供应与需求之间因缺乏合作而增加了运作中的不确定性。

3.1.2.4 响应用户需求能力迟钝

由于供应与采购双方在沟通方面缺乏及时的信息反馈，在市场需求发生变化的情况下，食品采购一方也不能改变已有的订货合同，导致需求减少时库存增加，需求增加时供不应求。重新订货需要增加谈判过程，因此供需之间对用户需求的响应没有同步进行，缺乏应对需求变化的能力。

3.1.3 供应链环境下食品采购管理的特点

在食品供应链管理的环境下，企业的采购方式在传统采购方式的基础上有了一些改进，主要表现在以下几个方面。

3.1.3.1 从内部的采购管理向外部资源管理的转变

传统的采购管理仅仅对企业内部的资源进行统计和归类，在资源缺乏时并不一定能得到及时的响应，而供应链管理则强调对供应源进行外部资源管理，比如和供应商建立一种长期的互惠互利的合作伙伴关系，通过提供信息反馈和教育培训支持，在供应商之间促进质量改善和质量保证，参与供应商的产品设计和产品质量控制过程以增加供应链的敏捷性，协调供应商的计划，在资源有限的情况下下游企业的采购部门应该主动参与供应商协调计划，保证供应链的正常供应关系，根据自身情况选择适当数量的供应商，建立有不同层次的供应商网络，与少数供应商建立合作伙伴关系。

3.1.3.2 从为库存而采购到为订单而采购的转变

传统的食品采购部门并不关心食品的生产过程，不了解生产进度和食品需求的变化，采购工作是根据库存的多少来进行。在食品供应链管理模式下，采购是以订单的方式驱动的，要求采购部门提高对生产订单的响应程度，同时降低库存成本，提高物流速度和库存周转率。订单驱动的食品采购方式有以下特点。

①由于供应商与食品生产加工企业建立了战略合作伙伴关系，不再需要双方询盘和报盘的反复协商，交易成本大为降低。

②在同步化供应链计划的协调下，生产计划、采购计划、供应计划能够并行运行，缩短了用户响应时间，实现了供应链的同步化运作。

③采购原料直接进入生产加工部门，减少了采购部门的工作压力和不增加价值的活动过程，实现供应链精细化运作。

④信息传递方式也发生了变化，食品在供应链环境下，供应商能共享生产加工部门的信息，提高供应商应变能力，减少信息失真。

3.1.3.3 从一般买卖关系向战略协作伙伴关系的转变

传统的食品供应链上下游之间是一种简单的买卖关系，对于全局性、战略性的供应问题不能很好的解决。而基于战略伙伴关系的采购通过供需双方的库存数据共享，有效地减少了需求信息的失真现象，通过双方的协作降低了需求变化带来的风险，减少了反复询价和谈判所带来的成本。同时，采购方应及时把质量、服务、交货期的信息传递给供方，使供方严格按要求提供产品与服务。供应方参与需求方的生产过程，了解所供应商品的使用情况并提出调整意见，协商解决所供应产品的物流和质量等情况。通过合作伙伴关系，避免了许多不必要的手续和谈判过程，供需双方都从降低交易成本中获得好处。战略性的伙伴关系消除了供应过程的组织障碍，为实现准时化采购创造了条件，也为降低采购成本，提高供应链竞争力提供了基础。建立战略合作伙伴关系为解决以下问题创造了条件。

①风险问题：供需双方通过战略性合作关系，可以降低由于不可预测的需求变化带来的风险，如运输风险、信用风险等。

②合作伙伴关系问题：通过合作伙伴关系，双方可以为制订战略性采购供应计划共同协商，不必为日常琐事消耗时间与精力。

③采购成本问题：由于避免了不必要的手续和谈判过程，信息的共享避免了因信息不对称决策可能造成的成本损失。

④库存问题：在供应链管理模式下，供需双方可以共享库存数据，采购决策过程变得透

明,减少了需求信息的失真现象。

⑤准时采购问题:战略性合作关系消除了供应过程的组织障碍,为实现准时化采购创造了条件。

3.1.3.4 产生了信息化的采购

供应链管理条件下食品采购的一个重要特征就是信息化的管理模式。采购信息化主要有两部分:采购内部业务信息化和外部运作信息化。采购内部业务信息化减少了信息传递的中间环节,加快了信息流动的速度,极大地提高了企业对市场的反应速度。采购外部运作信息化包括网络采购和供应商信息系统两部分。网络采购是近年来出现的一种新的采购方式,它的特点是资源丰富、交易费用低、采购效率高。供应商管理信息化是指企业通过网络将供应商信息系统与采购信息系统联结起来,使主要供应商成为整个生产体系的一部分,以便供应商及时得到生产需求信息,加强与供应商的长期合作,建立战略伙伴关系。

传统采购模式与供应链下采购模式的主要区别见表3.1。

表3.1　传统采购模式与供应链下采购模式的主要区别

	传统采购管理	供应链采购管理
供应商/买方关系	相互对立	合作伙伴
合作关系	可变的	长期的
合同期限	短	长
采购数量	大批量	小批量
运输策略	单一品种整车发送	多品种整车发送
质量问题	检验/再检验	无需入库检验
与供应商的信息沟通	采购订单	网络
信息沟通频率	离散的	连续的
对库存的认识	资产	祸害
供应商数量	多,越多越好	少,甚至很少
设计流程	先设计产品后询价	供应商参与产品设计
产量	大量	少量
交货安排	每月	每周或每天
供应商地理分布	很广的领域	尽可能靠近
仓库	大,自动化	小,灵活

3.2 食品供应链采购模式

3.2.1 按采购集中程度分类

3.2.1.1 分散采购

分散采购是指企业将采购权分散到各个分支机构(包括分公司、分厂、零售分店等),由各分支机构在核定的资金定额范围内,直接向供应商采购食品。以经营生鲜食品的零售分店为例,就是由各分店商品部自行采购生鲜食品。

分散采购的优势主要有:分散采购具有相当弹性,较具市场针对性;价格由分店自定,机动性强,有较好的经营主导权;较能符合消费者需求。

缺点是较难发挥大量采购、以量制价的功能;利润很难控制;无法塑造集团连锁经营的统一形象。

由零售分店自行分散采购的模式,多适用于门店之间分布较广的连锁企业,并且适于保质期相对较短的生鲜食品。

3.2.1.2 集中采购

集中采购是指企业设专门的采购机构和专职采购人员统一负责企业的食品采购工作,企业所属各分支机构只负责食品的销售。此种采购组织是把采购权集中在总部,由专职的采购部门来负责,采购权不下放。门店采购无决定权,但有建议权。

集中采购比较适合物流一体化的建设。集中统一的食品采购是实现规范化经营的前提和关键。只有实行统一采购,才能真正做到统一陈列、统一配送、统一促销策划、统一核算,才能真正发挥企业的整体效益,尤其是经营食品的连锁超市的优势。

集中采购的优势是非常明显的。首先,集中采购有利于提高企业与供应商谈判中的议价能力。企业实行了集中采购模式,大批量进货,就能充分享受采购食品数量折扣的价格优惠,保证了企业在价格竞争中的优势地位。其次,集中采购有利于降低食品采购成本。大批量集中进货,可大幅度减少进货费用,再辅以配套的统一配送模式,就能有效控制连锁销售企业的采购总成本。这对于企业经济效益来说是非常重要的。最后,集中采购有利于规范企业的采购行为。在分散采购模式中,由于食品采购的决定权下放到各分店,对采购行为很难实施有效的约束,所以采购员的种种不规范行为屡禁不止。而集中采购模式则有利于规范企业的采购行为,对采购工作人员可以比较方便地进行监督。

集中采购的缺点是各门店工作弹性小,较难满足消费者的需求,采购工作和销售工作容易脱节。

集中(总部)采购是连锁超市非食品以及食品中干杂食品的最常用的采购方法。在生鲜食品上,它较多地运用于门店较为集中的企业,特别是局限在某一城市的连锁企业。在品种上,它比较适宜保质期较长的品种,如冷冻肉制品、冷冻水产品等。

3.2.2 按采购的渠道分类

3.2.2.1 当地采购

当地采购的食品主要是由于保鲜需要,不适于远途运输的生鲜食品,采购渠道又可分为农产品批发市场和城市周围农产品生产基地。

3.2.2.2 跨地区产地采购

跨地区产地采购的食品主要是可以在一定时间和距离内远途调运的粮食、酒类和糖类等干杂食品,经过保鲜加工处理的生鲜食品,部分果实类水果(柑橘、苹果、香蕉等),冷冻水产品,干鲜产品和保鲜封装的加工制成品等。

目前,零售店及超市生鲜区的经营品种很大程度上依靠当地的采购货源渠道,其主要原因:一是由于大量非标准化的生鲜食品因保鲜问题不适于长途运输;二是由于零售店及超市的销售流量无法支撑批量采购。所以现在同一地区的超市生鲜经营经常会出现商品雷同化的倾向,超市生鲜经营的特色未能得到发挥。

然而真正能形成品种、价格和新鲜度等渠道优势的还是产地采购,包括城市周围农产品生产基地和跨地区的产地采购,这种渠道优势的发挥会使零售店及超市的食品经营更加生动,运作空间更加广阔,例如,上海联华超市股份有限公司是一家具备全国网点布局、业态最齐全的零售连锁超市,其跨地区采购战略使其差异化经营模式得以充分发挥。食品采购渠道优势的发挥程度是与零售店及连锁超市食品经营规模(销售量)和食品供应链中配送体系的完善程度密切相关的,随着农产品保鲜运输问题的逐步解决和零售店及超市区域性连锁规模的扩大,跨地区采购的品种和数量都会不断增加,零售店及超市的食品经营也会越来越丰富多彩。

3.2.3 按采购策略分类

3.2.3.1 订货点采购

订货点采购是紧密根据食品市场需求的变化和订货提前期的大小,精确确定订货点、订货批量或订货周期、最高库存水平等,从而建立起连续的订货启动、操作机制和库存控制机制,达到既满足需求又使得库存总成本最小的目的。

这种采购模式以需求分析为依据,以填充库存为目的,采用科学的方法、兼顾满足需求和库存成本控制,原理比较科学,操作比较简单。但是,由于食品市场的随机因素较多,使得该方法同样具有库存量大、市场响应不灵敏的缺陷。

3.2.3.2 准时化采购

准时化采购也称 JIT (just in time)采购,是一种完全以满足需求为目标的采购方法。根据 JIT 采购原理,供应商只在需要的时候才把需求品种、需求数量送到客户需要的地点。准时化采购和准时化生产一样,它不但能够最好地满足用户需要,而且可以极大地消除库存、最大限度地消除浪费,从而极大地降低企业的采购成本和经营成本,提高企业的竞争力和经济效益。

JIT 采购的特点是:合理选择供应商,要求其进入食品企业的生产过程,并与之建立战略合作伙伴关系;小批量采购,实现零库存或低库存;交货准时,包装标准;信息充分共享;重视教育与培训;严格实施质量控制,产品通过国际认证。

实施 JIT 采购的优点:

①可以大幅度地减少食品库存:食品生产企业库存的降低有利于减少流动资金的占用,加速流动资金的周转,同时也有利于节省库存食品占用的空间,从而降低库存成本。

②提高采购食品的质量:据估计,推行 JIT 采购策略可使质量成本减少 26% ~63%。

③降低食品原料的采购价格:由于供应商和生产企业的密切合作以及内部规模效益与长期订货,再加上消除了采购过程中的一些浪费(如订货手续、装卸环节、检验手续等),就使购买原料的价格得以降低。

④推行 JIT 采购策略不仅节约了采购过程所需的资源,而且增强了企业的适应能力。

3.2.3.3 电子采购

电子采购,也就是网上采购,是在电子商务环境下的食品采购模式。由于来自消费者和降低成本的压力越来越大，食品采购商开始频繁使用互联网进行采购，而这种趋势随着全球互联网技术的发展和普及，拥有了更广阔的市场空间。

电子采购的基本特点是：买家通过电子商务服务平台寻找新的食品供货商，或者是特定的某一类产品；食品供货商则通过平台展示企业和产品的信息。双方通过平台建立联系，通过电子邮件进行充分的沟通，最终促成交易的完成。对采购者而言，能够在网上迅速找到食品供货商和他们的产品，发出询盘，然后收到食品供货商提供的一份详细报价和产品规格描述，双方的工作效率和准确性都能得到较大的提高。

这种采购模式扩大了食品采购市场的范围，缩短了供需距离，简化了采购手续，减少了采购时间，降低了采购成本，提高了工作效率，是一种很有前途的食品采购模式，但要依赖于电子商务的发展和食品物流水平的提高。

国外食品供应链的电子采购已经发展得较为成熟，有很多专门的网站提供平台为上下游买卖双方进行产品或服务交易，中立的电子采购交易管理员在这个虚拟的平台上，管理各项有形或无形的商品买卖交易，并提供分析选择供应商、指导参与竞价、制订采购计划等支撑性服务。例如，Instill. com 是一个专注于食品服务产业的网站，提供将饭店、配送商和生产商联系于一体的电子采购服务。它向客户提供采购服务以及预测、协作和补货工具等服务。eSkye. com 在酿酒行业将零售店、分销商和供应商联系起来，提供零售商能自动下订单的增值服务，同时向分销商和供应商提供产品信息。Pefa. com 是欧洲最大的鲜鱼网络交易平台，通过该网络销售系统，购买者可以从瑞典、丹麦、新西兰、比利时、意大利等 13 个加入系统的成员国家直接采购鲜鱼。从平台上可以实时浏览当天许多欧洲港口鲜鱼的平均价格和产品质量信息。

3.2.3.4 卡拉杰克采购定位策略

卡拉杰克模型（Kraljic Model）也被称为卡拉杰克矩阵（Kraljic Matrix），最早出现于彼得·卡拉杰克（Peter Kraljic）的《采购必须纳入供应管理》（Purchasing must become Supply Management）一文，这篇文章发表在 1983 年 9 ~ 10 月号的《哈佛商业评论》上。作为资产投资管理工具，投资组合模型这一概念最初是由哈里·马科维茨（Harry M. Markowitz）于 1950 年提出的。1983 年，卡拉杰克率先将此组合概念引入采购领域。该矩阵被用作公司采购组合的分析工具。

Kraljic 模型是以供应物品的利润和供应风险两个重要方面为维度（准则），建立采购定位（分类）矩阵，对采购物品进行分类。其定位模型如图 3.1 所示。

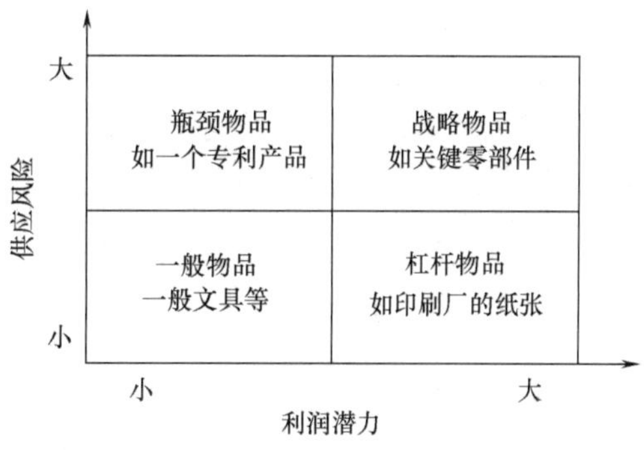

图 3.1　Kraljic 采购定位模型

在图示坐标系中，横轴为利润潜力，用来表示采购对可赢利性所做贡献的潜力或供应物品对利润的影响，主要衡量指标包括采购的数量、采购金额占总金额的比例、该物品对产品质量的影响程度等。纵轴为供应风险，它反映了采购物品获得的难易程度,或如果供应商没能准时供货时客户将遭受的损失程度,主要衡量指标包括供应市场的竞争格局、潜在的供应商数量、自制或外购的机会以及替代的可能性等。根据不同采购物品的利润潜力和供应风险,或根据采购物品在图 3.1 坐标系中所处位置不同可以分为以下四类采购项目。

(1)战略项目　所谓战略项目,是指对买方的产品或流程至关重要的采购项目。这类采购项目的数量很大,通常只有一个可利用的供应源。这类产品在最终产品的成本中占有很大份额,并且不能在短期内加以改变,以避免重大损失,例如,为汽车制造商生产的变速箱、化学工业用的汽轮机等。这类产品的采购方式最好采用基于合作伙伴的采购模式,供应商应尽早介入,并充分考虑垂直整合,共同创造价值。

(2)杠杆项目　所谓杠杆项目,是指可选供应商较多、能够为买方带来较高利润的采购项目。通常这类物品可以按标准的质量等级从不同的供应商那里购得。它们在最终产品的成本构成中占有相对较大的份额,价格的微小变化对最终产品的成本造成相对较强的影响。具体的例子有散装化学品、钢、铝、包装物、钢板、原材料和标准半成品等。这种情况下,采购方有选择供应商的自由。供应商数量众多,而且转换成本较低。

(3)瓶颈项目　所谓瓶颈项目,就是只存在某一个供应商、运输不便、财务影响较低的采购项目。这类物品在成本构成上只占相对有限的一部分,但是在供应上却极为脆弱。它们只从一个供应商那里获得,例如,化学工业使用的催化剂、涂料工业使用的颜料和食品工业使用的天然香料和维生素。通常供应商在合同关系中处于支配地位,这会导致高昂的价格、较长的交货时间和劣质的服务。采购方应尽量寻找替代品或寻找替代的供应商。

(4)一般项目　所谓一般项目或非关键项目,是指供给丰富、采购容易、财务影响较低的采购项目。从采购的观点看,这些产品很少造成技术或商业问题。这类产品的价值通常较低,并存在大量可供选择的供应商,例如,清洁材料、办公用品、维护用品和紧固件等。这类产品采购的问题在于处理它们的费用通常高于其本身的价格。根据产品分类,供应战略有所不同。应该将关注重点放在战略项目和杠杆项目上,而且与一般项目相关的工作应尽可能加以限制。

3.3　食品供应链采购流程

食品供应链采购管理要实现科学化,首先需要规范采购作业的行为模式。如果按照采购员个人的工作习惯随意操作,则食品采购的质量难以保证。所以需要规定食品采购的一般流程,消除采购中的“三不”现象(即不管是否为企业所需;不做市场调查和咨询;不问价格高低和质量好坏),以保证工作质量,堵住资金流失的漏洞。

食品采购流程通常由以下 7 个步骤组成。

3.3.1　接受采购申请

采购要求包括采购品种、数量、质量要求及到货期限。在食品生产企业中,采购申请必须严格根据生产部门的需要、现有库存量及安全库存量做出科学的计算后才能提出,并且要有审核制度。通过对采购申请环节的控制,可以防止随意和盲目采购。对于食品批发和零售企业,决定采购什么与决定销售什么相一致,采购策略和市场策略紧密联系。

3.3.2 选择供应商

一个好的供应商是确保食品及原料的质量、价格和交货期的关键。因此，在食品采购管理中，供应商的选择以及如何保持与供应商的关系是一个主要问题。在采购流程中，这一步骤包括调查供应商提供所需品种的能力，汇总该供应商所能提供的食品种类，并就这些食品的供货要求进行商谈，评价多个候选供应商（使用定性、定量多个标准），最后确定供应商。

3.3.3 价格谈判

价格一直是食品采购中的敏感问题，买方希望压低价格，而卖方又总想方设法提高价格，所以价格谈判就成为采购过程中的一项重要工作。第一，采购人员在收到供应商的商品报价以后，要到市场上了解同类商品的价格，与供应商的报价进行比较以确定取舍。采购人员在了解价格时，一定要注意了解的商品要与供应商的商品类型相同、品项相同，否则就没有可比性。第二，采购人员在了解价格以后，要与供应商面对面地商定供应商品的价格。在商议之前，采购人员要做一定的准备工作，要通过各种途径了解供应商对其他商家的实际供货价，再具体分析本企业的优势和劣势，以增加自己在价格谈判中的砝码，为本企业争取到最优的供应价格。第三，采购人员事先应该确定一个可接受的最高价格，超过这个价格就应该果断地放弃，再寻求其他供应商。由于价格问题对谈判双方来说是一种零和对策，一方所失就是另一方所得，但从长远来看，任何一方的暂时所得未必是好事。企业间需要竞争，而合作可能对双方更加有利。需要指出的是：第一，食品价格由市场供需矛盾决定，任何一方都不可能随意要价；第二，食品采购不是单一的价格问题，还有食品质量问题，交货时间与批量问题以及食品包装、运输方式与运输条件问题等。因此需要权衡利弊，绝不能因为在价格上占点小便宜，而在其他方面造成不必要的损失。

3.3.4 签发采购订单

食品采购订单相当于合同文本，具有法律效力。签发食品采购订单必须十分仔细，每项条款都要认真填写，关键处的用词须反复推敲，表达要简洁，含义要明确。现在，信息技术使得企业可以和供应商用计算机连接，不需要任何纸质媒介就可简洁、迅速地完成食品采购订单。

食品采购订单内容除了食品的品种、数量外，还应对以下问题进行规定。

（1）配送问题的规定　食品主要是供给日常生活所需，要求周转很快。要保证充分供应，就必须依靠供应商准时配送食品。因此，在配送方式、配送时间、配送地点、配送次数等方面，通常在食品采购时就要和供应商在合同中予以规定，并要清楚说明供应商若违反了规定所必须承担的责任。

（2）缺货问题的规定　供应商供货时若出现缺货的现象，必然会影响企业的经营活动。因此应规定一个比例，要求供应商缺货时应承担的责任，以保证供应商能准时准量供货。例如，某连锁超市容许供应商的次品率为3%，超过3%时供应商每月要付1万元罚金等。

（3）食品品质的规定　进行食品采购时，采购人员应了解食品的成分、品质等是否符合政府卫生部门或工商行政部门的规定。但采购人员的能力并不足以判断各种食品的成分，因此在采购时，必须要求供应商在合同中做出保证符合政府法律规定的承诺，并提供政府核发的合法营业证明,以确保在食品销售中不会出现问题。

(4)价格变动的规定　由于食品价格变动较大,在签订食品永续订单时要对未来价格变动的处理做出规定。如在价格上涨时,要在调整生效前通知企业并经企业同意方为有效。

(5)付款的规定　食品采购时,支付货款的日期是一种采购条件,在此不赘述。但在合同中须对付款方式有所规定。例如,对账日定在每月的哪一天、付款日定在哪一天、付款时是以人员领款方式还是转账方式等均要有准则,并请供应商遵守。

(6)退货的规定　食品经销企业最感头痛的问题便是退货,供应商送货很快,但退货却不积极。为了保障食品经销企业的利益,在合同中必须制定退货规定。例如,规定出现哪几种情况下可退货、费用如何分摊等。

3.3.5 跟踪订单

食品采购订单签发后并不是食品采购工作的结束,必须对订单的执行情况进行跟踪,防止对方违约,保证订单顺利执行,食品按时进库。对订单实施跟踪还可以使企业随时掌握食品供应的动向,万一发生意外事件,可及时采取措施,避免不必要的损失或将损失降到最低。

严格说来,订货跟踪是一种被动式管理,这种问题的来源往往在于供应商自身的经营管理以及与供应商的关系处理。如果在供应商选择上能够严格把关,恰当地处理与供应商的关系,给予必要的合作,这种问题将会大大减少。

3.3.6 到货验收入库

食品运到企业自己的仓库必须马上组织人员对食品进行验收。验收是按订单上的条款进行的,应该逐条仔细查对。此外,还要查对货损情况,确定货损是否超标。对发现的问题要查明原因,分清责任,为提出索赔提供证据。食品验收完毕才能签字认可。

如上所述,如果供应商很可靠,这个步骤的工作就可省略。例如,很多日本企业与它们的供应商之间就可以做到货到无检验,直接送到生产线或送上货架。

3.3.7 支付货款

最后一步是支付货款,支付以前必须查对支付发票与验收的食品清单是否一致。确认没有差错才能签字付款。

一般说来,企业按照上述的步骤采购食品不会发生大的失误。当然,要提高食品采购水平与质量,从企业的食品采购环节挖掘更大的利润源泉,还有许多事情要做。例如,供应商的管理和食品采购量的控制就是非常重要的工作。

3.4 食品供应链中供应商的管理

传统上,采购管理注重采购行为本身,考虑如何选择供应商、决定采购数量、确定合适的价格、签订采购合同,以及如何谈判,使企业在采购行为中获利。而供应链环境下的采购管理则更加强调企业与供应商之间的关系管理,建立起一种"互利双赢"的合作关系,利于双方的长远发展。

3.4.1 整理食品供应商资料

3.4.1.1 供应商分类与编号

食品范围比较广泛,故应对供应商进行分类管理。例如,在一个经销生鲜食品的商店,可将供应商分成果蔬类供应商、日配类供应商,再依各类别来编号,给予每一个厂商一个编号。这种编号大概4位就可以了。如果某公司是果蔬类的厂商,而果蔬类的部门分类码为3,则可以将公司编成3001来标识管理。当然也可以用更细的分类码来给予代号,但总的来说,应对供应商进行分类管理并给予每一厂商一个代码,以便于计算机管理。

3.4.1.2 供应商档案的建立

将每个供应商的基本资料归档,包括公司名称、电子邮件地址、电话、负责人、资本额、营业证、营业额等,建立基本资料卡,由计算机存档并管理,以便随时查阅。

3.4.1.3 供应商商品台账的建立

对每一个厂商所供应的食品建立台账,包括商品序号、商品代码、商品名称、规格、单位、进货量(不同时期的进货量及累计进货量)、售价、进价、毛利率、销售额(不同时期的销售额及累计销售额)和供货厂商代码等。

3.4.1.4 销售状况统计分析

对于每家供应商的食品进货情况、销售量及销售额按一定时期(如一个月)进行统计,并可列出厂商销售数量排列表,对消费者投诉也必须予以统计,作为议价谈判的重要依据。

3.4.2 评价食品供应商

在食品供应链管理环境下,由于企业对短期成本最小化的需要,食品供应链合作关系的运作需要尽量减少食品供应源的数量。另外,由于紧密合作的需要,上下游相关的连接变得更专业化,而且企业可以在全球市场范围内寻找最优的供应商。因此,对供应商做出系统、全面的评价,就必须有一套完整、科学、全面的综合评价指标体系。

3.4.2.1 建立有效的供应商综合评估体系

建立供应商综合评估指标体系的好处是可以避免企业在供应商评估工作中存在个人权力太大,主观成分过多,一人说了算的现象。对供应商进行综合评估的最基本指标应该包括以下几项。

(1)技术水平　是指供应食品的技术参数能否达到要求。供应商是否具有一支技术队伍和相应的能力去生产或供应所需的食品,是否具有产品开发和改进的能力,这些问题都很重要。选择具有高技术水准的供应商,对企业的长远发展有好处。

(2)食品质量　供应商的食品必须能够持续稳定地达到食品规定的要求。供应商必须有一个良好的食品质量控制体系,在原材料、半成品、成品加工及储存过程中进行质量管理和质量控制。

(3)供应能力　企业需要确定食品供应能力即供应商的生产能力。确定供应商是否具备相当的生产规模和发展潜力,这意味着供应商的生产设备必须能够在数量上达到一定的规模,能够保证供应所需数量的食品。

(4)价格　供应商应该提供有竞争力的价格,但并不意味着必须是最低的价格。这个价格是考虑了要求供应商按照所需的时间,所需的数量、质量和服务后确定的。供应商还应该有能力向企业提供改进食品成本的方案。

(5)地理位置　供应商的地理位置对食品库存量有相当大的影响。如果食品单价较高,需求量较大,距离近的供应商有利于管理。企业总是希望供应商离自己近一些,或至少要求供应商在当地设立库存。地理位置近,送货时间短,意味着缺货时可以快速送到。

(6)可靠性　可靠性是供应商的信誉。在选择供应商时,应该选择一家有较高声誉的、经营稳定的以及财务状况良好的供应商。同时,双方应该相互信任,讲究信誉,并能把这种关系保持下去。

除此之外,有时还有一些其他因素,如售后服务、提前期、交货准确率和快速响应能力等。

3.4.2.2　供应商选择与评估过程

供应链上供应商的选择与评估程序如图 3.2 所示。

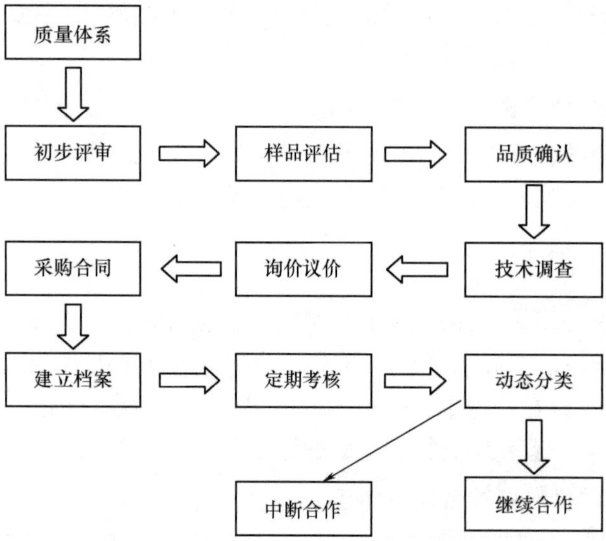

图 3.2　供应商选择与评估流程图

按照图 3.2 的流程对供应商进行选择和评估,第一步是要对其质量体系进行全面、深入、认真地调研,因为质量体系是质量稳定的保障。质量得到保证以后,第二步是进行初步评审。按照企业的发展状况,需要什么样的质量支撑,必须对质量体系进行初步评审,评审完毕,对合格品可进行样品评估。评估结果可能有两种情况:一种是产品不合格,中断合作;另一种是产品合格,对于合格产品接下来就是进行品质的确认,要出具确认书。品质确认在实践操作中要特别注意封样制度,在封口上还需要有签名制度。第三步就是到厂家去做技术调研,目的是调查样品是不是供应商生产出来的,并重点研究其工艺是否可靠。在此基础上,就可以询价议价了。谈价格要有技巧,首先要了解市场的平均价格,还要了解其成本组成、大概毛利是多少,按照工人的工资、现有的设备状况、工厂的销售规模、生产能力,可以大概知道其利润空间有多大。价格谈好以后,就进入采购合同阶段。为了减少纠纷,合同一定要详尽,条目不能过于简单。虽然质量方面有封样制度,但是具体的合作过程和细节问题还必须清楚地写在合同中,另外,合同最好有中文和英文两份,因为英文是一种解释性语言,能够把问题写得更清楚。合同签好以后,要建立档案并进行专门保管。进行定期的供应商考核,每次考核的结果都放在档案里。由于一次考核只是某个时间点的静态结果,随着时间的变化,供应商的情况也会变化,所以要连续考核,进行动态分类。动态分类也有两个结果:继续合作和中断合作。

整个供应商的选择和评估都按照此流程进行。这一流程使人事变动不至于对工作造成太大的影响,这是流程化管理的一大优点。

3.4.2.3 供应商评估与选择方法

供应商的评估与选择是一个多对象、多因素(指标)的综合评价问题,解决此类问题决策的基本思路归纳如下。

(1)对各个评估指标确定权重,权重可用数字 1 ~ 10 中的某个数值表示,可以是小数(也可取 0 ~ 1 的某个数值,并且规定全部的权重之和为 1);

(2)然后对每个评估指标打分,也可用 1 ~ 10 的某个数表示(或 0 ~ 1 的某个数值);

(3)再将每个分数乘以该指标权重,进行综合处理后得到一个总分;

(4)最后根据每个供应商的总分进行排序、比较和选择。

3.4.2.4 保持动态平衡

在实施食品供应链合作关系的过程中,食品市场需求和供应都在不断变化,必须在供应商相对稳定的条件下,根据实际情况及时修改供应商评估指标,或重新开始新的供应商评估。基本思路是:合格的供应商队伍不应该是静态的,而应该是动态的,这样才能引入竞争机制。

3.4.3 与供应商建立合作伙伴关系

对食品经销企业而言,盈利能力与食品采购物流和信息流的流动速度有关,企业为获取尽可能多的利润,就会想方设法加快产品和信息的流动。由于占总成本一半以上的产品及相关信息都与供应商有关,充分发挥供应商的作用就显得尤其重要。食品采购策略的一个重要方面就是要逐步建立与食品供应商的合作关系,其作用体现在:

(1)提高供应商的可靠性和灵活性,可以极大地加强企业的食品采购物流计划能力,增强对食品市场需求的应变力。例如,尽早地通过采购让供应商以“伙伴关系”参与到企业自身的食品开发过程中来,不仅可以充分利用供应商的专业技术优势缩短食品开发时间,降低研制成本,还可以更好地满足消费者对食品的要求,提高企业的竞争力。

(2)对供应商的管理从采购食品的分类开始。按照食品的价值及重要性确定不同的采购策略,并进行食品供应市场的研究与风险分析;对供应商进行分类管理,通常将其划分为合作伙伴型、优先供应型和普通商业型。针对不同的供应商采取不同的策略办法进行管理和改进,以质量、交货、价格和服务等项目为指标对供应商进行评估。

(3)提高供应商质量,改善供应水平,控制和减少所有与食品采购相关的成本,包括直接采购成本和间接采购成本,这是食品采购管理的重要内容。直接采购成本的控制与降低,可采取提高工作效率、定期谈判、优化供应商、实施本地化、与供应商共同开展改进食品物流成本等多种途径。间接采购成本的控制与降低包括缩短食品供应周期、增加送货频次、减少食品库存、实施进货免检、循环使用食品包装物等。此外,为优化供应配套体系,也可减少供应商的数量,使采购活动尽量集中;与供应商发展伙伴型的合作关系,同时也要避免依赖独家供应商,防止垄断产品供应风险的产生。

3.4.4 供应商绩效考核

供应商绩效考核是对现有供应商的日常表现进行定期监控和考核。传统上,虽然我们一直在进行供应商的考核工作,但是一般都只是对重要供应商的来货质量进行定期检查,没有一整套的规范和程式。随着采购管理在企业中的地位越来越重要,供应商的管理水平也在不断上升,原有的考核方法已不再适应企业管理的需要。

3.4.4.1 供应商绩效考核的目的、原则、范围及准备工作

(1)供应商绩效考核的目的　供应商绩效考核的主要目的是确保供应商供应的质量,同时进行比较,保留并巩固优秀的供应商,淘汰绩效差的供应商。对供应商绩效考核同时也可以了解供应存在的不足之处,将不足之处反馈给供应商,促进供应商改善其业绩,为日后更好地完成供应活动打下良好的基础。

(2)供应商绩效考核的基本原则　①供应商绩效考核必须持续进行,定期地检查目标达成的情况。当供应商知道会定期地被评估时,自然就会致力于改善自身的绩效,从而提高供应质量。②要从供应商和企业各自的整体运作方面来进行评估以确定整体的目标。③供应商的绩效总会受到各种外来因素的影响,因此对供应商的绩效进行评估时,要考虑到外在因素带来的影响,不能仅衡量绩效。

(3)供应商绩效考核的范围　不同单位针对供应商表现的考核要求不同,相应的考核指标也不一样。最简单的做法是仅衡量供应商的交货质量;成熟一些的做法除考核质量外,也跟踪供应商的交货表现。较先进的系统则进一步扩展到供应商的支持与服务、供应商参与本公司产品开发等表现,也就是由考核订单交单实现过程延伸到考评产品的开发过程。

世界一流企业对供应商的考评原则:考核所有的供应商,并且以文件的形式规定好考核什么、何时考核、怎样考核、由谁考核;事先确定好考核指标并通过信息系统自动计算考核结果;考核指标明确、合理、与公司的总目标保持一致;考核指标具体,考核准则体现跨功能精神;考核表现反馈给供应商并通报到公司内部相关人员;组织供应商会议,跟进相应的改善行动;设定明确的改进目标。

(4)供应商绩效考核的准备工作　要实施供应商绩效考核,就必须制定一个供应商考核办法或工作程序。实施过程中要对供应商的表现如质量、交货、服务等进行监测记录,为考核提供量化依据。考核前还要将考核做法、标准及要求与被考核的供应商进行充分沟通,并在公司内部对参与考核的部门或人员做好沟通协调。供应商绩效考核工作常由采购人员牵头组织,质量、企划等人员共同参与。

3.4.4.2 供应商绩效考核的指标体系

为了科学、客观地反映供应商供应活动的运作情况,应该建立与之相适应的供应商绩效考核指标体系。在制定考核指标体系时,应突出重点,对关键指标进行重点分析,尽可能地

采用实时分析与考核的方法,把绩效度量范围扩大到能反映供应活动时间运营的信息上去,因为这比事后分析有价值得多。评估供应商绩效的因素主要有质量、供应、经济、服务指标等。

(1)质量指标　供应商考核的质量指标是供应商绩效考核的最基本指标,包括来料批次合格率、来料抽检缺陷率、来料在线报废率、来料免检率等。

来料批次合格率 =(合格来料批次 ÷ 来料总批次)×100%

来料抽检缺陷率 =(抽检缺陷总数 ÷ 抽检样品总数)×100%

来料在线报废率 =[来料总报废数(含在线生产时发现的)÷ 来料总数]×100%

来料免检率 =(来料免检种类数 ÷ 该供应商供应的产品总种类数)×100%

其中,来料批次合格率是最常用的质量考核指标。此外,有的公司还将供应商体系、质量信息、供应商是否及如何将 SPC 适用于质量控制等也纳入考核范围,例如,供应商是否通过了 ISO9000 认证或供应商的质量体系审核是否达到一定的水平。还有些公司要求供应商在提供产品的同时提供相应的质量文件,如过程质量检验报告、出货质量检验报告、产品成分性能测试报告等。

(2)供应指标　供应指标又称企业指标,是同供应商的交货表现以及供应商企划管理水平相关的考核因素,其中最主要的是准时交货率、交货周期、订单变化接受率等。

准时交货率 =(按时按量交货的实际批次 ÷ 订单确认的交货总批次)×100%

订货周期:即自订单开出之日到收货之时的时间长度,一般以天为单位。

订单变化接受率:这是衡量供应商对订单变化灵活性反应的一个指标,是指在双方确认交货周期中可接受订单增加或减少的比率。

订单变化接受率 =(订单增加或减少的交货数量 ÷ 订单原定的交货数量)×100%

值得一提的是,供应商能够接受的订单增加接受率与订单减少接受率往往不同,前者取决于供应商生产能力的弹性、生产计划安排与反应以及库存状态(原材料、半成品或成品)与大小;后者主要取决于供应商的反应、库存(包括原材料在制品)大小以及因减单带来的可能损失的承受力。

(3)经济指标　供应商考核的经济指标总是与采购价格和成本相联系的。与质量及供应指标不同的是,质量与供应考核通常每月进行一次,而经济指标的考核则相对稳定,多数企业是每季度考核一次,此外,经济指标往往都是定性的,难以量化。具体考核点有:

①价格水平:这一类往往同本公司所掌握的市场行情比较或根据供应商的实际成本结构及利润率进行判断。

②报价是否及时:报价单是否客观、具体、透明(包括原材料费用、加工费用、包装费用、运输费用、税金、利润等以及相对应的交货与付款条件)。

③降低成本的态度及行动:是否真诚地配合本公司或主动地开展降低成本活动,制订改进计划,实施改进行动,是否定期与本公司协商合作价格。

④分享降价成果:是否将降低成本的好处也让利给消费者(本公司)。

⑤付款:即是否积极响应本公司提出的付款要求与办法,开出付款发票是否准确、及时并符合有关财税要求。

有些单位还将供应商的财务管理水平与手段、财务状况以及对整体成本的认识也纳入考核范围。

(4)支持、配合与服务指标　与经济指标一样,考核供应商在支持、配合与服务方面的表现通常也是定性的考核,每季度一次,相关的指标有反应表现、沟通手段、合作态度、共同改进、参与开发、售后服务等。

①反应表现:即对订单、交货、质量投诉等反应是否及时、迅速,答复是否完整,对退货是否及时处理。

②沟通手段:即是否有合适的人员与本公司沟通,沟通手段是否符合本公司的要求(电话、传真、电子邮件以及文件书写所用软件与本公司的匹配程度等)。

③合作态度:即是否将公司看作重要客户,供应商高层领导或关键人物是否重视本公司的要求,供应商内部沟通协作(如市场、生产、计划、工程、质量等部门)是否能整体理解并满足本公司的要求。

④共同改进:即是否积极参与或主动参与本公司相关的质量、供应、成本等改进项目或活动,或推行新的管理做法等,是否积极组织参与本公司召开的供应商改进会议、配合本公司开展的质量体系审核等。

⑤售后服务:即是否主动征询消费者(本公司)的意见、主动访问本公司、主动解决或预防问题。

⑥参与开发:即是否参与本公司的各种相关开发项目、如何参与本公司的产品或业务开发过程。

⑦其他支持:即是否积极接纳本公司提出的有关参观、访问事宜,是否积极提供本公司要求的新产品报价与送样,是否妥善保存本公司相关的文件等,是否保证不与影响到公司切身利益的相关公司或单位进行合作等。

3.5　食品供应链采购控制

3.5.1　食品的订货与补货

许多食品的产量和品种受季节、天气与产地的影响较大,因此订货作业是较难把握的工作。订货要掌握“货品齐全,不能缺货”,又要控制达到“质量好,鲜度足”,必须掌握各种食品的生产季节、产地、保鲜方法、鲜度判断方法、市场价格变化等因素,这是订货管理中必须做好的工作。

3.5.1.1　食品订货的原则

(1)考虑当日库存数量、库存天数及保鲜要求　考虑当日库存量的大小,可售卖天数多少;另外如需冷藏库保鲜,则要考虑库房的容积是否能承受。

(2)依据天气、节庆、假日等各种“旺日”下单　参看第二天的天气状况对人流量的影响;是否到假日人流高峰日(可参看以往假日销售量);是否某一节庆高峰日并有特殊品项需求(如“腊八”增订杂粮)等。

(3)参考日均销售量及商品周转率　要有以往销量的记录,如月销售量、商品周转率作为订货参考值。

(4)根据季节变化　鲜活食品的季节性体现最强，从夏季至秋季都有当年应季品项上市，考虑增大陈列面积、陈列量，加大订货量。

(5)参考商品的基本陈列面乘以补货次数　简单地说，某品项一个排面的陈列量乘以一天补货的次数，即是大致订货量。

(6)考虑促销期及折扣期

(7)依据往年的销售记录及消费者消费习惯订货　特别是在春节等重大节日及销售旺季，保留以往的销售记录作为参考，并把握当地消费者的消费习惯。

(8)品质是食品的关键　订货的前提是订购健康的、安全的、卫生的，符合验收品质标准的商品。

(9)参考市场流行趋势　参考当地是否有新品种上市，市场的价格波动变动等。

(10)依据食品当季的商品组合建立永续订单，以永续订单为订货下单的依据。

3.5.1.2　食品的补货原则

补货的顺序：店内促销品——大宗商品（敏感商品）——正常 A、B 类商品——其他。

补货时应注意的事项：

(1)保证先进先出；

(2)整理排面比补货优先，不可因补货不及时而忽略排面；

(3)堆积在库房外的货品先补，再补库房内的货品；

(4)整理时将不可贩卖的商品收回——已变质、受损、破包、过期或接近过期、条码错误、受污等；

(5)补货前后都做好陈列架、冷藏柜的清洁，保持良好的商品“卖相”；

(6)利用地车、周转箱、周转筐等工具补货；

(7)货品码放在栈板上时，重的、体积大的放在下层，体积小、易碎的放在上层，交叠码齐；

(8)补货时纸箱、周转箱均不落地；

(9)补货时，货品尽可能靠近陈列架，以免影响消费者，补货完毕迅速将地车、栈板、纸箱及剩余商品归回定位；

(10)补货中注意是否与价格牌、价签对应；

(11)鲜活食品补货时务必轻拿轻放，不可重摔、碰撞。

3.5.2　食品订货量的控制

食品按其保质期的长短可分为两类：一是保质期较长、可库存的商品，如干杂食品、冷冻食品等；另一种是保质期较短、不能库存的产品，需当日购进当日销售，如各种鲜活食品。对待上述两类产品，在订货量的控制上应采取不同的方式。下面是常用的食品订货量控制方法。

3.5.2.1　可库存食品订货量的控制

这类商品订货量的控制，关键在于最小库存量和最大库存量的确定。

(1)最小库存量　可以根据计算机存储资料中的销售量计算出某一食品的日平均销售量，再根据食品到货和加工配送的周期来确定最小的库存天数。

如果一张订单发下去，3d 内能到货，再加上加工配送的时间 2d，则库存时间为 5d。其计算公式：

最小库存量 = 某类食品日平均销售量 ×（厂家将食品送达配送中心的天数 + 配送中心进行加工的天数 + 配送中心将货送达门店的天数 + 商店陈列量可销售的天数）

对一些没有组建食品配送中心的连锁企业，其计算公式为：

最小库存量 = 某类食品的日平均销售量 ×（厂家将食品送达门店的天数 + 门店进行食品加工的天数 + 商店陈列量可销售的天数）

这是最小库存食品量，如果实际库存低于这个数值，可能会造成食品脱销。在实际中可在计算机管理软件开发时，在程序中设置预警措施，一旦实际库存量临近或低于最低库存量，计算机系统进行预警报告。

（2）最大库存量　最大库存量的确定要综合考虑以下 3 方面因素。

①根据库容量来确定：根据当前仓库的容量来计算库存量，如果一个仓库可存放 10t 食品，分摊给每种食品的库存容量是多少即可算出，这就是最大库存量。

②根据保质期来确定：其计算公式为：

最大库存量 =（保质期 − 厂家将商品送达门店天数 − 门店进行加工的天数）× 日平均销售量

③根据最大订货资金预算量来确定。其计算公式为：

最大库存量 = 预算资金 ÷ 商品单价

食品经销企业可根据供应商发货的批量大小以及相应的价格折扣、运输费用来确定一个合理的量值作为每次订货的批量值。

3.5.2.2　鲜活食品订货量的控制

鲜活食品不能压库，没有最大、最小库存量的限制，必须力争当天购进当天售出。其理论订货量等于日平均销售量。但是实际运作中可能会有一些商品无法当日全部售出，因此，计算公式为：

订货量 = 某日销售预测值 − 前日商品库存值

鲜活食品一般采用签订永续订单的形式，签订一张合同，可以分多次交货。对于由总部（或配送中心）集中进货的食品，总部有了永续订单后，分店可以根据这张订单来填写补货申请单，并实时传到总部。总部经过审核后，将各个分店所需的食品的品种、数量汇总，然后发送给各个供应商。对于由分店自行订货的食品，程序也大致相同，只是由分店直接向供应商订货，中间少了总部汇总审核这一环节。

案例　上海联华的食品供应链采购管理

（1）背景　联华超市创建于 1991 年，是上海第一家以发展连锁经营为特色的超市公司。上海联华近几年发展速度很快，每 3d 就有一家连锁店开业，至今已有 1400 多家，形成了大型综合超市（大卖场）、超级市场、便利店等多元生态联动互补的竞争优势。在上海、北京、天津、江苏、浙江、安徽、江西、广东、山东、山西、河南、河北、辽宁、吉林、新疆、内蒙古等 20 个省、自治区和直辖市的 100 多个城市建立了强大的连锁经营网络。销售额年均增长率高达 123%，2005 年达 140 亿元。发展速度快了，效益能否保持同步，增长是否稳健，这就需要强有力的采购技术支撑，为联华的高速发展提供有力保障。

(2)本土化供应　与沃尔玛、家乐福这些洋企业相比，本地企业的最大优势在于对当地零售市场和供应市场的了解。联华基于对国内供应市场的了解和掌控，逐步形成了独具特色的本土化供应链。

一是建立并依托生产基地，由原来流通领域中的多个环节转向“产销直接对接”。从1999年起，联华在沪郊以及鲁、冀、豫、皖、苏、浙、吉、湘等地，在当地政府的支持下，先后建立了肉制品、蔬菜、水果、鸡蛋、水产等生产供应基地。这一经营方式使流通成本下降了15%～30%。凭借着大型零售企业在购买力方面的优势以及与供应市场的良好沟通，联华能够拿到性价比较高的产品。在此基础上，联华形成了自己的二级采购体系：一些通用的大品牌商品由一部采购，地方产品的采购和配送则由二部根据当地市场需求在当地实现。

二是实行订单招标，以科研单位提供、食监部门认可的质检数据为标准，在社会公开招标形式下发订购单。并由原来商品“产后采购”逐步向“产前招标订购”转变。在采购一些大宗商品时，采取“订单采购”的形式。例如，从2000年4月开始，联华就市场需求量大的肉、禽、蛋、蔬菜、水果五大类商品向全国发出订单采购和公开招标信息，有20多个省市的350多家生产单位和经营单位参与投标。首批公开招标的4000t红富士苹果、1万t鲜鸡蛋、1.5万t冷却猪肉、100万只草鸡上市后，很快就销售一空。招标订单采购的方式，使联华商品流通成本降低了10个百分点。在全国采购过程中，联华将绿色食品作为重点，并对生产厂商进行指导，提高商品的差异化程度。

三是积极优化自身的物流体系。一方面在采购当地建立物流中心，另一方面为了使采购和物流更高效，联华运用IT技术，实行供应商间的信息联合管理。联华的成功很大程度上就是依赖物流、采购、IT技术和标准化的运营。EDI联网管理可以大幅缩短流程和减少库存，实现供应商与零售商的双赢。1999年，联华采购的商品已有2万多种，采购、财务部门与3000多家供应商有业务、资金往来。传统的经营方式与之越来越不适应。联华启用了EDI自动订货系统，首先在上海10家供应商中试点。现在联华的订货系统已与上海家化、达能饼干、雀巢公司等上百家大型供应商联网，随时沟通信息。小型的供应商也能通过“供应商服务平台”，查询自己商品的销售、库存等信息。

(3)结论　采购是商业企业扩大销售、获取商品利润的关键环节。一般来说，企业采购的目标主要是降低采购成本，获取更好的产品质量。上海联华所做的一切都是在不断追求降低采购成本。当然，企业采购是为经营服务的，采购的目标必须把满足消费者需要放在首位。另外，有竞争才会有发展，企业采购必须积极运用竞争方法，才能真正调动供应商的积极性。

4 食品供应链物流管理

4.1 食品物流管理概述

4.1.1 食品物流管理的基本概念

食品物流系统是指在一定的时间和空间里，由所需位移的食品、包装设备、装卸机械、运输工具、仓储设施、流通加工、配送、信息处理等若干相互制约的动态要素所构成的具有特定功能的有机整体。食品物流管理就是对食品物流系统进行计划、协调和控制，目的是“追求以最低的物流成本向客户提供优质的物流服务”。在原则上具体表现为“7R”，即适当的质量、适当的数量、适当的时间、适当的地点、适当的产品、适当的条件和适当的成本。

食品物流管理的目标是要把食品物流的各个环节（子系统）联系起来，将其看成一个系统进行整体设计和管理，以最佳的结构、最好的配合，充分发挥其系统功能、效率，实现整体物流合理化。具体目标有：

（1）服务性（Service） 在为客户服务方面，要求服务项目完善、质量好、费用省，客户满意。

（2）速送性（Speed） 要求将商品按消费者指定的地点、准确迅速地送到目的地。

（3）安全性（Safe） 安全的节约是最大的节约。物流系统的各个环节、过程都应坚持“预防为主”的观点，避免由于安全而导致货运事故，给企业和客户造成损失。

（4）规模适当（Scale optimization） 具体要求包括：物流设施的集中与分散是否适当；依靠引入机械化、自动化是否达到省力；信息处理的现代化所要求的电子计算机和通信技术是否应用；以及物流网络是否建立、完善等。

（5）空间的有效利用（Space saving） 由土地紧张、价格上涨，相应地物流机械（高位货架）和立体化设施不断增加，要求对物流设施所占的空间要合理利用。

（6）库存控制（Stock control） 库存量大小的原则是既能保证供应，又要减少资金占用。物流系统必须具有调整变动库存的功能。

（7）总成本最低（Sum cost minimum） 在物流市场激烈竞争的情况下，价格不能比社会平均成本高出很多，否则会招来更多的竞争者。因此，物流成本只有降低到平均成本以下，才可能赚取高额利润。另外，单项成本的降低，并不意味着总成本的降低。

4.1.2 食品供应链环境下物流管理的特征

在食品供应链管理环境下的物流管理和传统的物流管理相比有许多不同的特点。这些特点反映了食品供应链管理思想的要求和企业竞争的新策略。

首先我们来考察一下传统物流管理的情况(图4.1)。在传统的物流系统中,需求信息和反馈信息(供应信息)都是逐级传递的,因此上级供应商不能及时地掌握市场信息,对市场反应速度比较慢,从而导致需求信息的扭曲。

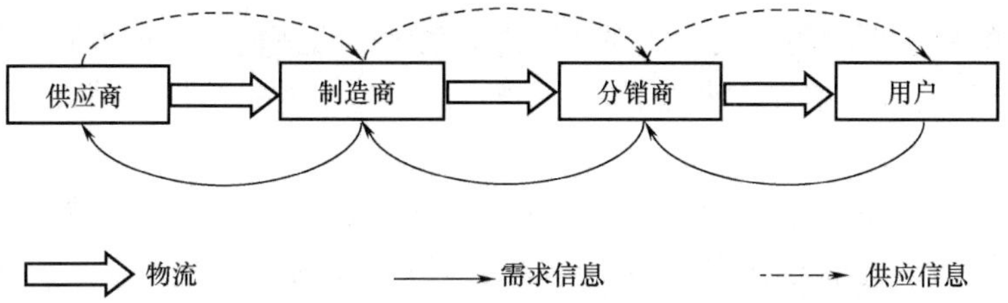

图4.1 传统的物流供应链

另外,传统的物流系统没有从整体角度进行物流规划,常常导致一方面库存不断增加,另一方面当需求出现时又无法满足。这样,企业就会因为物流系统管理不善而丧失市场机会。1994年,康柏公司就因为流通渠道没有跟上而导致1亿美元的损失。

简言之,传统物流管理的主要特点表现在:纵向一体化的物流系统;不稳定的供需关系,缺乏合作;资源的利用率低,没有充分利用企业的有用资源;信息的利用率低,没有共享有关的需求资源,需求信息扭曲现象严重。

图4.2所示为食品供应链管理环境下的物流系统模型,与传统的纵向一体化物流模型相比,信息的流量大大增加。需求信息和反馈信息不是逐级传递,而是网络式传递的,企业通过EDI/Internet可以很快掌握食品供应链上种植养殖、生产加工、分销配送、零售等不同环节的供求信息和消费市场信息。因此在食品供应链环境下的物流系统有三种信息在系统中运行:需求信息、供应信息、共享信息。

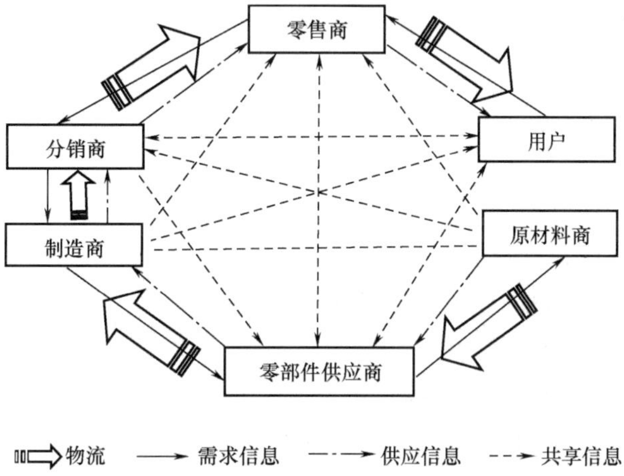

图4.2 食品供应链环境下的物流信息系统模型

共享信息的增加对食品供应链管理是非常重要的。由于可以做到信息共享,食品供应链上任何节点都能及时掌握市场的需求信息和整个食品供应链的运行情况,每个环节的物流信息都能透明地与其他环节进行交流与共享,从而避免了需求信息的失真现象。

对物流网络规划能力的增强,也反映了食品供应链管理环境下的物流特征。它充分利用第三方物流系统、代理运输等多种形式的运输和交货手段,降低了库存的压力和安全库存水平。

作业流程的快速重组能力极大地提高了物流系统的敏捷性。通过消除不增加价值的过程,食品供应链的物流成本进一步降低,为实现食品供应链的敏捷性和精细化运作提供了基础性保障。

信息跟踪能力的提高,使食品供应链物流过程更加透明化,也为实时控制物流过程提供了条件。在传统的物流系统中,许多企业有能力跟踪企业内部的物流过程,但没有能力跟踪企业之外的物流过程,这是因为没有共享的信息系统和信息反馈机制。

合作性与协调性是食品供应链管理的一个重要特点,但如果没有物流系统的无缝连接,运输的货物逾期不到、消费者的需要不能得到及时满足、采购的物资常常在途受阻,就会使食品供应链的合作效果大打折扣。因此,无缝连接的食品供应链物流系统是使食品供应链获得协调运作的前提条件。

灵活多样的物流服务还提高了用户的满意度。通过制造商和运输部门的实时信息交换,及时地把用户关于运输、包装和装卸方面的要求反映给相关部门,提高了食品供应链管理系统对用户个性化需求的响应能力。

归纳起来,食品供应链环境下物流管理的特点可以用以下几个术语简要概括:信息—共享;过程—同步;合作—互利;交货—准时;响应—敏捷;服务—满意。

4.2 基于食品供应链的运输管理

无论是从供应商采购原材料,还是将已经生产好的商品送到客户手中,都需要运输。快速有效的运输系统对任何一个工业社会的商业运转都是必需的。产品如果不送到客户的消费地点就没有价值。对于供应链来说,运输可以为供应链伙伴之间提供高效的商品流动,实现企业的利润和竞争优势最大化。

4.2.1 运输决策的内容及影响因素

4.2.1.1 运输决策的内容

(1)运输方式　运输方式是指将产品从供应链网络的一个位置移动到另一个位置所采取的方式。一般有以下5种基本运输方式可供选择。

①航空运输:最昂贵、最快捷的运输方式。

②公路运输:较快速、较廉价、高度灵活的运输方式。

③铁路运输:适用于大宗货物的廉价运输方式。

④水路运输:最慢的运输方式,通常是大宗海外货运唯一的经济选择。

⑤管道运输:主要用于输送石油和天然气。

每一种运输方式在速度、货运规模、货运成本和灵活性方面均有不同特点,这些特点影响着企业对某种特定运输方式的选择。

(2)路径和网络选择　管理者必须做出的另一个主要决策是产品运输的路径和网络。路径是指产品运输的路线;网络是指产品运输的地点与路径的总和。例如,企业需要决定是直接将产品送到消费者手中,还是利用第三方配送企业送到消费者手中。

企业在供应链设计阶段就要做出运输路径决策。

(3)内部化还是依靠外部资源　传统上,大部分运输职能是在公司内部完成的。现在,许多运输(甚至整个物流体系)职能却是依靠外部提供的。当企业决策运输体系时,他们不得不在部分运输内部化或依靠外部资源之间做出选择,这引发了另一方面的决策难题。

(4)反应能力与盈利水平的全面权衡　关于运输的最根本的权衡,就是某一给定产品的运输费用(盈利水平)与运输速度(反应能力)之间的权衡。

4.2.1.2　影响运输决策的因素

在供应链的任何运输中,都存在着两个非常重要的角色,即托运人和承运人。托运人要求货物在供应链的两点之间发生位移,而承运人则按照托运人的要求进行货物的移动或运输。

在做出有关运输的决策时,由于托运人和承运人的角度不同,他们考虑的影响运输的因素也不一样。作为承运人,要进行运输设备(如火车、机车、卡车、飞机等)投资决策和运营决策,并努力从这些资产中谋取最大回报。相反,托运人考虑的是如何使用合适的运输方式,以降低总成本(包括运输、库存、信息和设施所耗费的成本),并以合适的速度对消费者需求做出反应。

(1)影响承运人决策的因素　承运人在进行固定资产投资、制定价格以及运营策略时,必须考虑到以下几项成本。

①与运输工具相关的成本:这是指承运人购买或者租赁运输工具所发生的成本。这项成本不论运输工具使用与否都会产生,承运人在短期运营决策中把它当作固定成本,但当制订长期战略或中期计划时,这些成本是可变的,购买或者租赁运输工具的数量,是承运人要做出的选择。与运输工具相关的成本是与购买和租赁的运输工具的数量成比例的。

②固定运输成本:这项成本包括运输枢纽建设成本、机场建设成本及与运输是否发生无关的劳动力成本。如货运终点站和机场的建设,这些成本与进入终点站的货车数量或使用机场的飞机数量无关。如果司机的工资与其出车安排无关,则其工资也应当计入该项成本。对于运营决策来说,这项成本是固定的,对涉及设施选址、设施规模的规划和战略决策而言,这项成本是可变的。固定运营成本通常与运输设施的规模成正比。

③与运距有关的成本:一旦运输工具投入运行,此项成本就发生了,它包括劳动力报酬和燃料费用。顾名思义,与运距有关的成本与运输路途长短、运输持续时间是相关的,但它与运输产品的数量无关。在进行战略规划时,此项成本被视为变动的,在作影响运距和运输持续时间的经营决策时,此成本也是可变的。

④与运量有关的成本:此项成本包括货物装卸费用以及与运量有关的燃料费用。在运输决策的过程中,这些费用通常是变动的,除非装卸货物的劳动力成本是固定的。

⑤运营成本:这项成本包括设计、安排运输网络的费用以及任何有关的信息技术投资。例如,当货运公司投资一种有助于管理者进行运输线路决策的线路规划软件时,对软件的投资以及软件维护、操作的费用就属于经营成本。

承运人的大部分成本与货车、火车或轮船装载的运量无关,而取决于运输线路的设计与运输工具的安排。承运人应当在战略和规划决策时，将上述所有成本视为可变的；而在运营决策时，把大多数成本看作固定不变的。

承运人的决策还受到以下两个因素的影响：一是承运人追求的对目标市场的反应能力；二是市场能承受的价格。例如，联邦快递公司采用航空运输网，以提供快速、可靠的包裹递送服务。相反，美国联合包裹递送中心则采用航空和公路运输相结合的方式，提供相对廉价但速度也较慢的服务。这两大运输网络的差别在服务价格表上得到了体现。联邦快递公司主要依据包裹的大小来收费，而美国联合包裹递送中心则依据包裹大小和目的地两个因素来确定价格。从供应链的角度来看，当价格与目的地无关而且运输的速度非常重要的时候，航空运输网络是比较适合的；而当价格随目的地而变化，且较慢的运输速度可以被接受时，公路运输网就比较适合了。

(2)影响托运人决策的因素　托运人决策包括三项内容：运输网络设计，运输工具选择，以及对不同客户采取不同的运输方式。托运人的目标是：在以承诺的速度满足客户需求的同时，使总成本最小化。托运人进行决策时，必须考虑到以下成本：

①运输成本：这包括为将货物运送到消费者手中而向不同承运人支付的总费用。这项成本主要取决于不同的承运人的报价以及托运人选择的运输方式，即选择廉价但较慢的运输方式还是选择高价但较快的运输方式。当承运人独立于托运人时，运输成本就是可变的。

②库存成本：这是指在托运人的供应链网络中保管库存货物所耗费的成本。库存成本在短期运输决策中是不变的，而在设计运输网络或制定运营策略时则是可变的。

③设施成本：这是指供应链网络中托运人的各种运输设施的成本。设施成本只有供应链管理者作战略规划时才是可变的，而在进行其他运输决策时均被视为固定的。

④作业成本：这是进行货物装卸及其他与运输相关的作业所带来的成本。在所有的运输决策中，此项成本都被视为可变的。

⑤服务水平成本：这是在没有完成货物运送义务时所承担的费用。在某些情况下，这项费用可能在合同中详细列明，而在其他情况下，则表现为客户的满意程度。在进行战略、规划和运营决策时都应当考虑此项成本。

在进行运输决策时，托运人应权衡以上各项成本。托运人的决策还会受以下两个因素的影响：它所需要满足的客户对反应灵敏度的要求和它从不同商品和服务中得到的利润。例如，网路先锋是一家网上零售店，它向客户承诺，以客户指定的时点为基础，在30min以内送货上门。美国联合包裹递送中心不是依据客户指定的时间，而只是在工作时间送货。两家公司设计的运输网络和与需求相关的运输工具的数量，反映了二者在战略上的差异。

4.2.2　运输网络的设计方案

设计良好的运输网络有助于供应链以较低的成本达到理想的反应能力。假设在零售供应链中有很多零售商和几个供应商，下面将讨论这类供应链中运输网络的设计方案及每一种方案的优势和不足。

4.2.2.1　直接运输网络

在直接运输网络中，零售供应链的运输网络是这样构造的：它使所有货物直接从供应商处运达零售店(图4.3)，每一次运输的线路都是指定的，供应链管理者只需决定运输的数量并选择运输方式。要做出这一选择,供应链管理者必须在运输费用和库存费用之间进行权衡。这一点在本章的后面还要涉及。

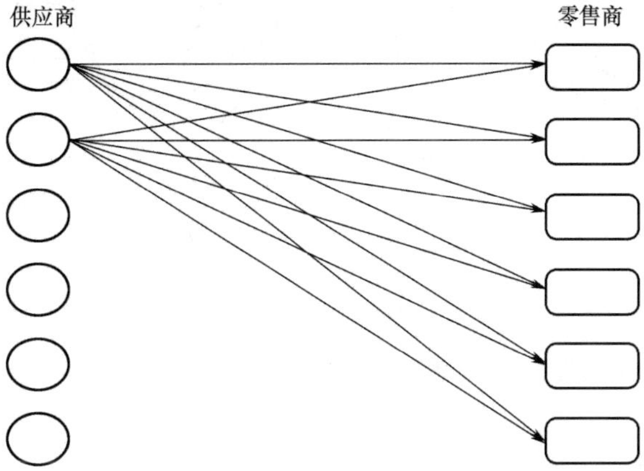

图 4.3　直接运输网络

直接运输网络的主要优势在于无需中介仓库,而且在操作和协调上简单易行。运输决策完全是独立的,一次运输决策不影响其他货物运输。同时,由于每次运输都是直接的,从供应商到零售商的运输时间较短。

如果零售店的规模足够大,对供应商和零售店来说每次的最佳补给规模都与卡车的最大装载量接近,那么直接运输网络就是行之有效的。但对于小的零售店来说,直接运输网络的成本过高。如果在直接运输网络中使用满载承运,由于每辆卡车相对较高的固定成本,从供应商到零售店的货运必然是大批量进行的,这必然会导致供应链中库存水平提高。相反,如果使用非满载承运,尽管库存量较少,但却要花费较高的运输费用和较长的运输时间。如果使用包裹承运,运输成本会非常高。

4.2.2.2　利用"送奶线路"的直接运送

"送奶线路"是指将从一个供应商那里提取的货物送到多个零售店,或者从多个供应商那里提取货物送至一个零售店,如图 4.4 所示。在这种运输体系中,供应商通过一辆卡车直接向多个零售店供货,或者由一辆卡车从多个供应商那里装载要运送到一家零售店的货物。一旦选择这种运输体系,供应链管理者就必须对每条"送奶线路"进行规划。

直接运送具有无需中介仓库的好处,而"送奶线路"通过多家零售店在一辆卡车上的联合运输降低了运输成本。例如,由于每家零售店的库存补给规模较小,这就要求使用非满载承运进行直接运送,而"送奶线路"使多家零售店的货物运送可以在同一辆卡车上进行,从而更好地利用了卡车并降低了运输成本。如果有规律地进行经常性、小规模的运送,而且一系列的供应商或零售店在空间上非常接近,"送奶线路"的使用将显著降低成本。例如,丰田公司利用"送奶线路"运输来维持其在美国和日本的即时制造系统。在日本,丰田公司的许多装配厂在空间上很接近,因而可以使用"送奶线路"从单个供应商运送零配件到多个工厂。而在美国则相反,丰田公司利用"送奶线路"将多个供应商的零配件运往位于肯塔基州的一家汽车装配厂。

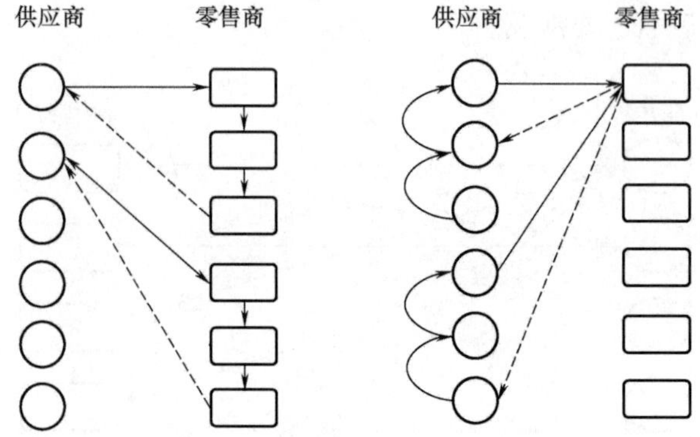

图 4.4　一个供应商至多家零售店或多个供应商至一家零售店的“送奶线路”运输

4.2.2.3　所有货物通过配送中心的运输网络

在这种运输系统中，供应商并不直接将货物运送到零售店，而是先运到配送中心，再运到零售店。依据空间位置将零售店划分区域，并在每个区域建立一个配送中心。供应商将货物送至配送中心，然后由中心选择合适的运输方式，再将货物送至零售店，如图 4.5 所示。

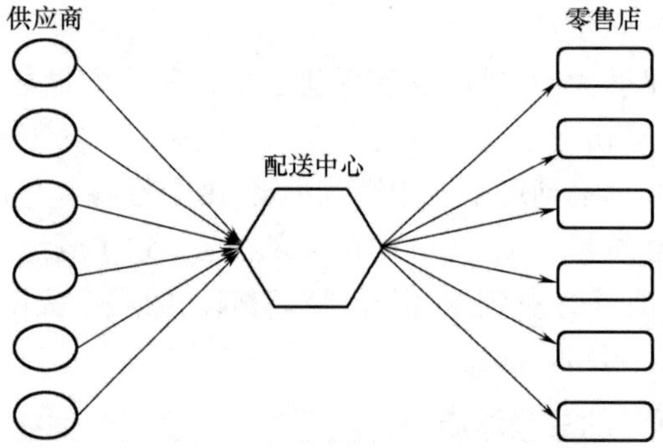

图 4.5　所有货物通过配送中心的运送

在这一运输体系中，配送中心是供应商和零售商之间的中间环节，发挥两种不同作用：一方面进行货物保管；另一方面则充当转运点。当供应商和零售店之间的距离较远、运费高昂时，货物保存和转运有利于减少供应链中的成本耗费。通过使进货地点靠近最终目的地，配送中心使供应链获取了规模经济效益，因为每个供应商都将中心管辖范围内的所有零售店的进货送至该配送中心。而且，配送中心的送货费不会太高，因为它只为附近的商店送货。

4.2.2.4　通过配送中心使用“送奶线路”的运送

如图 4.6 所示，如果每家商店的进货规模较小，配送中心就可以使用“送奶线路”向零售商送货，通过联合的小批量运送来降低送货成本。例如，日本的 7 – 11 公司将来自食品供应商的新鲜货物在配送中心进行对接，并通过“送奶线路”向商店供货。因为单个商店向所有供应商的进货还不足以装满一辆卡车，配送中心和“送奶线路”的使用使该公司在向每一家连锁店提供库存商品时降低了成本。同时,使用配送中心和“送奶线路”要求高度的协调以及对“送奶线路”的合理规划和安排。

许多网上商店在向客户送货时,也通过配送中心使用“送奶线路”,以便减少小规模送货的运输成本。

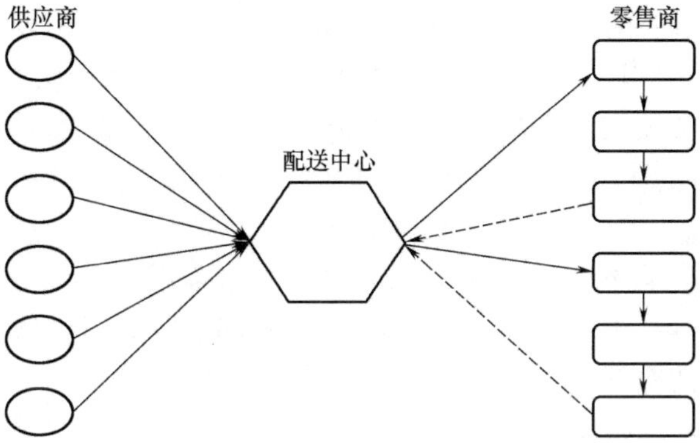

图 4.6 配送中心利用“送奶线路”送货

4.2.2.5 量身定做的运输网络

量身定做的运输网络是上述运输体系的综合利用。它在运输过程中综合利用配送中心、“送奶线路”、满载和非满载承运,甚至在某些情况下使用包裹递送,目的是根据具体情况采用合适的运输方案。送到大规模商店的大批量产品可以直接运送,送到小商店的小批量产品可以通过配送中心。这种运输体系的管理是很复杂的,因为大量不同的产品和商店要使用不同的运送程序。量身定做的运输网络的运营,要求较多的信息基础设施,以便进行协调。但同时,这种运输网也可以有选择地使用进/供货方法,减少运输成本和库存成本。

各种不同运输网络的优缺点如表 4.1 所示。

表 4.1　各种不同运输网络的优点和缺点

网络结构	优　点	缺　点
直接运输	• 无需中间仓库 • 简单的协作	• 库存水平高(由于货物批量大) • 巨大的接收费用
利用“送奶线路”的直接运送	• 小批量货物较低的运输成本 • 较低的库存水平	• 协调的复杂性加大
所有货物通过配送中心库存的运送	• 通过联合降低了进货运输成本	• 增加了库存成本 • 增加了配送中心的处理费用
所有货物通过配送中心对接运送	• 必备库存水平很低 • 通过联合降低了运输成本	• 协调的复杂性加大
通过配送中心利用“送奶线路”的运送	• 小批量货物有较低的送货成本	• 协调的复杂性进一步加大
量身定做的运输网络	• 运输选择与单个产品和商店的需求十分匹配	• 协调的复杂性最大

4.2.3 基于食品供应链的运输决策要点

运输使食品实现了在供应链全过程中从最初的起点到消费终点的移动,因此才会产生运输的时间效用和空间效用。时间效用或称为时间价值,其产生是因为客户可以在完全正确的时间得到想要的食品,不早也不晚。运输方式提供的时间效用,是通过决定运输速度的快慢和食品在库停留时间的长短实现的。空间效用是指消费者在需要的地点得到需要的食品,这也是运输完成的。因此,运输在食品供应链中的作用至关重要,因为食品供应链合作伙伴之间的食品流动必须在规定的时间送到指定的地点。当食品供应链中的运送出现问题,就意味着要有更多的安全库存,意味着客户服务水平的恶化,最终是提高了成本并降低了终端客户的满意度。

对于国际食品供应链来说,运输就更加重要。提供恰当的运输和仓储,让食品通过海关,及时运到国外的地点,收取合理的运输费用,这些都会影响到食品供应链服务于国际市场的竞争力。在许多情况下,公司不得不使用外部的代理或称为第三方运输服务将货物迅速运到国外各地。国际采购也同样受到运输的影响。当公司计划将采购链条扩大到国外供应商时,运输的成本和时效就成为决策的关键因素。例如,中国的食品供应商将货物运送至美国东海岸的买家,一般都选择全水路的方式,货物经过巴拿马运河到达美国东海岸,而不愿意经历美国西海岸的铁路拥堵。买家可以通过这种全水路的方式得到更低的运费和安排更确切的时间。

由此,我们可以看到运输为食品供应链所创造的价值,是运输将食品供应链中的合作伙伴有效地联系在一起。不考虑生产的成本和产品的质量,仅仅是不好的运输管理就可以让食品供应链无法运转。相反,良好的运输管理是形成食品供应链竞争优势的重要因素。

在食品供应链中进行运输决策时,必须注意以下几点。

(1)使运输战略与竞争战略保持一致　管理人员必须确保运输战略有利于竞争战略的实施。为实现这一目标,管理人员应当设计各种运输激励机制。过去企业内的运输职能通常以它能在多大程度上节约运输费用来衡量。这种对运输职能的片面理解,造成了运输决策虽能降低运输成本,但却降低了企业为客户服务的反应能力,甚至可能增加企业的总成本。如果单纯用卡车的装载量来评价配送中心工作人员的工作效率,那么为了能增加每次运输的运量,就可能会延迟发货,从而降低企业反应能力。在衡量运输职能时,企业应当综合考虑以下因素:运输成本,其他费用(如受运输决策影响的库存成本),以及对客户需求的反应能力。

(2)考虑内部运输和外部运输　企业必须将公司的内部运输和外部运输结合起来,以满足自身的运输需要。这种决策必须建立在企业运营运输业务的能力和运输对企业实现成功战略重要性的基础之上。通常,外部运输适合在运量较小时采用,而自己拥有运输队伍则是当运量较大而且反应能力要求较高时的较好选择。例如,沃尔玛公司已经在供应链中使用反应型运输方式,考虑到运输对企业成功的重要性,公司拥有自己的运输力量并自己经营。因为公司的运量一般较大,因而能很好地利用其运输资产。相反,某些公司向客户小批量地发货,它们成功的关键在于库存管理而不是运输,第三方承运人将其产品与其他公司的产品联合运输,能为它们降低成本。

(3)设计能适应电子商务需要的运输网络　随着电子商务的发展,许多 B2C 企业的运输规模变小，送货上门服务也随之发展起来。适应新经济要求的快速反应型运输系统应当能寻求一切机会进行联合运送，在某些情况下，甚至与竞争对手进行联合，以便降低小批量送货的成本。大多数电子商务送货要求使用昂贵的包裹运送或非满载运送；即时制造的发展和对减少库存、频繁更新库存的要求，更增加了小批量运货的需求，如果管理者在进行运输网络设计时不将这些因素考虑在内，那么企业的运输成本将显著增加，对客户需求的反应能力将下降。

(4)运用信息技术来改善运输经营　管理者必须在供应链中采用可行的信息技术，来降低运输成本、增强反应能力。很多公司提供的软件，都有助于制订运输计划、选择运输方式，并进行运输线路设计安排。现在的信息技术使管理者能掌握每一运输工具的准确位置以及其所运载的货物；卫星通信系统能使承运人与运输队伍中的运输工具保持联系。这些技术使承运人变得非常灵敏，也有助于通过更好的货物和运输工具之间的匹配来降低成本。再有，这些技术还有助于企业应对天气变化或其他不可预测因素的情况。

(5)运输网络设计必须具有弹性　进行运输网络设计时，管理者必须考虑到需求的不确定性和运输的可行性。忽视不确定性就会大量使用廉价但缺乏弹性的运输方式。这些运输方式在一切顺利时运行良好，一旦计划改变，就表现得很糟糕。如果管理者考虑到不确定性，就可能会在供应链中采用尽管更昂贵但具有弹性的运输方式。尽管对某一次特定运输来说，这些运输方式是昂贵的，但是由于不确定因素的存在，有助于企业减少对客户需求的反应的总成本。

阅读资料　有机食品运输规范

国家环境保护总局(现更名为中华人民共和国环境保护部)根据联合国有机食品生产、加工的基本标准，结合我国有机食品加工行业的有关标准，制定了有机(天然)食品运输技术规范。

(1)必须根据有机(天然)食品的类型、特性、运输季节、距离以及产品保质贮藏的要求选择不同的运输工具。

(2)用来运输有机(天然)食品的工具(包括车辆、轮船、飞机等)在装入有机(天然)食品之前必须清洗干净，必要时进行灭菌消毒，必须用无污染的材料装运有机(天然)食品。

(3)装运前必须进行食品质量检查。在食品、标签与账单三者相符合的情况下才能装运。

(4)装运过程中所用的工具应清洁卫生，不允许含有化学物品。禁止带入有污染或潜在污染的化学物品。

(5)运输包装必须符合有机(天然)食品的包装规定，在运输包装的两端，应有明显的运输标志，内容包括：始发站、到达站(港)名称、品名、数量、重量、体积、收(发)货单位名称以及有机(天然)食品标志。

(6)不同种类的有机(天然)食品运输时必须严格分开，不允许性质相反和互相串味的食品混装在一个车(箱)中。

(7)填写有机(天然)食品运输单据时，要做到字迹清楚、内容准确、项目齐全。

(8)有机(天然)食品装车(船、箱)前，应认真检查车(船、箱)体状况。对不清洁、不安全，装过化学品、危险品或者未按合同所规定提供车（船、箱）的必须及时提交运输部门进行清洁、消毒或调换，符合要求后才能装入有机（天然）食品。

（9）有机（天然）食品的运输必须专车专用。尤其是长途运输的粮食、蔬菜和鱼类必须有严格的管理措施。在无专车的情况下，必须采用有密闭的包装容器。容易腐烂的食品（肉、蛋、鱼）必须用专用密封冷藏车装运。运输有机活禽畜和肉制品的车辆应分开。严禁有机食品与化肥、农药以及化学物品一起运输。

（10）有机乳制品应在低温或冷藏条件下运输，严禁与任何化学物品或其他有害、有毒、有气味的物品一起运输。

4.3 基于食品供应链的仓储管理

仓储使得公司将采购的原材料、生产过程中的半成品和成品存储起来，从而实现对客户的快速和及时送货，带来更好的客户服务。在过去的20年里，对仓储的需要和使用已经改变。如今在许多情况下，仓储已经不是为了存放物品，而是为了进行接收、拆分、再包装，然后将零部件配送到附近的生产厂家，或是将成品送到客户那里。这些行为被统称为越库管理。在这种情况下，将仓储描述成为配送中心更准确。另外依据不同的储存目标，公司会将仓库移到更靠近供应商或者客户或者到一个更加中央的位置。因此仓库还是被广泛使用的，除了存放东西外，更重要的是向企业提供有效的吞吐能力。

4.3.1 仓库的重要性和类型

公司保有一定库存，主要是为了支持采购、生产和配送。公司订购的原材料、零部件、组装件，一般都会运到买方的工厂附近，然后根据需要最终运到使用方的工厂。在零售体系中，仓库应该是根据地区来布局的，零售商在这里接到大量供应商的供货，然后将货物拆分并为每个零售点的订单重新组织货物，雇用运输公司将这些订货运到每家零售商那里。制造企业运送货物到地区市场时，会采用类似的配送中心，将批量的订货拆分成针对每家零售商的订货进行配送。

另一方面，公司也会经营拼货仓库，从周边地区汇总大批的零担运输业务，然后将这些货物按照整车或整集装箱运往距离这个整合仓库较远的某个工厂。整合仓库和配送仓库可以让相关公司同时享受到批量采购和批量运输的规模经济。公司可以按较低的单价进行批量购买，然后按照较低的运输价格整车运送到配送仓库或是直接到生产中心；也可以按照零担的运输价格采购并运送小批量的货物到附近的整合仓库。

4.3.1.1 自有仓库

自有仓库是指这个仓库是属于某家公司用于存储货物的。当公司拥有大量的物品需要存储和运送的时候，使用自有仓库可以减少仓储成本。除了降低成本以外，另一个考虑是自有仓库可以提高公司对仓库的控制程度。在仓储运营的各个环节中，公司可以自己决定存什么、怎么处理、提供何种形式的安全措施以及使用何种设备。自有仓库还可以更好地利用公司内部的人力资源以及在运输和仓储方面的经验。最后，自有仓库还可以通过将多余的仓储能力对外开放产生收入，弥补资产的折旧。

拥有自有仓库，在某些时候也会存在财务和企业丧失灵活性的风险。自有仓库的建造、设施和运营都会花费很多资金，许多中小型企业难以承担这样的成本。自有仓库也将企业局限在某个位置，而随着时间的推移这个位置可能不再有利。而且从短期来看，仓库的面积和仓储能力也不具备灵活性。

4.3.1.2 公用仓库

公用仓库归属于那些以营利为目的的企业，它们向市场提供仓储服务。公共仓库可提供一系列的专业服务，针对各种形式的货运和商品可以组合成定制服务。

（1）拆分　将运进仓库的大批货物进行拆分，针对零散客户的需求进行分拣，然后运出。

（2）再包装　拆分之后，根据客户特殊的订单要求重新包装货物。还包括对单件商品的包装和贴标签。

（3）组装　一些公用仓库提供最后工序的组装业务，以满足客户的需求并产生客户定制的最终产品。

（4）质量检验　仓库人员可以提供入库和出库的质量检验。

（5）物料的处理、设备的维护以及文件服务。

（6）存储的功能。

除了上述服务以外，公共仓库提供的灵活性和投资的节约是自用仓库所无法提供的。如果需求和产品改变了，企业可以很快地改变仓库的位置，因为公共仓库提供的多是短期服务。公共仓库也会允许短期租用库房进行市场尝试，如果条件不成熟可以马上从仓库撤出。租用公共仓库的成本也很低，特别是在租用的面积不大的情况下。纳贝斯克每年花费数百万美元将仓库业务外包给10家主要的第三方仓储服务提供商，以及200家运输商来完成仓储运输的业务，将货物运送给大量的食品连锁店、商人、药店、零售商和杂货批发商。

公共仓库的主要缺陷就是对于货物所有者来说，对货物的控制力较低。其他的问题如与仓储人员沟通的问题，缺少专业知识的服务，在公司需要的地方没有仓库以及对商品缺乏看管和安全。

公司也会发现在有的地方使用公共仓库比较好，有的地方使用自用仓库比较好。对于已经建立起来的庞大市场和较成熟的产品，大公司自主拥有和运营仓库可能会更好，同时这些公司会考虑在发展中市场和需求较低的地区采购公共仓库的服务。

如今，少数公共仓库正在努力发掘新的途径为客户提供增值服务，但许多公司在这个竞争激烈的市场上做的还很不够。加利福尼亚斯科特谷的商业物流公司总裁约翰·哈罗德说："我们发现很少有公共仓库公司为使用它们服务的客户尽力提供整合服务"。对逆向物流服务的需求在不断增加，这是指处置退回的产品包括进行修理、再存储、再配送的商品以及拍卖陈旧的产品。

4.3.2 食品仓库的选址原则

仓库选址是指在一个具有若干供应点及若干需求点的经济区域内，选一个地址建立仓库的规划过程。合理的选址方案应该使商品通过仓库的汇集、中转、分发，达到需求点的全过程的效益最大。因为仓库的建筑物及设备投资太大，所以选址时要慎重，如果选址不当，损失不可弥补。

4.3.2.1 适应性原则

仓库的选址要与国家及地区的产业导向、产业发展战略相适应，与国家的资源分布和需求分布相适应，与国民经济及社会发展相适应。

4.3.2.2 协调性原则

仓库的选址应将国家的物流网络作为一个大系统来考虑，使仓库的设施设备在区域分布、物流作业生产力、技术水平等方面相互协调。

4.3.2.3 经济性原则

选址的结果要保证建设费用和物流费用最低，如选定在市区、郊区，还是靠近港口或车站等，既要考虑土地费用，又要考虑将来的运输费用。

4.3.2.4 战略性原则

要有大局观，一是要全局考虑，二是要长远考虑。要有战略眼光，局部利益要服从全局利益，眼前利益要服从长远利益，要用发展的眼光看问题。

4.3.2.5 可持续发展原则

主要指在环境保护上，充分考虑长远利益，维护生态环境，促进城乡一体化发展。

4.3.3 食品仓库选址步骤和方法

仓库的选址可分两步进行，第一步为分析阶段，具体有需求分析，费用分析，约束条件分析；第二步为筛选及评价阶段，根据所分析的情况，选定具体地点，并对所选地点进行评价。

4.3.3.1 分析阶段

分析阶段有以下内容。

(1)需求分析　根据物流产业的发展战略和产业布局，对某一地区的消费者及潜在消费者的分布进行分析供应商的分布情况，具体有以下内容。

①工厂到仓库的运输量。

②向消费者配送的货物数量(客户需求)。

③仓库预计最大容量。

④运输路线的最大业务量。

(2)费用分析　主要有工厂到仓库之间的运输费、仓库到消费者之间的配送费、与设施和土地有关的费用及人工费等，如所需车辆数、作业人员数、装卸方式、装卸机械费等，运输费随着距离的变化而变动，而设施费用、土地费是固定的，人工费是根据业务量的大小确定的。以上费用必须综合考虑，进行成本分析。

(3)约束条件分析

①地理位置是否合适，应靠近铁路货运站、港口、公路主干道，道路通畅情况，是否符合城市或地区的发展规划。

②是否符合政府的产业布局，有没有法律制度约束。

③地价情况。

4.3.3.2 选址及评价阶段

分析活动结束后，得出综合报告，根据分析结果在本地区内初选几个仓库地址，然后再从中进行评价确定一个可行的地址，编写选址报告，报送主管领导审批。

评价方法有以下几种。

(1)量本利分析法　任何选址方案都有一定的固定成本和变动成本，不同的选址方案的成本和收入都会随仓库储量变化而变化。利用量本利分析法，可采用作图或计算比较数值进行分析。进行计算比较数值要求计算各方案的盈亏平衡点的储量及各方案总成本相等时的储量。在同一储量点上选择利润最大的方案。

(2)加权评分法　对影响选址的因素进行评分，把每一地址各因素的得分按权重累计，比较各地址的累计得分来判断各地址的优劣。步骤是：确定有关因素；确定每一因素的权重；为每一因素确定统一的数值范围，并确定每一地点各因素的得分；累计各地点每一因素与权重相乘的和，得到各地点的总评分；选择总评分值最大的方案。

(3)重心法　重心法是一种选择中心位置，从而使成本降低的方法。它把成本看成运输距离和运输数量的线形函数。此种方法利用地图确定各点的位置，并将一坐标重叠在地图上确定各点的位置。坐标设定后，计算重心。

4.3.4　食品仓储管理技术规范

4.3.4.1　温度湿度控制技术

畜、禽、鱼、蛋、果、蔬等生鲜食品，是人们日常生活的必需品，但这些食品容易腐烂、变质，因此这些食品的储备不仅要有一定的量，并且必须保持其质量的完好，才能在一定时期内满足人们的需求。为了防止损失的发生，在存储方面，要做好仓库温湿度的控制。

(1) 库内外温湿度的变化　从气温变化的规律分析，一般在夏季降低库房内温度的适宜时间是夜间 10 点至次日晨 6 点。当然，降温还要考虑到商品特性、库房条件、气候等因素的影响。

(2)仓库温湿度的测定、控制及调节　仓库温湿度的测定：测定空气温湿度通常使用干湿球温度表。在库外设置干湿表，为避免阳光、雨水、灰尘的侵袭，应将干湿表放在百叶箱内。百叶箱中温度表的球部离地面高度为 2m，百叶箱的门应朝北安放，以防观察时受阳光直接照射。箱内应保持清洁，不放杂物，以免造成空气不流通。在库内，干湿表应安置在空气流通、不受阳光照射的地方，不要挂在墙上，挂置高度与人眼平，约 1.5m。每日必须定时对库内的温湿度进行观测记录，一般在上午 8 点至 10 点，下午 2 点至 4 点各观测一次。记录资料要妥善保存，定期分析，摸出规律，以便掌握商品保管的主动权。

控制和调节仓库温湿度：为了维护仓储商品的质量完好，创造适宜商品储存的环境。当库内温湿度适宜商品储存时，就要设法防止库外气候对库内的不利影响；当库内温湿度不适宜商品储存时，就要及时采取有效措施调节库内的温湿度。实践证明，采用密封、通风与吸潮相结合的办法，是控制和调节库内温湿度行之有效的办法。

密封就是把商品尽可能严密地封闭起来，减少外界不良气候条件的影响，以达到安全保管的目的。采用密封方法，要和通风、吸潮结合运用，如运用得法，可以收到防潮、防霉、防热、防溶化、防干裂、防冻、防锈蚀、防虫等多方面的效果。密封保管应注意的事项有：在密封前要检查商品质量、温度和含水量是否正常，如发现生霉、生虫、发热、水淞等现象就不能进行密封。发现商品含水量超过安全范围或包装材料过潮，也不宜密封。要根据商品的性能和气候情况来决定密封的时间。怕潮、怕溶化、怕霉的商品,应选择在相对湿度较低的时节进行密封。常用的密封材料有塑料薄膜、防潮纸、油毡、芦席等。这些密封材料必须干燥清洁,无异味。密封常用的方法有整库密封、小室密封、按垛密封以及按货架、按件密封等。

通风是利用库内外空气温度不同而形成的气压差,使库内外空气形成对流,来达到调节库内温湿度的目的。库内外温度差距越大,空气流动就越快;若库外有风,借风的压力将加速库内外空气的对流。但风力也不能过大(风力超过5级,灰尘较多)。正确地进行通风,不仅可以调节与改善库内的温湿度,还能及时散发商品及包装物的多余水分。按通风目的不同,可分为利用通风降温(或增温)和利用通风散潮两种。

吸潮是与密封配合,用以降低库内空气湿度的一种有效方法。在霉雨季节或阴雨天,当库内湿度过大,又无适当通风时机的情况下,在密封库内常采用吸潮的办法,以降低库内的湿度,常采用吸潮剂或去湿机吸潮。

4.3.4.2 有机食品贮藏技术规范

有机食品是指以有机方式生产加工的、符合有关标准并通过专门认证机构认证的农副产品及其加工品,包括粮食、蔬菜、乳制品、禽畜产品、蜂蜜、水产品和调料等。与普通食品相比,需要建立全新的生产体系和监控体系。为了保证有机食品的质量,国家有关部门对有机食品贮藏制定了严格的技术规范。

(1)食品仓库在存放有机(天然)食品前要进行严格的清扫和灭菌,周围环境必须清洁和卫生并远离污染源。

(2)禁止使用会对有机(天然)食品产生污染或潜在污染的建筑材料与物品。严禁食品与化学合成物质接触。

(3)食品入库前应进行必要的检查,严禁受到污染和变质以及标签、账号与货物不一致的食品入库。

(4)食品必须按照入库先后、生产日期、批号分别存放,禁止不同生产日期的产品混放。对有机与普通食品应分别贮藏。

(5)定期对贮藏室用物理或机械的方法消毒. 不使用会对有机(天然)食品有污染或潜在污染的化学合成物质进行消毒。

(6)管理和工作人员必须遵守卫生操作规定。所有的设备在工作和使用前均要进行灭菌。

(7)食品贮藏期限不能超过保质期,包装上应有明确的生产、贮藏日期。

(8)贮藏仓库必须与相应的装卸、搬运等设施相配套,防止产品在装卸、搬运过程中受到损坏与污染。

(9)有机(天然)食品在入仓堆放时,必须留出一定的墙距、柱距、货距与顶距,不允许直接放在地面上,保证贮藏的货物之间有足够的通风。禁止不同种类有机产品混放。

(10)建立严格的仓库管理情况记录档案,详细记载进入、搬出食品的种类、数量和时间。

(11)根据不同食品的贮藏要求,做好仓库温度、湿度的管理,采取通风、密封、吸潮;降温等措施,并经常检测食品温湿度、水分以及虫害发生情况。

(12)仓库管理必须采用物理与机械的方法和措施,有机(天然)食品的保质贮藏必须采用干燥、低温、密闭与通风、缺氧(充二氧化碳或氮气)、紫外光消毒等物理或机械方法,禁止使用人工合成的化学物品以及有潜在危害的物品。

(13)保持有机(天然)食品贮藏室的环境清洁,具有防鼠、防虫、防霉的措施,严禁使用人工合成的杀虫剂。

4.3.5 准时制仓储

随着更多的公司提高它们的供应链管理能力,在支持公司运营,以及制造企业向仓储、仓储向客户供货的JIT运营时,仓储面临着更大的压力。这些能力包括以下内容。

(1)对客户和服务质量的承诺 仓储工人的各项工作必须符合它们内部和外部的客户以及供应商对它们的要求。

(2)减少批量和运送的数量 对于内部或外部的运送越来越倾向于小批量多批次,包括各种不同数量的商品,要求更多的处理。

(3)更加重视越库管理 仓库工人必须将收到的货物迅速处理并迅速将其组合成等候发运的货物。很少有货物会在仓库长时间存放,库房的平均库存水平会下降,但库存单项(SKU)数会上升。

(4)提高的自动化水平 为提高处理的速度和可靠性,越来越多的库房处理倾向于自动化,从条码扫描的计算机跟踪系统到自动化的存储和检索系统。

(5)更多的组装工作 越来越多的公司实施的都是和大量的定制密切相关的,这就要求在仓储环节完成最后的组装工序,以满足客户的特殊需求。这将改变对仓库工人技术的要求,同时还有对设备的要求。

绝大多数医院都接受了准时制仓储概念。医疗设备分销商Owens&Minor的一位工作人员史密斯先生说:“运输在我们服务于客户的能力中发挥着巨大的作用。我们有89个零库存项目,每个都有不同的运送要求。”在UCLA的医院,Owens&Minor将所有供应物资从配送中心送到123个不同的地方,它的合作伙伴是一家提供各种服务的运输公司——潘世奇公司。

阅读资料 **冷冻、冷藏食品仓库的作业管理制度**

冷库管理规范(试行)

本规范适用于肉、禽、蛋、水产类冷加工和贮藏的各类冷库。

一、总则

(1)冷库是食品冷藏加工企业的主要组成部分,担负着易腐食品的冷冻加工和贮藏任务,起着促进农副渔业生产、调剂市场季节供求、配合完成出口任务的作用。

(2)冷库结构复杂,技术性强,冷库的使用、维修、管理,必须严格按照科学办事,认真执行国家颁布的有关标准和法规,做到安全、卫生、低消耗。

(3)冷库领导及各级主管部门在抓使用的同时,要抓好日常维护检修工作,切实做到使用好、管理好冷库。

(4)冷库全体职工要钻研业务,掌握科学技术,热爱本职工作,爱护国家财产。要加强科学研究,充分发挥科技人员的作用,采用先进技术,努力赶超世界先进水平。

二、人员

(1)企业必须按有关规定配备受过专门教育和培训,具有冷藏、加工、制冷、电器、卫检等专业知识、生产经验和组织能力的各级管理人员和技术人员,有一定数量的技师、助理工程师、工程师、高级工程师负责冷库的生产、技术、管理、科研工作。

(2)冷库的压缩机房操作人员,必须具有初中以上文化程度,经过专业培训,获得合格证书,方能上岗操作。

(3)负责冷库生产和管理的企业领导人,应具有冷库管理的专业知识和实践经验。要定期组织专业技术人员和操作人员进行技术学习和经验交流,要对本规范的实施负全部责任。

三、库房的使用管理

(1)冷库的使用,应按设计要求,充分发挥冻结、冷藏能力,确保安全生产和产品质量,养护好冷库建筑结构。库房管理要设专门小组,责任落实到人,每一个库门,每一件设备工具,都要有人负责。

(2)冷库是用隔热材料建成的,具有怕水、怕潮、怕热气、怕跑冷的特性,要把好冰、霜、水、门、灯五关。

(3)防止建筑结构冻融循环、冻酥、冻臌。

(4)保护地坪(楼板),防止冻臌和损坏。

(5)冷库必须合理利用仓容,不断总结、改进商品堆垛方法,安全、合理安排货位和堆垛高度,提高冷库利用率。堆垛要牢固、整齐,便于盘点、检查、进出库。

(6)库内货位堆垛要求:距冻结物冷藏间顶棚0.2米;距冷却物冷藏间顶棚0.3米;距顶排管下侧0.3米;距顶排管横侧0.2米;距无排管的墙0.2米;距墙排管外侧0.4米;距冷风机周围1.5米;距风道底面0.2米。

(7)库房要留有合理的走道,便于库内操作、车辆通过、设备检修,保证安全。

(8)商品进出库及库内操作,要防止运输工具和商品碰撞库门、电梯门、柱子、墙壁和制冷系统管道等工艺设备,在易受碰撞之处,应加防护装置。

(9)库内电器线路要经常维护,防止漏电,出库房要随手关灯。

(10)冻库不宜采用包库制度,防止违章使用。

四、商品保管与卫生

(1)冷库要加强商品保管和卫生工作,重视商品养护,严格执行《食品卫生法》,保证商品质量,减少干耗损失。冷库要加强卫检工作。库内要求无污垢、无霉菌、无异味、无鼠害、无冰霜等,并有专职卫检人员检查出入库商品。肉及肉制品在进入冷库时,必须有卫检印章或其他检验证件。严禁未经检疫检验的社会零宰畜禽肉及肉制品入库。

(2)为保证商品质量,冻结、冷藏商品时,必须遵守冷加工工艺要求。商品深层温度必须降低到不高于冷藏间温度3℃时才能转库,如冻结物冷藏间库温为-18℃,则商品冻结后的深层温度必须达到-15℃以下。长途运输的冷冻商品,在装车、船时的温度不得高于-15℃。外地调入的冻结商品,温度高于-8℃时,必须复冻到要求温度后,才能转入冻结物冷藏间。

(3)根据商品特性,严格掌握库房温度、湿度。在正常情况下,冻结物冷藏间一昼夜温度升降幅度不得超过1℃,冷却物冷藏间不得超过0.5℃。在货物进出库过程中,冻结物冷藏间温升不得超过4℃,冷却物冷藏间不得超过3℃。

(4)对库存商品,要严格掌握储存保质期限,定期进行质量检查,执行先进先出制度。如发现商品有变质、酸败、脂肪发黄现象时,应迅速处理。

(5)鲜蛋入库前必须除草,剔除破损、裂纹、脏污等残次蛋,并在过灯照验后,方可入库贮藏,以保证产品质量。

(6)下列商品要经过挑选、整理或改换包装,否则不准入库:商品质量不一、好次混淆者;商品污染和夹有污物;肉制品和不能堆垛的零散商品,应加包装或冻结成型后方可入库。

(7)下列商品严禁入库:变质腐败、有异味、不符合卫生要求的商品;患有传染病畜禽的肉类商品;雨淋或水浸泡过的鲜蛋;用盐腌或盐水浸泡,没有严密包装的商品,流汁、流水的商品;易燃、易爆、有毒、有化学腐蚀作用的商品。

(8)供应少数民族的商品和有强挥发气味的商品应设专库保管,不得混放。

(9)要认真记载商品的进出库时间、品种、数量、等级、质量、包装和生产日期等。要按垛挂牌,定期核对账目,出一批清理一批,做到账、货、卡相符。

(10)冷库必须做好下列卫生工作:冷库工作人员要注意个人卫生,定期进行身体健康检查,发现有传染病者应及时调换工作;库房周围和库内外走廊、汽车和火车月台、电梯等场所,必须设专职人员经常清扫,保持卫生;库内使用的易锈金属工具、木质工具和运输工具、垫木、冻盘等设备,要勤洗、勤擦、定期消毒,防止发霉、生锈;库内商品出清后,要进行彻底清扫、消毒、堵塞鼠洞,消灭霉菌。

五、设备管理

(1)冷库中的制冷设备和制冷剂具有高压、易爆、含毒的特性,冷库工作人员要树立高度的责任感,认真贯彻预防为主的方针,定期进行安全检查。每年旺季生产之前,要进行一次重点安全检查,查制度,查各种设备的技术状况,查劳动保护用品和安全设施的配置情况。

(2)要加强冷库制冷设备和其他设备的管理,提高设备完好率,确保安全生产。冷库的机房要建立岗位责任制度、交接班制度、安全生产制度、设备维护保养制度和班组定额管理制度等各项标准。根据设备的特性和实际操作经验,制定本厂切实可行的技术规程,报主管部门备查,并严格执行。

(3)冷库所用的仪器、仪表、衡器、量具等都必须经过法定计量部门的鉴定,同时要按规定定期复查,确保计量器具的准确性。

(4)操作人员要做到“四要”“四勤”“四及时”。

(5)操作人员要严格遵守交接班制度,要加强工作责任心,互相协作。

(6)氨瓶的使用管理,必须严格遵守《气瓶安全监察规程》中的有关事项。

(7)大、中型冷库必须装设库温遥测装置,以保证冷库温度的稳定和设备的正常运转,降低能源消耗。

六、冷库维护检修

(1)冷库要按有关规定提取大修理基金,做到专款专用。

(2)冷库必须认真执行有关的维护检修制度。冷库维护检修工作要列入领导议事日程,配备专人负责。要将冷库的定期检修和日常维护相结合,以日常维护为主,切实把建筑结构、机器设备等维护好,使其经常处于良好的工作状态。

(3)为掌握建筑结构和机器设备的技术性能状况,便于管理和维修,要按标准建立完善的技术档案。

(4)要定期对冷库屋面和其他各项建筑结构进行检查。

(5)冷库的维修必须保证质量。积极采取新工艺、新技术,力求维修后的使用效果达到或超过原设计要求。要认真做好维修的质量检查,竣工后要组织验收。

(6)冷库的机器设备发生故障和建筑结构损坏后,应立即检查,分析原因,制定解决办法和措施,并认真总结经验教训。对于那些玩忽职守、违章操作造成事故的人员,要追究责任,依章处理。

(7)冷库发生重大事故要立即逐级向主管部门报告。一般事故也要建立登记制度,报厂级劳动安全部门备案。各冷库每年要将各种事故书面报告主管部门,省级汇总后报商业部。

4.4 基于食品供应链的物流配送中心

4.4.1 食品配送中心及其特点

配送中心是接受并处理末端用户的订货信息,对上游运来的多品种货物进行分拣,根据用户订货要求进行拣选、加工和组配等作业,并进行送货的设施和机构;是从供应者手中接受多种大量的货物,进行倒装、分类、保管、流通加工和情报处理等作业,然后按照众多需要者的订货要求备齐货物,以令人满意的服务水平进行配送的设施。由于食品的配送主要集中于对连锁超市卖场的配送,因此本部分重点分析连锁超市的配送中心。

超市配送中心就是专门从事加工配送业务的物流机构,是根据各超市门店的订货要求,通过转运、分类、保管、加工和信息处理等作业,备齐商品,并能迅速、准确和廉价地进行配送的商业设施。

超市配送中心根据其配送商品种类的多寡,可分为综合型配送中心和专业型配送中心。所谓的综合型配送中心是指配送多种商品的配送中心,如配送的商品既有日用工业品,又有鲜活食品和副食品。所谓专业型配送中心,是指专门配送某一类商品的配送中心,如蔬果配送中心、肉禽配送中心等。由于生鲜食品配送最能凸显食品配送中心的独特之处,以下论述中所指的配送中心在一般情况下,均泛指综合型配送中心中生鲜食品配送部分或专业的生鲜食品配送中心。

不管是专业的生鲜食品配送中心还是综合型配送中心中的生鲜食品配送部分,它们都有着比较特殊的运作方法。

(1)生鲜食品配送中心属于低温物流　由于生鲜食品易腐败变质、保质期短,因此,生鲜食品的储存和运输都要在低温条件下进行。生鲜食品配送的低温物流与其他商品配送的常温物流相比对设施及管理都有了更高的要求。

(2)生鲜食品配送中心注重加工能力的建设　由于生鲜食品属农副产品,它们大多是初级产品,在进入家庭消费之前,还需经过分类、加工、整理等活动,因此,生鲜食品配送中心的加工能力较一般配送中心强得多。

(3)生鲜食品配送中心设备专业性强,投资量大　由于生鲜食品需要专门的冷藏冷冻设施,同时,加工中又需要较多的容器和设备,因此,同等规模的生鲜食品配送中心较其他的配送中心投资额大。

(4)生鲜食品配送中心服务半径小　由于生鲜食品的鲜活易腐性,使得它们在运输中,要采用特定的低温运输设备，而即使采用了保鲜设备，仍会有一定的损耗，并且损耗随时间和距离的增加而增加，因此，生鲜食品配送中心的服务半径较小，这使得在相同连锁规模条件下，需建设的生鲜食品配送中心的数量多于其他配送中心。由于服务半径较小，吞吐量小，这使得生鲜食品配送中心的规模一般较小。

(5)生鲜食品配送中心实行少批量、多频次的配送方法　由于生鲜食品保质期很短，再加上食品的加工周期，生鲜食品配送中心对门店多采取少批量、多频次的配送方法，一般每天配送一次，而在国外，有些生鲜易腐商品一天配送达三次。

4.4.2　食品配送中心的作用

食品配送中心的作用主要体现在以下几个方面。

(1)有利于与供应商建立长期战略合作关系　通过生鲜食品配送中心，可以强化连锁企业集中采购的功能，使连锁企业在批量采购的基础上，采购渠道由当地采购更多地向产地采购和跨地区采购发展，以拓宽企业采购选择面，减少流通环节，降低采购成本。同时，由于集中采购进货量大，超市对供货方举足轻重，两者易结成利益共同体，保持长期、稳定的合作关系。这点对保证生鲜食品供应商及时准确的发货和保持产品质量的稳定显得尤为重要。

(2)有利于减少投资　生鲜加工和冷藏设备一般要占到大型综合超市总投入的1/3，合理规划这类设备投资十分重要。如果建立生鲜食品加工配送中心，对大卖场而言，部分前期加工设备可以集中投资，从而避免设备过度投入；而对生鲜食品现场加工场地不足的小型超市，生鲜加工配送中心可以有效地保持生鲜经营的规模和品类及品种的完整性。

(3)有利于产品品质、加工和管理标准化　如果没有生鲜配送中心，各店分散经营的生鲜食品要建立起统一的生鲜产品采购验收标准并在各店统一执行存在着相当的困难，管理上也容易出现漏洞，使得这些农产品的质量标准化问题直接摆在每一个连锁店面前。建立生鲜加工配送中心后，这一问题的影响会在加工配送环节化解，大大减轻超市门店生鲜食品的管理压力。

(4)有利于有效控制和减少连锁店的存货和损耗　生鲜食品经营的难点之一是损耗问题，对于鲜活易腐产品，合理有效地控制单店库存是一个关键环节。一般每个超市库存都由正常库存和为了防止脱销而设置的缓冲库存组成，如果没有生鲜加工配送中心，为了保证销售，各个商店都必须有一整套完整的库存。而有了配送中心，多个商店共用一套库存，这使得机动库存部分大大减少，各个门店的平均库存量大大降低，可以有效地控制和减少连锁店铺的存货和损耗，加快商品周转。

(5)有利于强化获利能力　通过配送中心的建设，一方面可以降低初级生鲜食品的经营成本，另一方面，由于配送中心的建设，可以使一些半成品和成品的加工能力大大增强。在目前的经营条件下，经营生鲜初级产品基本无净利润，而生鲜食品的加工产品，如净菜、配菜、面包、熟食等利润较高，是生鲜食品的利润源。因此生鲜食品配送中心的建设和发展，可以使超市的获利能力增强。

4.4.3　食品配送中心流程管理

4.4.3.1　食品配送中心一般流程

食品配送中心内部作业流程主要由订单处理、收货、入库、加工、拣选和配送几个部分组成,其程序和具体内容如图 4.7 所示,现概述如下。

(1)订单处理　接受配送服务的客户在一定的时点之前将订货单下发给配送中心。配送中心首先审核所有接到的订单,然后将其汇总输入信息系统。根据此订单信息进一步确定拣货、配货,并设计最优配送路线。

(2)收货(卸货)　货物运至低温配送中心后,先卸货至进货暂存区,由工作人员验收。该验收内容包括核对品种、清点数量、检查外表质量等。验收核对之后需要对货物进行分类。运至低温配送中心的货物一般分为三类:中转配送、储存和加工配送。由于各类货物接下来的作业活动及区域不同,因此应该先根据订单大致将货物分类。

(3)入库储存　需要储存的货物应直接送至冷藏库或冷冻库。在入库之前再次检查货物质量,并将其信息记入库存管理系统。

(4)加工　需要加工或包装的货物在分类后直接送往加工区,一般生鲜食品的加工可分为组合和切割两种,根据食品类别不同应该隔离加工以免交叉污染,如果蔬和肉类。在加工之后往往还要对食品进行再包装,并贴上标签。

(5)拣选　即根据客户的订单,在储存、加工后或中转配送的货物中拣选出客户所需要的货物,并进行出货验核。

(6)配送　根据由订单汇总设计出的最优配送方案,将不同客户的货物配装,并根据最优路线进行运送。

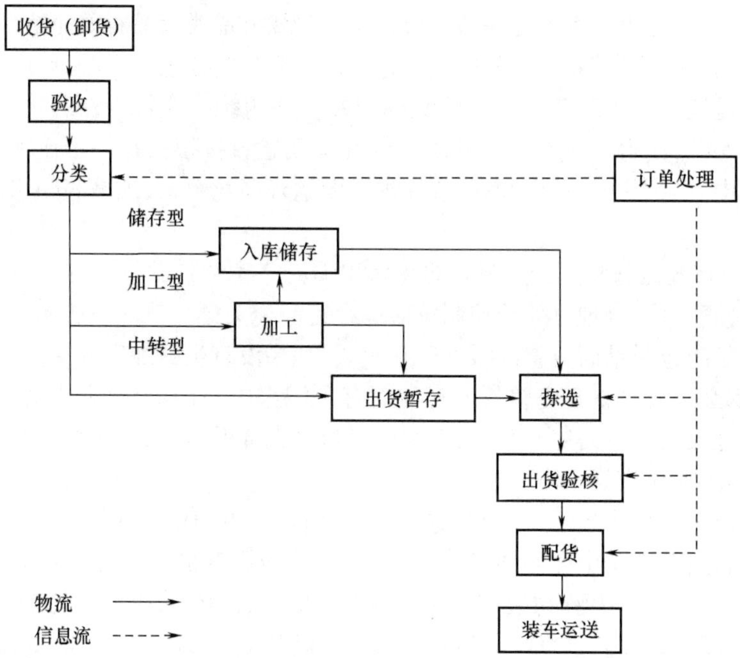

图 4.7　食品配送中心一般流程

4.4.3.2　食品配送中心作业流程设计

由于食品配送中心尤其是生鲜食品配送中心作业操作环节较多,现将其流程分级。根据配送中心的主要功能,其流程可以分为进货、储存、加工、拣选和配送五个一级流程,具体的操作和细节通过对一级流程的继续细分来考察,同时在设计过程中将加入 HACCP 监控系统的操作,以提高产品质量。

(1)进货作业　该作业的具体操作包括:收货(卸货)、验收和分类。首先将运送来的货物卸于进货暂存区,然后由验收人员清点,根据订单信息及货物类型进行初步的分类。由以上部分的分析可知,该部分作业属于辅助性活动,重点在于成本的控制,即缩短作业时间和减少人力。

该流程的输入即为运到的货物,输出则为可以直接进入下一环节的已经分类好的货物,中间的过程是卸货、验收和分类。首先货物运送至配送中心要进行卸货。由于低温物流的特殊性,其运输工具应该带有冷藏设备,为使卸货过程中的环境温度不至于剧烈波动,应该设置带有冷藏环境的进货暂存区。一方面便于验收和分类,另一方面主要是为了保证产品处于低温的环境中,以防冷链的断裂。事实上,整个配送中心应该像一个巨大的保温箱,所有的作业都能在所要求的低温下进行。

有些货物在卸货的同时需要进行拆装,因为其包装不符合下一步操作的要求。为了缩短该步骤的时间,可以通过供应链的管理,要求供货商在供货时即按一定要求包装好。如果供货商的包装不符合要求则拒绝收货,这种标准化的管理可大大缩短卸货和清点时间。为进一步减少时间,在卸货的同时,由验收人员清点货物。查验内容包括数量、品种和外表质量(由外表初步判断是否有破损),验收后将货物详细记录并输入管理信息系统。如有损坏或未达到要求的货物直接退回。

最后由分类人员对货物进行分类整理。一般配送中心的货物类型比较固定,可以直接将中转型、储存型和加工型货物分别放置,以直接分别进入下一操作。例如,牛乳等乳制品一般直接由配送中心中转,而肉类、果蔬等需要先进行加工,然后再入库存储或配送。在按类型区分之后仍然需要进行进一步的细分。例如,肉类和果蔬的加工程序是完全不同的,应该分开放置,需要储存的货物也分为冷藏和冷冻两种而需要进入不同的仓库。当所有货物分开放置,均能直接进入下一环节时,该部分流程才算完成,其具体操作如图 4.8 所示。

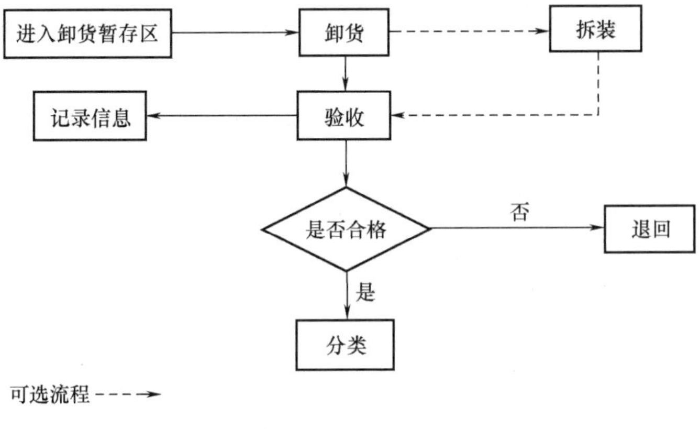

图 4.8　进货作业流程图

(2)储存作业　储存作业的具体操作包括:入库、储存监控、盘点和出库。根据前面的分析,储存属于能够给客户提供时间形态效益的基本活动,同时它与关键成功因素食品质量有非常重要的相关性,所以在这一环节操作中最为关注的是其过程中的食品质量保证问题,因此可以根据 HACCP 质量管理体系标准为其建立监控程序。

HACCP 安全控制体系的运用首先是分析在操作过程中产品可能受到的潜在危害。在进行入库、储存、盘点等各种操作时都可能因为操作人员或其他原因对产品的质量造成危害。根据各种潜在危害，分析其可能发生的原因，并制定出相应的预防措施。其具体分析见表 4.2。

表 4.2　储存作业危害分析

作业环节	潜在危害	发生的可能原因	预防措施
入库	数量短缺	操作失误；盗窃因素	入库前清点，核对数据
	货物破损	搬运过程中的失误	培训工作人员；入库前简单包装；选用合适的存储容器
	细菌污染	操作过程中的卫生问题	入库前的质量检查
储存	交叉感染、串味	易交叉感染食品放置在一起	建立货物的正确分类放置标准
	腐烂变质	温度、湿度未达到标准	安装感应器，由系统自动控制
盘点	细菌污染	操作人员的卫生问题	建立仓库工作人员卫生标准

经过危害分析，可以确定入库、储存和盘点均属于直接影响食品质量的关键控制点，因此需要对其各种操作设置相应的临界限值，例如，数量短缺的可容忍数量，破损程度鉴定，不同食品的温度及湿度要求范围，这些都需要根据各种产品的性质等严格设定。

根据 HACCP 安全体系的要求，我们需要对储存作业增加相应的控制管理操作。当货物在进货暂存区分类后，需要储存的货物由符合卫生标准的工作人员分别搬运至不同的冷藏库。在入库之前，首先检查货物的质量，如有破损或已经开始腐烂的货物将其单独放置以便进一步处理。经检查的货物根据其品种的不同要求，选用合适的储存容器，有的还需要增加简易的储存包装。然后清点入库货物的数量和品种，同时检查该仓库的存货信息，确定不同物品放置的位置，以减少入库后的搬运次数。最后按类别分别存入仓库，并记录其详细信息（存储位置、入库时间等）。工作人员在进入仓库之前都要进行安全消毒。在存储过程中，通过感应器自动监控仓库内的温度和湿度，如超出预设的临界值则自动报警，由工作人员手动纠正。根据系统记录的货物存储期限，若有超出期限的货物立即移出仓库，以免感染其他货物。此外，仓库货物需要进行定期盘点。在进行大批量的拣选时需要将货物移出仓库，出库之前应根据所需要货物以及仓库信息确定出库顺序及路线，减少库内操作时间。储存作业操作流程如图 4.9 所示。

（3）加工作业　加工作业根据产品不同而有所区别，但其流程基本都包括加工、分类、包装和贴标签。由于加工后的产品会出现产品品质、大小、色泽等的不同，需要进一步将这些产品分类，在包装之后贴上不同的标签，以便进入下一流程。

加工属于配送中心的基本活动，该过程能够为客户创造实物形态上的价值，提高产品质量是该作业设计的重点。同时该作业同食品质量和成本控制两个关键成功因素密切相关，因此是作业流程管理中较为核心的部分。运用 HACCP 对其进行危害分析的结果见表 4.3。

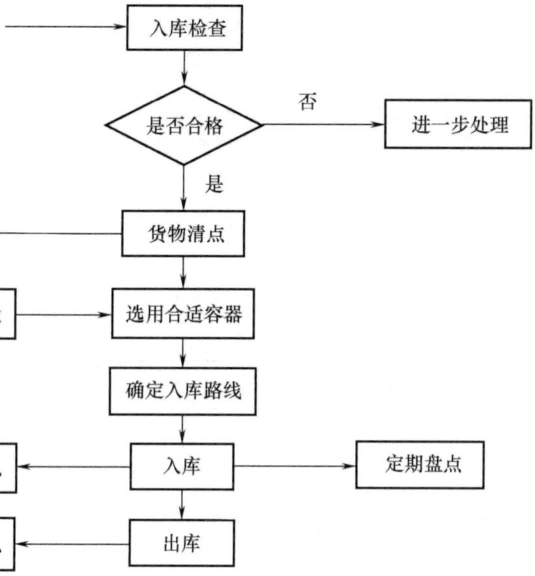

图 4.9　储存作业流程图

表 4.3　　**加工作业危害分析**

作业环节	潜在危害	发生的可能原因	预防措施
加工	货物破损	加工过程中的失误	培训操作人员
	细菌污染	操作过程中的人员卫生问题	建立加工车间人员卫生标准
	交叉感染	使用工具未清洗干净	加工工具充分清洁后再重复使用
分类	货物破损	包装过程中的失误	培训操作人员
包装	数量短缺	盗窃因素	清点,记录数据

由以上分析可设计加工作业流程如下:首先将进货暂存区分类,需要加工的货物按品种分别运至不同的加工区。加工完成以后,将产品按其成色、大小等分类,同时去除在加工过程中受到损坏的产品。然后对分类好的产品进行包装、贴标签,并记录产品信息。最后,将包装好的产品送往冷藏库或出货暂存区以待下一步操作。其流程如图 4.10 所示。

以京客隆蔬果恒温加工配送中心为例。它由 4 座独立可调温、湿度的冷藏保鲜库,以及进货暂存区、筛选区、加工包装区、出货暂存区和 17 个进出货码头组成。在蔬果产品入库验收后首先对其进行分类筛选,依其品质、大小、色泽进行等级区分,并去除运输途中出现的损坏商品。加工之后再对产品进行分类小包装,裹膜称重,贴标,再将小包装装进标准物流容器,即 1m × 1m 的物流筐,这也是一个标准化的过程。最后将其运至出货暂存区。

(4)拣选作业　拣选就是按照订单将各用户所需的货物从保管或储存场所取出,集中放置准备出货。拣选作业一般有两种方法,摘果法和播种法。摘果法是指操作人员巡回于储存场所,按照订单挑选出每种商品。播种法是指将一批订单上的同种商品数量累加起来,统一从储存场所取出,然后再分别挑选出各订单所需的量。摘果法适用于订单少、品种多、数

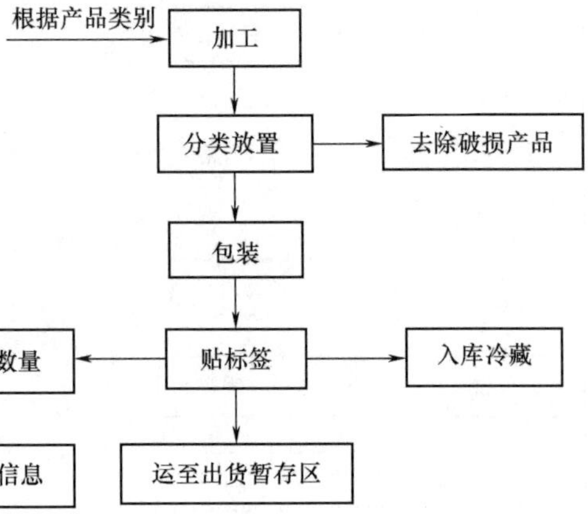

图 4.10　加工作业流程图

量小的情况；播种法适用于订单多、品种少、数量大的情况。对于综合型低温配送中心来说应该同时存在两种拣选方式，以适应不同客户的需求。由于现在消费趋势越来越倾向于多样化，因此按单拣选能够提供更个性化的服务。目前就我国的基础设备水平来看，大部分还是实行人工拣选，其具体操作包括入库拣选、出货暂存区拣选和搬运。

拣选作业是配送物流过程中的辅助活动，但其所占的成本比例相当高，所以设计重点应当是缩短作业时间和减少人力。

在拣选作业中，搬运环节有可能造成货物的破损，因此在搬运时应选用合适的搬运工具。并且在上一环节中货物所用的包装应该具有一定的保护性。

该部分操作需要仓库工作人员、拣选人员和搬运人员共同完成。首先配送中心在接到订单后输入信息系统进行处理，然后将该信息传送到各存储场所。由于仓库的工作人员有特殊的卫生要求，所以需要从仓库中取出的货物由仓库工作人员取出，由搬运人员直接送至出货区并装车，以保证其温度环境不会剧烈波动。其他货物由拣选人员直接在出货暂存区进行拣选，如果是同一订单的货物则集中放置。为了提高拣选作业的效率，可以让拣选人员分区负责，并尽量配合配送路线和顺序，缩短拣选与配送之间的滞留时间。

要提高该环节的效率最理想的方式是通过现代技术进行自动分拣，即实行自动处理，不但可以大大提高处理能力，同时也降低了错误拣选的比率。例如，日本的横滨南冷冻食品流通中心，它拥有每小时能拣选 4000 箱商品的滑槽式高速自动化分拣机，通过扫描器读取商品条码就能根据指示的信息自动拣选。它的自动化仓库可以进行连续出库，相当于一个分拣发货系统。同时它还有散货分拣作业区，专门针对小批量、快速发货的订单。

(5)配送作业　配送作业包括配货搬运、出货验核、装车和运输。由上一流程拣选作业结果可以得知，一部分货物从仓库取出直接装车运输，另一部分在出货暂存区拣选完毕集中配货再装车运输。

配送也是成本比例较大的一个环节，主要是由运输成本构成。无论是在功能实现还是成本控制方面，该环节都是非常重要的。所以一方面应该通过信息技术计算出最佳的配送方案，以缩短其运输路程、减少空载率、提高运输的准确率(准点运输和正确的货物)，另一方面严格控制运输过程中低温，保证其产品质量。该作业流程的危害分析见表 4.4。

表 4.4　　配送作业危害分析

作业环节	潜在危害	发生的可能原因	预防措施
配货搬运	数量短缺	操作失误，盗窃因素	员工培训
	货物破损	搬运过程中的失误	使用合适的搬运工具，并加保护性包装
装车	交叉感染、串味	易交叉感染食品放置在一起	建立货物的正确分类放置标准
运输	细菌污染	冷藏车内未完全消毒	运输工具充分清洁后再使用
	腐烂变质	温度、湿度未达到标准	使用高性能的制冷设施

在配送之前应该根据订单信息计算出最佳的配送方案。该方案应该包括两个部分，一是内部搬运路线最优，二是外部配送路线最优。对于内部搬运路线，在上一流程拣选作业就应根据这个方案将需要配送的货物分类放置，出货时可根据装车信息选择最短的路线将所有货物装车。对于外部配送路线，应该是路线最短、优先排序最合理、运输工具使用率最高、达到标准服务水平的成本最低。但在装车之前还需要进行出货验核，包括清点数量、核对品种以及检查质量，检查包装是否有破损、标签是否正确等。如果不合格则需要返工处理，合格可直接装上车。另一部分直接从仓库发出的货物在装车的同时需要进行此类验核。验核后的货物装车时将其信息包括车辆信息都记入信息系统，以供实时跟踪。用于运输的车辆在使用之前应该进行全面消毒，并根据将要装载的货物性质设定好温度和湿度。其操作流程图如图 4.11 所示。

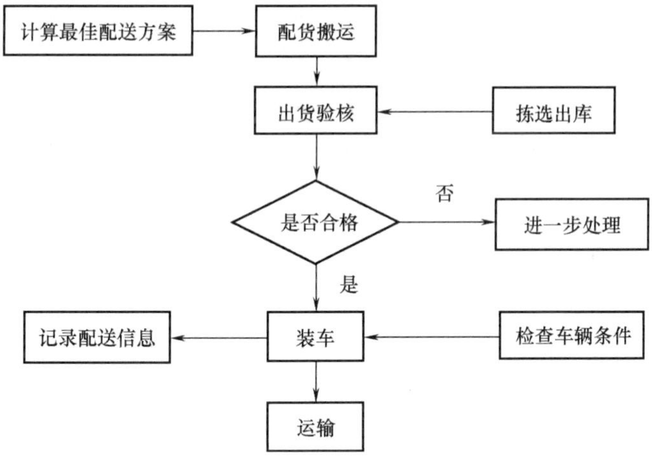

图 4.11　配送作业流程图

案例　日本伊藤洋华堂公司的食品物流系统

伊藤洋华堂公司在东京圈内的新食品物流系统已经完成，其特征是深入地研究和统筹店内物流以减轻店铺的作业负担，到货的精度达到了 49999/50000，在世界上很少见到运用这样高度现代物流系统的案例。

（1）供应链的大幅度改革　伊藤洋华堂公司很久以前就引入了“窗口批发商制度”，致力于物流的效率化。这一制度是将若干个批发商的业务集中于作为窗口的批发商,以简化向店铺配货的体制。但是,得到广泛应用的这一制度也存在着改善的必要。

1999 年 10 月新的加工食品物流中心投入运营。具体做法是,废弃三处集散型物流中心,将六所在库物流中心集中于四所整合物流中心,中心的运营委托给食品批发商和各个公司,配送的食品除了加工食品之外还有点心和酒类。这样一来,做到了从窗口批发商到店铺的物流效率化,大大减少了作业量。新物流系统对店铺的销售物流和厂家物流进行了合理化的调整,加强供应链管理的意识。

(2)由信息技术支撑的补货方式　对连锁店来说,从采购的商品送到,再到将商品展示到卖场的过程往往负担较重,洋华堂也不例外。区分一般商品和特卖商品、验货、向卖场不同的货架码放不同商品等细致的作业需要从入货口开始就要做一次分拣、二次分拣、验货、上货等工作。新的物流系统将这些中间作业活动进行了改善,实现了商品卸货后可以向卖场直接上货,能够达到这样的效果完全依赖于信息系统。

新补货方式以货架为单位,按顺序进行,可做到效率最大化。首先,对各店铺的货架与存放的商品进行调查,将商品与其在货架上的货位信息输入物流中心的计算机系统中,建立起商品、店铺乃至货位的对应关系,通过计算机系统自动地识别商品的种类和数量,应该补充到哪一家店铺的哪一个货位上。完成这样复杂的区分作业系统误差只有 1/50000,应用如此高精度的物流系统,当然就不需要再进行验货作业了。

新物流系统还引入了鲜度维持管理系统,在商品的主文件中设定了商品有效期和准许销售期限,在商品入库时输入生产日期,计算机系统就可以自动判断是否可以入库。在库商品严格地按照先进先出原则进行作业,每日由作业人员检验商品生产日期,为保证不出现超过准许销售期限的商品,对临近准许销售期限的商品提供预警的功能,采用双重保险方式。

(3)川口加工食品共同配送中心　共同配送中心的物流、信息系统是由运营的食品批发商和伊藤洋华堂公司共同开发的,基本的物流操作是一致的。这里只举出川口加工食品共同配送中心的作业实例。该中心坐落在与东京相邻的琦玉县川口市,为伊藤洋华堂公司在东京都、琦玉县、枥木县、茨城县等的 51 家店铺供给商品,全年运转,年基本业务处理量约 250 亿日元,中心的运营是由食品批发业大公司菱食公司承担。中心占地面积 2618 坪(1 坪 $\approx 3.3m^2$)、建筑面积 4786 坪,保管商品数约 4500 种,其中加工食品 2400 种、点心 1500 种、酒类 600 种。库内有与伊藤洋华堂公司交易的 16 家批发商的商品,采用共同保管方式。

该中心每日上午进行入库作业。为了提高作业效率,采用指定时间到货的方式,送货迟到的时间限制可最大放宽到 15min。作业人员使用下载了订货数据的手持式电脑终端,对入库的商品进行扫描确认,然后将商品分别按 A、B、C 特卖的分类送入保管区或自动仓库。店铺接收订货截至 12 点,配送作业从 14 点半开始,根据每日的订货量不同一般需要进行到 20 点左右。较近的店铺在傍晚时分出库,在 20 点左右送达,较远的店铺在第二天开店前的 7 点至 8 点到货。考虑到噪声等问题,在避免深夜到货的同时在开店前结束到货。

(4)维持精度达 49999/50000 的作业系统　货物配送采用三种方式。

A 类商品和特卖商品采用清单配送方式,用叉车将商品搬送到出库区域,使用扫描器对出货进行核对和确认,信息反馈到计算机系统。

B、C 类商品的出库采用手推式配货台车的方式。台车是伊藤洋华堂公司自己设计的式样，能够识别货架的位置，可以自动选择最短的前进距离。台车上配置自动数据采集终端，专门用来下载不同店铺和不同通道划分的出货信息。货物从货架上取出后，经扫描确认，按品类放入可折叠的货箱中。配货完成之后再进行数据上传，将打印出的标签贴到货箱上，之后由自动分拣机进行分拣。自动分拣机的出货口排列着轮式托盘、包装箱和货箱，其上粘贴有通道编码的标签，作业人员分别放入按通道准备出货的轮工托盘上，轮式手盘带有分隔板，可以在一台轮式托盘上分开旋转多个通道的商品。

(5)五亿日元以上的成本降低效果　过去，在伊藤洋华堂的店铺，员工8:00上班、11:00补货还未完成的情况屡见不鲜。新物流系统投入使用后，货物在10:00之前可完全上架完毕，补货效率大大提高。

接货作业的时间从80min大幅度压缩到20min，而且实现了店铺的无验货作业。缩短的时间用来进行订货和接待消费者，使店铺的消费者服务水平也得到提高。

不仅是时间，同一店铺一年的人员费用能够节省200万~300万日元，现在东京圈物流中心的配货店铺数合计为177个(洋华堂公司117个店铺、其他60个店铺)，与每一个店铺节省的300万日元相乘，共可以减少5亿日元的经费。

伊藤洋华堂公司正尝试在其他地区也采用新加工食品物流系统，其中已经初步确定了北海道、静冈县、中京地区作为候补。

洋华堂公司与日本的外资零售业不同，没有多余的店铺库存，也没有无效的物流作业。在美国、欧洲等国家和地区还见不到这样的现代物流系统，也可以说它是企业物流革新的典范。

5 食品供应链合作关系管理

5.1 供应链合作关系概述

5.1.1 供应链合作关系的定义

供应链合作伙伴关系(supply chain partnership,SCP)一般是指:在供应链内部两个或两个以上独立的成员之间形成的一种协调关系,以保证实现某个特定的目标或效益。这样一种战略合作关系形成于集成化供应链管理环境下,形成于供应链中为了特定的目标和利益的企业之间。形成的原因通常是为了降低供应链总成本、降低库存水平、增强信息共享、改善相互之间的交流、保持战略伙伴相互之间操作的一贯性、产生更大的竞争优势,以实现供应链节点企业的财务状况、质量、产量、交货期、用户满意度和业绩的改善和提高。显然,战略合作关系必然要求强调合作和信任。

在制造业中,供应链合作关系主要是供应商和制造商的关系。实施供应链合作关系就意味着新产品/技术的共同开发、数据和信息的交换、市场机会共享和风险共担。在供应链合作关系环境下,制造商选择供应商不再是只考虑价格,而是更注重选择能在优质服务、技术革新、产品设计等方面进行良好合作的供应商。供应商为制造企业的生产和经营供应各种生产要素(原材料、能源、机器设备、零部件、工具、技术和劳务服务等)。供应者所提供要素的数量、价格,直接影响到制造企业生产的好坏、成本的高低和产品质量的优劣。因此,制造商与供应商的合作关系应着眼于以下几个方面。

(1)让供应商了解企业的生产程序和生产能力,使供应商能够清楚地知道企业需要产品或原材料的期限、质量和数量。

(2)向供应商提供自己的经营计划、经营策略及相应的措施,使供应商明确企业的希望,以使自己能随时达到企业要求的目标。

(3)企业与供应商要明确双方的责任,并各自向对方负责,使双方明确共同的利益所在,并为此而团结一致,以达到双赢的目的。

供应链合作关系发展的主要特征就是从以产品/物流为核心转向以集成/合作为核心。在集成/合作逻辑思想指导下,供应商和制造商把他们的相互的需求和技术集成在一起,以实现为制造商提供最有用产品的共同目标。因此,供应商与制造商的交换不仅仅是物质上的交换,还包括一系列可见和不可见的服务(R&D、设计、信息、物流等)。供应商要具备创新和良好的设计能力,以保证交货的可靠性和时间的准确性。这就要求供应商采用先进的管理技术(如 JIT\TQM 等),管理和控制中间供应商网络。而对制造商来说,要提供的活动和服务包括:控制供应市场、管理和控制供应网络、提供培训和技术支持、为供应商提供财务服务等。

5.1.2 供应链合作伙伴关系的潜在驱动力

合作伙伴关系的产生是市场发展和企业自身为了提高市场竞争力的客观需要，市场要求瞬息可变，周围竞争者虎视眈眈，企业资源有限，如何在这样的市场中保持不败之地，怎样顺市场潮流，取长补短，取外部资源为我所用，保持最具独特优势的核心竞争力，同时，寻求强强联盟的效益伙伴关系的形成是很多企业内外因素共同作用的结果。例如产品寿命周期的缩短，消费者的需求日益提高等，但起主要作用的是以下三个最基本的驱动力：核心竞争力、不断变化的消费者期望、外包战略。其中核心竞争力是企业自身的优势保持和发展的内在驱动力，消费者的期望不断变化是伙伴关系得以产生的外部压力，伙伴关系可以说是外包含义的延伸和深化。

5.1.2.1 核心竞争力

核心竞争力，是建立在企业核心资源的基础之上，企业的技术、产品、管理、文化的综合优势在市场上的反映，核心竞争力是一个组织内部在自己所从事的生产和服务中具有的一系列互补的技能和知识的结合，它具有一项或多项业务达到竞争领域一流水平的能力，又为消费者提供某种特殊的利益。例如，摩托罗拉（Motrola）公司擅长于生产那些生命周期变化很快的产品（如手机）就是因为公司具有一系列的，相互促进的技能。核心竞争力不是一种仅存在单个技术或一个小的生产单位的简单的技能，它是一组技能的组合。企业的核心竞争力有独特的特点：

（1）价值优越性 核心竞争力是企业独特的竞争能力，应当有利于企业效率的提高，能够使企业在创造价值和降低成本方面比竞争对手更优秀。同时，必须对消费者提供“可感知的”价值。核心或非核心就在于它们是否能为消费者带来利益，而且这种利益还应是可感知的。

（2）差异性 要确定一种技能是否可称为核心竞争力，它还必须是在同行业中“与众不同”，这并不意味着它只是本企业所有，但至少应比其他竞争者优越。核心竞争力在企业长期的生产经营活动过程中积累形成，深深打上了企业特殊经历的烙印，其他企业难以模仿。

（3）难替代性 由于核心竞争力具有难以模仿的特点，因而依靠这种能力生产出来的产品在市场上也不会轻易被其他产品所替代。

（4）可延伸性 企业的核心竞争力不仅能为当前提供某种特殊的产品或服务，而且还可以帮助企业下一步开发新的产品或进入新的领域，没有前景的技能不能称之为核心竞争力。

从长远考察，企业竞争力来源于比竞争对手更低的成本，更快的速度去发展自身的能力，来源于能够产生更高的，具有强大竞争力的核心能力，由于任何企业所拥有的资源是有限的，不可能在所有的业务领域都能获得竞争优势，因而必须将有限的资源集中在核心业务上。与其他企业的合作伙伴关系是保持核心竞争力的有效手段，企业的非核心业务由合作伙伴来完成，那么企业就能在培养核心竞争力上集中精力。

供应链最大的特点是共享资源，以保持企业各自的核心竞争力从而增强整条供应链的竞争力，每个企业都有自己的核心竞争力，在此领域企业具有其他企业所没有的优势。供应链各节点企业通过合作伙伴关系的保持，在非优势领域取得优势地位，在核心领域可以专注一点,以取得更大的竞争优势地位。所以供应链伙伴关系既是保持和增强自身核心竞争力的需要,也是企业在其他领域利用其他企业核心竞争力获取优势地位的手段。

5.1.2.2 不断变化的消费者期望

消费者需求是企业生产的驱动源,生产的产品只有到达消费者手中,才真正有了价值的实现。对消费者需求的关注是供应链所有成员的首要任务,随着消费者消费的理性化和消费品市场的发展,消费者的需求期望也不断变化,主要有以下几点。

(1) 质量和可靠性的提高　质量和可靠性是最基本的产品要求,质量的提高包括产品原料的选用,设计的合理,加工的精密,产品外观等,需要从产品设计到制造的各个环节对质量的严格审核和保证,才能保证最终产品的质量是无懈可击的。

(2)现有产品范围的更多选择　消费者越来越精明,他们开始希望能直接或间接的影响生产者以更好地让企业提供的产品切合消费者需求。厂家不断地推出新品种,从而引起了一轮又一轮的产品开发竞争,结果是产品的品种数成倍增长。网络技术的发展为消费者的选择提供了方便之机,质量、价格、服务水平的透明给企业施加不断完善产品的压力。同时,由于计算机和网络技术的发展,任何产品上的优势都易于模仿和改进,因此产品差异化的优势势必不能长久保持,为了保持市场竞争的优势,企业的产品压力越来越大。

(3)产品设计的个性化　随着市场的发展,差别化、个性化的产品越来越受消费者的青睐,企业根据客户的需求量身订做成为企业争取市场的一种手段。产品的个性化设计是由消费者直接确定最终产品的确切特征,根据消费者的要求修正产品设计,让消费者直接参与产品设计,彻底改变了企业生产的本质,产品消费者化的程度已成为许多企业战略性的决策,个性化的产品对企业生产的柔性提出了更高的要求。接近消费者,积极对消费者的需求做出响应,对参与的双方都有好处,消费者得到了完全符合其要求的产品,供应商的销量得到了保证,并且有希望与满意的消费者再次合作。

(4)更快满足消费者要求　尽管并非所有的市场要求即时反映,但在其他条件相同的情况下,更迅捷的反应能让消费者印象深刻,将该产品和其他产品区别开来。从消费者需求到产品到达消费者手中有许多时间被浪费了,消除这种浪费会带来三方面的好处:提高消费者满意度、降低投资风险、使竞争者的压力增大。因此提供力所能及的较短响应时间是明智的策略,因为新利润也指日可待。在这种目标中,速度是重要因素,有了更快的速度,技术革新就能更快与实际应用相结合,从而保持技术领先。

(5)更高的消费者服务水平　消费者通常购买的不仅仅是单个商品,而是连同服务的“混合商品”,在大多数情况下,消费者还要求售后服务和持久维护,且有价值的消费者服务水平是赢得消费者和让其成为其终身用户的重要手段,“顾客是上帝”这一说法让企业从消费者的出发点来提高服务水平,越来越多的企业把提高消费者服务水平当成是最基本的产品范畴。

5.1.2.3 外包战略

外包就是把不属于自己核心竞争力的业务交给其他企业来完成,而自己专注于核心业务的做法。外包这种新经营理念的兴起将导致企业对现有模式进行重组,增强核心竞争力,外包出去的非核心业务又有可能形成新的商机,成功将两者结合在一起有极大的好处。外包把企业所有资源集中在能使企业取得绝对优势,并能为客户提供无可匹敌价值的核心能力上。很少有企业能对其所有的产品或服务的专业水平进行有效的掌握和控制。而外包在成本、柔性、质量、专业、核心竞争力等方面都有其长处。

(1)成本　生产每一种产品都需要在设备和专业技术上进行重大投资,而专业供应商却拥有这种资源,而且会一直通过产品研究开发来提高生产水平和产品竞争力,因为专业供应商有不止一个购买者,所以他能比任何购买者自己生产有更大的经济性。

(2)柔性　企业改变产品组合的时候,就必须重置、增加或转移生产资源,因而要花费更多的时间和精力,且需求改变时,资源就会积压,重新调度。而外包只要向供应商发出订单就解决了问题。

(3)质量　企业要生产的零部件越多,提高每一个零部件质量的速度就越慢,特别是对那些需要不同技术的零部件而言。企业时间有限,资源有限,不可能同时提高每一个零部件的质量,相反,专业零部件供应商有更多的资源,而且在其专业领域能提供最好的产品。

(4)专业　通常来说,专业零部件供应商对产品和流程能更好地理解。特殊专业要用多年的时间来研究、发展,专业供应商能更好地专注新技术,企业能通过外包来共享专业的优势。

(5)核心竞争力　前面我们提过,外包可以使企业把非核心业务交给其他企业,而将精力集中于核心竞争力。

综上所述,外包能够给企业提供较大的灵活性,尤其是在购买高速发展的新技术,新式样的产品或复杂系统的无数组成部分更是如此。多个一流的供应商同时生产一个系统的个别组成部分会降低企业设计周期的时间。而且每个供应商既具有更多的专业人才,又具有专业领域方面复杂的技术知识,能更高质量地支持更为专业的设备。同样的道理,战略性的外包把企业对零部件和技术发展所承担的风险扩展到大量的供应商身上。企业无须承担全部的零部件研究与开发计划彻底失败的风险,无须为每一个零部件系统投资或不断升级他们的生产能力。而且,购买企业不仅可以从此改善本身的革新能力,还可开发新产品,改进运作流程,开拓质量潜能。

供应链合作伙伴关系就是某种特定形式的外包战略,在节点上下游之间形成某种形式的外包,例如,分销商为零售商管理库存为制造商寻求销售渠道,就是库存、销售的两种外包形式。

5.1.3　供应链合作伙伴关系的产生及发展历程

供应链合作关系是随着市场对企业要求的不断变化而发展起来的,其形成过程受到市场条件和技术水平的限制,从传统的企业关系发展到供应链的合作伙伴关系,不仅给企业带来了巨大的收益,也对企业的经营提出更高的要求。企业合作伙伴关系的形成和发展也是管理模式的一种变革,企业经营者必须面对经营模式的变化,解决和其他企业合作时的冲突。传统的企业关系向供应链合作关系的转变大致经历了 3 个发展阶段,如图 5.1 所示。

从传统的企业关系过渡到创新的合作企业关系模式,经历了从以生产物流相结合为特征的物流关系(20 世纪 70 年代到 80 年代),到以战略协作为特征的合作伙伴关系(20 世纪 90 年代)这一过程。在传统的观念中,供应管理就是物流管理,企业关系主要是“买 - 卖”关系。基于这种企业关系,企业的管理理念是以生产为中心的,供销处于次要的、附属的地位。企业间很少沟通与合作,更谈不上企业间的战略联盟与协作。

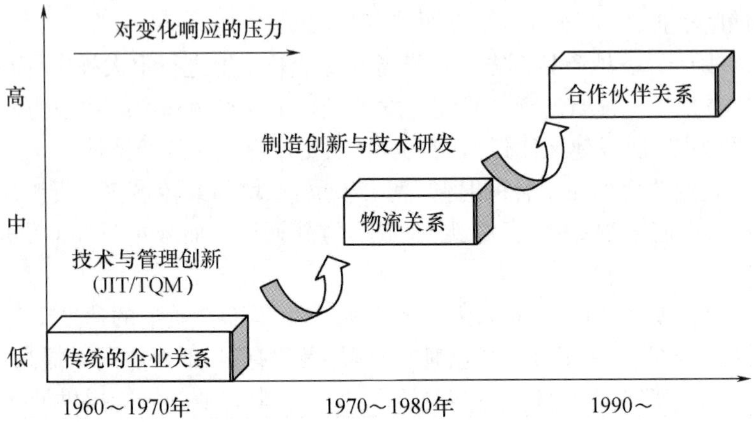

图5.1　企业关系演变过程

从传统的以生产为中心的企业关系模式向物流关系模式转化,JIT 和 TQM 等管理思想起着催化剂的作用。为了达到生产的均衡化和物流同步化,必须加强部门间、企业间的合作与沟通。但是,基于简单物流关系的企业合作关系,可以认为是一种处于作业层和技术层的合作。在信息共享(透明性)、服务支持(协作性)、并行工程(同步性)、群体决策(集智性)、柔性与敏捷性等方面都不能很好地适应越来越剧烈的市场竞争的需要,企业需要更高层次的合作与集成,于是产生了基于战略伙伴关系的企业模型。

具有战略合作伙伴关系的企业体现了企业内外资源集成与优化利用的思想。基于这种企业运作环境的产品制造过程,从产品的研究开发到投放市场,周期大大地缩短了,而且消费者导向化(Customization)程度更高,模块化、简单化产品和标准化组件的生产模式使企业在多变的市场中柔性和敏捷性显著增强,虚拟制造与动态联盟加强了业务外包这种策略的利用。企业集成即从原来的中低层次的内部业务流程重组(BPR)上升到企业间的协作,这是一种最高级别的企业集成模式。在这种企业关系中,市场竞争策略最明显的变化就是基于时间的竞争(Time - Based)和价值链(Value Chain)的价值让渡系统管理,或基于价值的供应链管理。

5.1.4　供应链合作伙伴关系的重要意义

供应链合作伙伴关系的建立,合作各方都将受益,具体表现在良好的供应链合作伙伴关系可以降低供应链成本、降低库存水平、增强信息共享、保持战略伙伴相互之间操作的一致性、改善相互之间的交流状况,最终创造更大的竞争优势。

5.1.4.1　减小供应链上的不确定因素,降低库存

(1)需求信息确定　战略伙伴关系意味着一个企业有着多个稳定的合作伙伴,下游企业可以在发出订单之前为上游企业提供其具体的需求计划,这时上游企业所面对的需求信息就由原来的订单和预测转化成为具有战略伙伴关系的企业的需求计划,有了较为明确的需求信息,企业就能够减少为了吸收需求波动而设立的成品库存,制订更精确的生产计划。

(2)供给信息的确定　战略伙伴关系的建立实际上表明了企业间的互相信任,从产品设

计上的合作到产品的质量免检都是这种合作关系的特征,下游企业可以获取供应企业综合的、稳定的生产计划和作业状态,无论企业能否按要求供货,需求企业都能预先得到相关信息以采取相应的对策。因此,外购物料库存将因供应方生产信息透明度的提高而降低。

5.1.4.2 快速响应市场

制造商通过与供应商建立合作伙伴关系,可以充分利用供应商的专长,将大量自己不擅长的零配件等的设计和生产任务通过外包而分给擅长于此的企业来完成,自己则集中力量于自身的核心竞争优势。这样既不必实施昂贵而风险巨大的垂直集成,又能充分发挥各方的优势,并能迅速开展新产品的设计和制造,从而使新产品响应市场的时间明显缩短。

当今消费市场需求瞬息万变,不仅仅是制造商,供应商、分销商、零售商都必须对这些变化做出及时快速的反应,才有可能立足市场,获取竞争优势。企业与企业之间的竞争已转向供应链和供应链之间的竞争,而供应链的竞争力来自于供应链各节点企业的紧密合作。这种合作拆除了企业的围墙,将各个企业独立的信息化孤岛连接在一起,实现供应链无缝连接,使整条供应链像单个企业一样运作,而又不失去每个企业的核心优势。这是传统意义上的供应链所无法相比的,传统意义上的供应链正是因为链上各节点企业间信息不畅通,企业间合作与沟通非常少,信息波动扭曲放大,或者企业为了自身利益而不惜牺牲整个物流的速度,使得整个供应链企业对变化的需求反应迟缓。例如,某种商品突然流行起来,并在商店脱销,补货订单到达零售商的配送中心后,配送中心并未采取更多的行动,而是在此商品量降到最低库存水平,才向制造商发出订单。接下来,制造商在其配送中心的库存降到订货点时订货,然后生产计划部门才开始计划新的生产。整个供应链上的企业都以自身库存保持最小作为目标,而不是通过合作,适时地将货物送到消费者手中,此次销售良机必然错过。

5.1.4.3 加强企业的核心竞争力

企业的核心竞争力是指企业在研发、设计、制造、营销、服务等某一两个环节上明显占优势并且不易被竞争对手模仿的能够满足客户价值需要的独特能力。自从普拉哈拉德和哈默提出核心竞争力一词来,企业核心竞争力的培育和实施日益受到重视。正因为企业日趋注重自身的核心竞争力,强调企业自身的特点,企业的非核心竞争力业务必然要靠其他在此业务上具有核心竞争力的企业来承担。各自具有优势的企业在共同的目标下联合起来,以协作共享信息、降低整个成本并共担风险、分享利益。显然,离开企业的核心竞争力谈供应链管理,就如不建地基而想建大厦一样,而强调企业的核心竞争力,没有以战略合作关系为基础的供应链管理的新的管理模式与之呼应,也发挥不了其核心优势,获得竞争地位。所以,供应链管理强调链中企业的战略合作关系,其实质是强调企业发挥各自的核心竞争力。

5.1.4.4 用户满意度增加

(1)产品设计　合作伙伴关系不仅存在于供应商与制造商之间,也存在于制造商与分销商之间。分销商更贴近用户,更容易掌握用户的喜好,从而在新产品的需求定义方面提出更为恰当的建议,使产品的设计做到以用户需求来拉动,而不是传统的以更高的成本将产品推向用户,供应商的合作也能使制造商在产品设计之初就充分考虑用户的需求,生产出更符合用户习惯的产品。

(2)产品制造过程　供应质量的提高使制造商可以在正确的时间、恰当的地点获得正确数量、高质量的零配件,从而使最终产品质量大为提高,同时,供应质量的提高也大幅度缩短了生产期。

(3)售后服务　产品的质量离绝对完美总是有一定差距的,而且用户的喜好也是千差万别的,因而产品的设计不可能完全符合每位用户的要求,用户的不满意情况总是存在的。解决问题的关键在于,当用户不满意时,分销商、制造商和供应商应齐心协力解决问题,而不是互相推卸责任。

当供应链合作伙伴关系建立后,制造商也许会向供应商进行投资,以帮助其更新生产和配送设备,加大对技术改造的投入,提高物流质量。制造商往往会向供应商提出持续降低其供应价格的要求,虽然这种要求会给供应商带来相当大的压力,但是制造商的投资以及逐渐增大的市场份额和稳定的市场需求使供应商能够改进技术,实现规模效应。另外,一旦合同有了保证,供应商将会把更多的注意力放在企业的长远战略发展上,而不至仅为了企业的生存作一时的打算。

5.2　食品供应链战略合作伙伴关系的建立

食品供应链的有效运作,并不是供应链中各节点企业能力进行简单加减便可以实现的,节点企业间需要一种合作机制来维持供应链的运作,以实现利益共享、风险共担,食品供应链的协调运作需要战略合作伙伴关系做支撑。

5.2.1　食品供应链战略合作伙伴关系建立的理论基础

(1)交易成本理论与食品供应链战略合作伙伴关系　交易成本是指在现实商业运作中,交易双方需要付出相应的成本才能实现交易,交易成本主要包括信息成本、谈判及履约成本等。利用交易内部化成为消除交易成本一种可行性的选择,然而随着企业规模的不断扩大,企业内部各部门协调的成本也逐渐增多,这要求企业寻找一个平衡点,以协调企业替代市场带来的成本降低的边际量与企业规模扩大带来的内部协调成本提高的边际量。当今的市场竞争是供应链与供应链之间的竞争,交易成本的高低是判断供应链竞争力优劣的一个重要指标。对于食品供应链,影响交易成本的主要因素包括:资产专用性、交易不确定性和交易频率。由于农户生产用具、食品加工配送中心设施设备、超市对食品经营管理工具在使用上都具有资产专用性,食品供应链成员各方需要建立长期合作关系,以减少对设施设备的不断重新投入。交易不确定性主要包括市场环境的多变性和交易对手的机会主义倾向,对于食品供应链来说,供应链中各节点企业都有可能因为市场因素的变化而做出对整体供应链不利的行为,最明显的就是食品的价格因素,它很容易诱导供应链合作关系的破裂,所以需要建立一种长期的收益风险共担的合作伙伴关系,将各节点企业联系在一起,增加共同抵御风险的能力。食品是一种大众需求商品,从供应链的源头到最终消费者的购买,中间涉及多次交易,每次交易都需要进行谈判,随着交易环节的增多,谈判成本也在增加,通过建立战略合作伙伴关系,确立相对固定的农户组织、食品加工配送中心、超市等供应链节点企业,减少搜寻和议价行为,有效降低食品供应链的交易成本。

(2)价值链理论与食品供应链战略合作伙伴关系　价值链理论认为产品或服务的价值创造过程是在一系列价值链环节中完成的,不同企业在各自的价值链环节上拥有不同的核心专长,相互合作可在整个价值链上创造更大价值。价值链由两种价值活动构成,即基本增值活动和辅助性增值活动。基本增值活动是指一般意义上的生产经营环节，包括物料储运、生产加工、成品储运、市场营销和售后服务等，这些活动与产品的实体流转直接相关。辅助性增值活动包括管理基础工作、人力资源管理、科技管理和采购管理等。在食品供应链中，食品在各节点企业间的流通同样是一个增值过程，而为了使食品从种植（养殖）、加工、生产、销售的整个流通过程中的增值实现最大化，就必须充分实现各节点企业功能优势，各方在价值链的优势环节上实现协调合作，力求实现整体效益最大化。食品供应链各节点企业通过缔结战略合作伙伴关系，调整各自的增值业务活动，强调协调合作，促进战略合作伙伴关系发挥整合优势。

5.2.2 食品供应链战略合作伙伴的选择

5.2.2.1 食品供应链战略合作伙伴选择的目标和原则

食品供应链战略合作伙伴的选择是企业间进行合作的第一步，也是关键的一步。选择良好的战略合作伙伴是建立食品供应链战略合作伙伴关系的重要条件。战略合作伙伴评价与选择是食品供应链合作关系运行的基础。所选择的企业是否能和整个供应链步调保持一致，关系到整个供应链竞争力的增强，为供应链上每个企业所关注。当今，战略合作伙伴的业绩对企业的影响越来越大，单个企业的业绩要依靠所有战略合作伙伴的精诚合作才能提高。因此，战略合作伙伴的选择是提高食品供应链业绩首要的、基本的问题。

食品企业和其供应商建立长期伙伴关系是出于对自身长期利益的考虑，以生产加工企业及其供应商为例，生产商和供应商出于各自利益和长期发展的需要，建立起长期的战略合作关系，在这些长期合作中存在着两种不同的形式，一种是松散联盟形式，即供应商与生产商的长期关系是通过一次次相对独立的交易反复进行的形式维系的。另一种是长期合作伙伴关系，这种关系比松散的联盟形式要紧密一些，通常是通过签约的方式把合作伙伴关系固定下来，这种签约方式当然是为了获得长期稳定的合作关系，以提高供应商的生产经营积极性和产品质量。

一般来说，供应链中在选择供应商时要达到的目标主要有以下几个方面。

(1) 所选择的战略合作伙伴不仅在操作层和战术层，而且在战略层要和本企业一致。两者要有共同的战略目标和战略计划，能达到同步的战略管理。

(2) 所选择的战略合作伙伴需要具有高度专业化的技术，成熟的核心能力，生产能力能达到企业预期的标准，并且在技术创新方面有自己的优势，能够快速反应市场的变化。

(3) 所选择的战略合作伙伴具有足够的合作精神，与企业能坦诚合作以达到互惠互利。

衡量供应商各方面的能力，寻找最好的供应商，而不是寻找最低成本、最短交货期等单一因素最佳的供应商，要求供应商和本企业能在良好的交货情况下在柔性及快速反应性、较小的物流成本、优越的资产管理等方面达到良好的效果，以达成双赢的目的。

食品供应链管理的目的是把供应链上的企业有机地结合在一起，从而最大限度地发挥供应链的力量，达到供应链企业群体获益的目的和增强竞争力。建立战略合作伙伴关系是为了降低供应链总成本、增强信息共享、改善相互之间的交流、保持战略合作伙伴相互之间操作的一贯性，产生更大的竞争优势，以实现供应链节点企业的财务状况、质量、产量、交货期、用户满意度和业绩的改善。

食品供应链上的战略合作伙伴关系要求强调合作和信任，供应链环境下企业选择战略合作伙伴的原则如下。

（1）战略合作伙伴的产品或服务要强　供应链，企业和战略合作伙伴之间最主要的还是产品或服务的流动。作为采购方，企业与供应方建立战略合作伙伴关系是基于流动于其间的产品或服务。企业对战略合作伙伴的要求首先是其产品或服务。供应企业需要在其产品或服务上具备核心能力。核心能力可以表明其对整条供应链所起的作用大小。

（2）战略合作伙伴需要建立健全质量保证体系　战略合作伙伴的质量体系影响其最终产品的质量，这种质量缺陷会直接影响采购企业产品质量的好坏。

（3）战略合作伙伴具有产品升级、转向能力和扩展潜力　也就是说战略合作伙伴本身需具备极强的技术创新能力。因为供应链面对的市场需求是复杂多变的，链中一个环节的变化会带来上下环节的调整乃至整个供应链的变化，所以一条供应链调整的影响要比单独经营企业的调整影响大得多。这就更需要所选择的战略合作伙伴具有产品的升级、转向能力和扩展性潜力。

（4）战略合作伙伴必须具有和本企业共同的利益和目标　合作的各方应该为了共同的利益和一致的战略目标，以共同协作的方式和协同的效益来增加最终产品的价值，创造供应链的最大收益。如果建立在自己利益之上而牺牲他方利益选取合作伙伴，整条链都会潜伏着解体的危机。

（5）战略合作伙伴必须具有非常大的可能性与企业结成战略合作伙伴关系　如果所选择的供应商没有强烈的合作意愿，没有和企业进行共享的信息化设备及相应的网络技术，那么也不可能与之结成战略合作伙伴关系。

5.2.2.2　供应链战略合作伙伴选择的主要方法

选择战略合作伙伴的方法较多，一般要根据供应商的多少、对供应商的了解程度以及对商品需要的时间是否紧迫等要求来确定。目前将国内外较常用的方法综述如下。

（1）直观判断法　直观判断法是根据征询和调查所得的资料并结合人的分析判断，对战略合作伙伴进行分析、评价的一种方法。这种方法主要是倾听和采纳有经验的采购人员意见，或者直接由采购人员凭经验做出判断。常用于选择企业非主要原材料的供应商。

（2）招标法　当订购数量大、战略合作伙伴竞争激烈时，可采用招标法来选择适当的战略合作伙伴。它是由企业提出招标条件，各招标合作伙伴进行竞标，然后由企业决标，与提出最有利条件的战略合作伙伴签订合同或协议。招标法可以是公开招标，也可以是指定竞级招标。公开招标对投标者的资格不予限制；指定竞级招标则由企业预先选择若干个可能的战略合作伙伴，再进行竞标和决标。招标方法竞争性强，企业能在更广的范围内选择适当的战略合作伙伴，以获得供应条件有利的、便宜而适用的物资。但招标法手续较繁杂，时间长，不能适应紧急订购的需要；订购机动性差，有时订购者对投标者了解不够，双方未能充分协商，造成货不对路或不能按时到货。

（3）协商选择法　在供货方较多、企业难以抉择时，也可以采用协商选择的方法，即由企业先选出供应条件较为有利的几个战略合作伙伴，同他们分别进行协商，再确定适当的战略合作伙伴。与招标法相比，协商方法由于供需双方能充分协商，在物资质量、交货日期和售后服务等方面较有保证。但由于选择范围有限，不一定能得到价格最合理、供应条件最有利的供应来源。当采购时间紧迫、投标单位少、竞争程度小，订购物资规格和技术条件复杂时，协商选择方法比招标法更为合适。

（4）采购成本比较法　对质量和交货期都能满足要求的战略合作伙伴，则需要通过计算采购成本来进行比较分析。采购成本一般包括售价、采购费用、运输费用等各项支出的总和。采购成本比较法是通过计算分析针对各个不同战略合作伙伴的采购成本，选择采购成本较低的战略合作伙伴的一种方法。

（5）层次分析法　该方法是20世纪70年代由著名运筹学家赛惕（T. L. Satty）提出的，韦伯（Weber）等提出将层次分析法分别用于战略合作伙伴的选择。它的基本原理是根据具有递阶结构的目标、子目标（准则）、约束条件、部门等来评价方案，采用两两比较的方法确定判断矩阵，然后把与判断矩阵的最大特征相对应的特征向量的分量作为相应的系数，最后综合给出各方案的权重（优先程度）。由于该方法让评价者对照相对重要性函数表，给出因素两两比较的重要性等级，因而可靠性高、误差小，不足之处是遇到因素众多、规模较大的问题时，该方法容易出现问题，如判断矩阵难以满足一致性要求，往往难于进一步对其分组。它作为一种定性和定量相结合的工具，目前已在许多领域得到了广泛应用。

另外，苔么蔓（Timmerman）提出战略合作伙伴评价分类法（Categorical method）；温德（Wind）、罗宾森（Robinson）和格理格利（Gregory）提出标重法（Weighted Point Plan）等都可以用于战略合作伙伴的选择，但应用在供应链环境下，都存在一些问题，因为没有考虑具体的环境，所以不能有效地进行战略合作伙伴的评价和选择。

（6）神经网络算法　人工神经网络（Artificial Neural Network，ANN）是20世纪80年代后期迅速发展的一门新兴学科，ANN可以模拟人脑的某些智能行为，如知觉、灵感和形象思维等，具有自学习、自适应和非线性动态处理等特征。

这里将ANN应用于供应链管理环境下战略合作伙伴的综合评价选择，意在建立更加接近于人类思维模式的定性与定量相结合的综合评价选择模型。通过对给定样本模式的学习，获取评价专家的知识、经验、主观判断及对目标重要性的倾向，当对战略合作伙伴做出综合评价时，该方法可再现评价专家的经验、知识和直觉思维，从而实现了定性分析与定量分析的有效结合，也可以较好地保证战略合作伙伴综合评价结果的客观性。

5.2.2.3　战略合作伙伴综合评价、选择的步骤

战略合作伙伴的综合评价选择可以归纳为以下几个步骤，企业必须确定各个步骤的开始时间，每一个步骤对企业来说都是动态的（企业可自行决定先后顺序和开始时间），并且每一个步骤对于企业来说都是一次改善业务的过程。

步骤1：分析市场竞争环境（需求、必要性）

市场需求是企业一切活动的驱动源。建立基于信任、合作、开放性交流的供应链长期合作关系，必须首先分析市场竞争环境。目的在于找到针对哪些产品市场开发供应链合作关系才有效，必须知道现在的产品需求是什么，产品的类型和特征是什么，以确认用户的需求，确认是否有建立供应链合作关系的必要，如果已建立供应链合作关系，则根据需求的变化确认供应链合作关系变化的必要性，从而确认战略合作伙伴评价选择的必要性。同时分析现有战略合作伙伴的现状，分析、总结企业存在的问题。

步骤2：确立战略合作伙伴选择目标

企业必须确定合作伙伴评价程序如何实施、信息流程如何运作、谁负责,而且必须建立实质性目标。其中降低成本是主要目标之一,战略合作伙伴的评价、选择不仅仅只是一个简单的评价、选择过程,它本身也是企业自身和企业与企业之间的一次业务流程重构过程,实施得好,它本身就可带来一系列的利益。

步骤3:制定战略合作伙伴评价标准

战略合作伙伴综合评价的指标体系是企业对战略合作伙伴进行综合评价的依据和标准,是反映企业本身和环境所构成的复杂系统不同属性的指标,按隶属关系、层次结构有序组成的集合。根据系统全面性、简明科学性、稳定可比性、灵活可操作性的原则,建立集成化供应链管理环境下战略合作伙伴的综合评价指标体系。不同行业、企业、产品需求以及不同环境下的合作伙伴评价应是不一样的。但不外乎都涉及到合作伙伴的业绩、设备管理、人力资源开发、质量控制、成本控制、技术开发、用户满意度、交货协议等可能影响供应链合作关系的方面。

步骤4:成立评价小组

企业必须建立一个小组以控制和实施战略合作伙伴评价。组员以来自采购、质量、生产、工程等与供应链合作关系密切的部门为主,组员必须有团队合作精神、具有一定的专业技能。评价小组必须同时得到制造商企业和战略合作伙伴企业最高领导层的支持。

步骤5:战略合作伙伴参与

一旦企业决定进行战略合作伙伴评价,评价小组必须与初步选定的战略合作伙伴取得联系,以确认他们是否愿意与企业建立供应链合作关系,是否有获得更高业绩水平的愿望。企业应尽可能早地让战略合作伙伴参与到评价的设计过程中来。然而因为企业的力量和资源是有限的,企业只能与少数的、关键的合作伙伴保持紧密合作,所以参与的战略合作伙伴不能太多。

步骤6:评价战略合作伙伴

评价战略合作伙伴的一个主要工作是调查、收集有关战略合作伙伴的生产运作等全方位的信息。在收集战略合作伙伴信息的基础上,就可以利用一定的工具和技术方法进行战略合作伙伴的评价了(如前面提出的人工神经网络技术评价)。在评价过程之后,有一个决策点,根据一定的技术方法选择战略合作伙伴,如果选择成功,则可开始实施供应链合作关系,如果没有合适战略合作伙伴可选,则返回步骤2重新开始评价选择。

步骤7:实施供应链合作关系

在实施供应链合作关系的过程中,市场需求将不断变化,可以根据实际情况的需要及时修改战略合作伙伴评价标准,或重新开始战略合作伙伴评价选择。在重新选择战略合作伙伴的时候,应给予旧战略合作伙伴以足够的时间适应变化。

5.2.3 食品供应链战略合作伙伴关系的建立

食品供应链战略合作伙伴关系的建立过程中,核心企业应当起带头作用,认真选择战略合作伙伴,统筹规划战略合作伙伴关系的建立。食品供应链战略合作伙伴关系的建立主要有四个过程:合作伙伴关系战略定位、战略合作伙伴评价与选择、战略合作伙伴开发、战略合作伙伴关系维持与评估。

5.2.3.1 合作伙伴关系战略定位

战略合作伙伴的选择直接关系到食品供应链整体的成败，因为在供应链的上游有众多农户，下游面对的是众多消费者，而食品供应链建立的目的主要在于降低食品的物流成本，提高物流服务质量与效益，所以核心企业必须利用战略合作伙伴关系的建立，合理组织上游农户的生产，努力掌握生产信息，同时为满足下游众多消费需求，核心企业要引导下游零售商准确收集需求信息，减少供应链上的信息失真，实现供需信息对接，加快食品流通速度。

5.2.3.2 战略合作伙伴评价与选择

战略合作伙伴的选择是建立战略合作伙伴关系的关键阶段，核心企业在选择合作伙伴时，要根据食品的特性慎重评估各战略合作伙伴的综合能力。主要依据上文所述战略合作伙伴选择的原则、步骤和方法对战略合作伙伴进行选择。

5.2.3.3 战略合作伙伴开发

战略合作伙伴开发的目的是为了提高整个供应链在产品质量、技术、成本等方面的能力，弱化供应链各节点企业间的能力缺陷，加强各战略合作伙伴功能对接，提高供应链整体竞争力。对于食品供应链中的各战略合作伙伴来说，核心企业要发挥协调功能作用，努力降低各战略合作伙伴间的交易成本，提高战略合作伙伴间的合作效益，促进合作机制的建立，协调提升各自的功能优势。

5.2.3.4 战略合作伙伴关系维持与评估

由于分工协调、风险共担等机制构建不健全，容易造成食品供应链节点企业间的利益摩擦，破坏供应链运作的整体性与协同性，所以核心企业要适时对供应链战略合作伙伴关系进行维护，将合作摩擦在供应链内部解决，防止问题的蔓延。同时为了提升食品供应链的整体竞争力，需要对战略合作伙伴进行科学的评估，找出各方的协作问题，并加以解决，提高供应链的反应速度。

5.3 食品供应链战略合作伙伴关系的维护

5.3.1 信任机制在食品供应链战略合作伙伴关系维护中的作用

食品生产由于是自然再生产和经济再生产相互交织的过程，使得食品生产与销售过程的不确定性广泛存在。例如，对于果蔬类农产品，农户要花费高昂的成本进行信息搜索才能降低销售风险，然而随着农产品品种需求的增多，信息搜索的费用会越来越多，农户也会对市场瞬息万变的价格和品种应接不暇。当前“公司 + 农户”的运作模式中，收购企业与农户签订合同，然而由于果蔬类农产品的自然属性，使得合同面临很大的违约风险，主要由于农户对果蔬类农产品更倾向于“卖跌不卖涨”，而收购企业是更愿意“买跌不买涨”，更有收购企业利用自身在资源、信息、政府关系等方面的掌握，对农户产品进行压级、压价。这些现象的发生主要是由于信息不对称以及机会主义的产生造成的，这是在食品供应链战略合作伙伴关系构建和维护中的主要阻碍，因此信任机制的确立是战略合作伙伴关系构建和维护的关键。

信任机制对食品供应链战略合作伙伴关系的作用主要体现在以下几方面。

5.3.1.1 信任机制有利于实现供应链整体目标

食品供应链战略合作伙伴关系构建的根本目的是为了实现资源与信息共享,综合供应链战略合作伙伴之间的优势,更好地满足消费者需求。如果供应链各战略合作伙伴间互相猜疑,歪曲信息,构建食品供应链的根本目标将难以实现。因此,相互信任是确保供应链战略合作伙伴关系顺利发展、实现共同目标的根本保证。

5.3.1.2 信任机制降低供应链战略合作伙伴间的交易成本

由于食品供应链战略合作伙伴间存在着委托－代理的关系,逆向选择与道德风险等问题伴随存在,为了解决这些问题,核心企业必须对战略合作伙伴进行激励与监督,然而随着合作关系的长期发展,激励与监督的成本会逐渐递增,而当激励与监督的成本不变时,其效果就会呈现递减趋势。通过培育战略合作伙伴间的信任,可以减少激励与监督的成本投入,最终降低供应链战略合作伙伴间的交易成本。这种作用在食品供应链中尤为明显,因为食品供应链的上游与下游的参与成员较多,激励与监督的成本投入很大,若通过信任机制来支持战略合作伙伴关系的构建,则能大大节省整个供应链的交易成本,提高整体经济效益。

5.3.1.3 信任机制可以促进供应链战略合作伙伴间的合作

监督机制的建立会造成供应链战略合作伙伴间的心理损失,因为监督的存在意味着对对方的信任不够,而信任具有感染性,所以加强监督往往会减少对方的信任,结果损害了供应链战略合作伙伴间的相互信任,损害了战略合作伙伴间的合作关系。在食品供应链中同样会遇到此种情况,作为核心企业的生产加工企业通过强化与合作伙伴之间的信任,对上游生产农户的信任可以促进农户生产的积极性,加强对农产品的品质改良,提高生产效率;对于下游零售网点,则可以加强双方对消费需求的反应速度,增强双方对突发事件的处理能力,更好地满足消费者的意愿。

5.3.1.4 信任机制可以提高食品供应链整体信誉

相互信任是食品供应链战略合作伙伴关系构建的关键,而从市场竞争的角度来看,食品供应链战略合作伙伴间的信任能够提高供应链整体信誉,因为消费者关注的是所购买的食品的质量安全,他们需要的是一种可信赖的商品,特别是对于食品,消费者进行辨别的工具便是企业的信誉。如果供应链成员间出现信任危机,产生弄虚作假或机会主义行为,这势必影响整体供应链的效率与效益,消费者对提供的产品信誉度将会降低。

提高食品供应链战略合作伙伴间的信任,首先可以从加强各节点企业间的专业资产的投入入手,如核心企业加强对农户生产的支持,在实施设备建设、种植(养殖)技术改进、产品品牌构建等方面,核心企业与农户能共同参与;而核心企业与销售网点之间在配送渠道、配送方式、加工技术、物流设备等设计与投入方面加强合作。由于各方都对供应链的构建进行了投入,都希望能从长期的合作中得到回报,所以各方需要建立信任机制,才能实现资产投入回报以及减少资产投入的损失。其次,核心企业在选择供应链合作伙伴时应更注重寻找规模较大的战略合作伙伴。在食品供应链中,由于农户较为分散以及下游的消费者需求的多样性,选择规模较大的果蔬类农产品供应商以及零售商,在建立信任机制的过程中能降低谈判成本以及信息成本,同时由于各方的规模经济较大,弄虚作假以及机会主义行为对自身造成的损失都很大,各方致力于建立信任更能保证供应链整体利益。

5.3.2 食品供应链战略合作伙伴关系维护的系统论思想

食品供应链战略合作伙伴关系是整体食品供应链运作的基础,构建战略合作伙伴关系需要资源的投入,如资金、信息、关系等资源。而在经济运行领域中,一个经济系统的运行过程总会存在矛盾,如果不对矛盾进行解决,随着矛盾的积累,最终会导致经济系统的瓦解。在食品供应链战略合作伙伴关系的构建中,也会遇到相同问题,战略合作伙伴关系在达到一定程度以后,由于各方在资源投入、信息沟通、关系管理等方面的缺位,以及来自外部环境变化,如政策、外部市场竞争等,这些因素的出现都会导致战略合作伙伴间的协调失灵、管理混乱。对于上述现象,可运用耗散结构论进行论述。耗散结构论的研究对象是开放系统,耗散结构论认为稳定的平衡是一种静止平衡状态,不与外界交换能量,是一种永远不变的“死”结构。而耗散结构随时与外界交换着能量、物质与信息,是一种动态的稳定有序的结构,是一种充满着生命力的“活”结构。耗散结构论用“熵”对系统有序度和不确定性进行衡量,系统熵值的大小与演化过程无关,熵是系统的状态函数。高熵意味着系统无序程度的增加,低熵意味有序程度的增加。一个系统的熵由两部分组成:一部分是系统本身由于不可逆过程所产生的正熵,用 d_iS 表示。另一部分是系统与环境交换物质和能量引起的熵流,用 d_eS 表示。d_eS 可正、可负、可为零。整个系统的熵变化为以上两项之和:

$$dS = d_iS + d_eS$$

可以看出,只有当 d_eS 为负值,其绝对值又大于 d_iS 时,整个系统的熵才可能为负,从而使得系统由无序走向有序。

对于食品供应链战略合作伙伴关系来说,各节点企业的文化素质、经营模式、管理方式等方面都存在差异,这使得战略合作伙伴关系中的矛盾存在,意味正熵必然存在。而作为一个开放性系统,战略合作伙伴关系需要引进负熵,才能降低系统熵值。引进负熵的手段包括:

(1)强化食品供应链战略合作伙伴间的沟通交流,实现信息共享。

(2)实施食品供应链战略合作伙伴间的制度化管理,链上的业务实行标准化操作,提升合作伙伴间的业务对接。

(3)战略合作伙伴间建立风险规避机制,降低食品由于生产的季节性、空间性等造成的价格波动,共同降低食品供应链运作风险。

(4)积极采用先进科学技术,提升供应链的整体核心竞争力。

(5)加强客户关系管理,以客户为核心,建立快速反应机制,以实现客户的价值作为提升供应链竞争力的源泉,提供适时、适地、适品、适量的食品物流服务。

案例 1 百世物流公司与家乐氏公司的合作伙伴关系

家乐氏公司(Kellogg's)是全球第一大谷类早餐制造商,是世界上最大的、最受尊敬的食品生产商之一,2007 年的销售收入为 120 亿美元,占据 31% 的市场份额,在 18 个国家建有加工厂,产品销往 180 多个国家和地区。

百世公司与家乐氏于 2009 年 8 月达成合作意向,百世将为家乐氏提供针对其成品在中国国内的仓储及分拨运输服务。具体而言，就是百世将在全国范围内为家乐氏提供包括从沂水工厂至百世临沂中央分销中心(CDC)和沈阳区域分销中心(RDC)的成品配送运输、库存管理和仓储操作(含虫控、收货时的检验等服务)、接收来自家乐氏客服的客户订单、订单分拣处理和装卸、从仓库到经销商的二次运输、直送商超大客户(DSD)、退货、召回等各项物流服务。

百世专为家乐氏设计的快速消费品(FMCG)成品物流整合优化解决方案建议其将CDC设在有着丰富货运资源且临近沂水工厂的临沂，撤除抚顺自有工厂；仓储外包，不仅降低运输成本，更提高管理效率；专业安全的仓储设施、设备，符合家乐氏作业要求的标准操作流程(SOP)，专业安全的仓储设施、设备等保证了物流操作的规范安全；百世的仓库管理系统(WMS)，运输管理系统(TMS)与家乐氏系统的电子数据交换(EDI)对接的逐步实现，将改进单纯依赖文本数据传输的现状，规范两个仓库入库、出库、库内等业务流程，快速调配货物，响应客户需求，提高信息传递的效率、准确性、一致性，从而降低成本。

达成协议后，双方项目组成员便就物流设施、工作流程及信息系统等方面开展紧锣密鼓地讨论及实施工作。2009年9月4日起历时一周，家乐氏沂水工厂库存转移至百世在临沂的CDC。9月14日，从临沂CDC派遣销售订单的试运行正式开始。整个项目启动过渡阶段仅用了5周的时间。

目前家乐氏在临沂设立了5000m^2的长期仓库和5000m^2的季节性仓库，以应对出货高峰期，在沈阳设立了3500m^2的RDC。临沂总仓月吞吐量约18000m^3，沈阳月吞吐量约5000m^3。

与百世合作，节省了家乐氏的人力、物力及成本，更加节约了家乐氏进入、适应中国本土市场的时间。但同样的，家乐氏与百世的合作有一定的区域局限性，这意味着，家乐氏在不同国家需要不同的合作伙伴满足其物流需求，一旦家乐氏进入新的国家，就需要花一定的时间寻找物流合作伙伴，然后花更多的时间与之磨合，让合作伙伴了解其物流需求，因此这样的合作方式也具有一定的风险性。

案例2　弗莱明(Fleming)公司的供应链合作关系管理

弗莱明公司是全美第一大食品批发商，成立于1915年，起初只是一家很小的针对食品零售店的批发公司。20世纪20年代在连锁食品店大发展的时期，公司的管理人员开始努力地集合既有资源，形成一个自发性的组织，即“独立杂货商联盟(IGA)”。该联盟始建于1927年，它的成立使单店式的零售企业和批发企业在交易中获得了更多的利益，不仅减少了成本，而且增强了相互之间的认同感，这可谓是供应链战略联盟思想的初始化运用，通过这种自由连锁的形式，作为批发企业的弗莱明公司可以与广大中小零售企业结成战略联盟，并利用自己在进货渠道、仓储设施、配送网络方面的优势更有力地控制零售终端，从而巩固在供应链中的主导地位，优化对供应链的管理，进而增强整个供应链的竞争能力。

20世纪40年代，公司致力于制定食品管理程序和提高仓库员工的工作效率。20世纪60年代又与IBM联手开发行业内通用的计算机存货管理系统。到了20世纪80年代末，它已经是美国最大的食品批发企业，它不仅利用技术手段来改进自身的库存与运输，而且还为其下游的零售商们提供各种支持性服务，由此巩固了双方之间的供应链合作伙伴关系。为此，弗莱明公司还建有自己的仓储式食品配送中心。它的主要任务是接受美国独立杂货商联盟（弗莱明公司所组织的）加州总部的委托业务，为该联盟在该地区的加盟店进行商品配送。在其服务的零售商店中，有70%的商品是由该中心集中配送的。

弗莱明公司的成功源自于其同时服务于零售企业与消费者的经营理念。作为一家批发企业，弗莱明公司拥有自己的零售渠道和5000个自有品牌，它将从零售商那里获得的消费者信息加以集合分析，从中把握消费者需求的变化，并努力满足这些需求。其开发的自有品牌商品或对零售商店进行某些调整，通常是先在自己的零售渠道中进行“试验”，然后再向其服务的零售企业推广，以消除零售企业的顾虑和克服零售企业的“惰性”问题。

正是通过这些不断的经营创新，弗莱明公司才得以成功，而且这些成功从根本上说正反映了某些供应链管理的理念，包括供应链战略联盟的建立和以消费者需求为导向。而且公司还具体实施了供应链管理方法——“有效消费者反应”。弗莱明公司于1993年在美国批发业协会上宣布正式实施“有效消费者反应”，虽然这一举措相对于其竞争对手要晚得多，但其发展的步伐却是惊人的。1994年公司提出了决定全面向零售支持性企业发展的计划，具体行动措施是将生产企业给予的各种优惠和折扣全部以降低出货价的形式把利益返还给零售商，而新的利益来源于其为零售商所提供的服务。

由此可见，弗莱明公司应用供应链管理理论与方法实现了经营方式的创新，通过业务改革从传统的批发企业向零售支持性服务提供商转型，因为其充分认识到消费者的成功就是本企业的成功，这一理念正是供应链合作伙伴关系确立的基础。此外，它还通过配送中心融入供应链体系之中，并以其高效的配送服务整合供应链中的物流资源，使供应链中的物流成本更低，以使中小型零售企业可以获得较低的进货成本，从而使整个供应链更有价格优势，能够与大型零售商所领导的供应链进行有力地竞争。

6 食品供应链信息管理

6.1 传统食品供应链中的信息不对称

食品供应链管理有其非常特殊的地方，即管理的主体并不能控制食品供应链上的所有资源，虽然整个食品供应链是一个利益共同体，但食品供应链上各成员毕竟是一个个独立的经营主体，有其各自的经营战略、目标市场、技术水平、运作水平以及各自的企业文化，甚至存在一个企业同属多个相互竞争的食品供应链的情形，所有这一切形成食品供应链中的信息不对称。由于食品供应链的信息不对称性，增加了供应链运作中的不确定性。这些不确定性影响供应链管理的初衷。食品供应链中信息不对称主要由于是食品自身特性上、生产者和消费者之间、食品流通各环节中、政府各监管部门之间、生产者和监管者之间的信息不对称引发的。

6.1.1 食品自身的特性存在信息不对称

食品和食品安全的具体含义在前一章已有具体阐述，食品安全表现出多元性，具体包括：

(1)食品的物理特性　指消费者通过眼观、鼻闻、手摸、口尝等感官方式来获知的食品特性，如食品的色泽、气味、口感等。

(2)营养健康特性　指食品中所含对人体有益的各种营养物质，如蛋白质、脂肪、维生素、矿物质等。

(3)安全特性　指食品在生产、加工、运输、销售、贮藏等环节中，受到天然和人为的污染状况，如农药残留、添加剂、微生物污染是否超标等。

(4)伦理特性　指食品生产加工过程中对生态环境等造成的破坏、污染等不良影响。由于知识水平和时间的限制，消费者很难对食品的各种特性做出准确判断，更难辨识出食品的安全特性。对于食品的物理属性，消费者通过感官可以获得；食品内在的营养健康特性，消费者通过以往的消费体验来逐步了解；但食品的安全特性通过感官是无法获得的，尤其是农药残留和有害物质含量，即使通过消费体验也无法在短期内做出判断。况且，消费者面对的是最终食品，对食品生产加工中的各种技术应用，食品供应过程中的安全控制状况都一无所知。食品安全信息的难辨识性直接导致了食品市场的信息不对称。

6.1.2 生产者与消费者之间的信息不对称

新古典经济学理论假设，生产者和经营者拥有完全的市场信息及信息处理能力，以利益最大化为目标，其行为是理性的。然而，在现实经济生活中，生产经营者的行为具有“有限理性”和“机会主义行为”特征，并非完全遵循理论假设。生产经营者的“机会主义行为”主要表现为逆向选择和道德风险。

逆向选择又称为不利选择，是交易过程中占有信息优势的一方隐瞒相关信息，获取额外利益，从而导致不合理的市场分配的行为。在市场机制下，食品生产者、经营者在知情权与选择权等信息上相比消费者明显处于优势地位。消费者在购买前只能识别食品的物理特性，然而食品是否含有抗生素、有害化学物质及其含量等安全方面的特性，即使购买食用后也很难判定，所以消费者对食品安全信息的验证具有明显的滞后性。消费者总想买到物美价廉的商品，如果优质和劣质食品价格相同，生产者和经营者为获取利润，往往会出售劣质食品，因为优质食品的成本高、盈利少，甚至毫无盈利。在这种情况下，劣质食品比优质食品更具市场竞争力，优质食品的生产就会减少，甚至消失。但消费者对于食品的品质并不知情，生产经营者与消费者之间存在的食品质量安全信息的不对称，使生产经营者的欺诈行为不易被及时察觉。这就使得消费者极易在不知情的情况下购买不合格的食品，从而导致食品安全事故。

当交易双方的其中一方实施了损害另一方利益的隐蔽行为，后者不可察觉时，前者便会出现道德风险。食品安全涉及食品生产、加工、储存到销售的整个供应链条，食品的生产和流通过程中面临着各种污染因素，需要严格遵守生产加工工艺和技术操作规范。由于信息不对称，生产经营者在利益的驱使下，有可能对食品施加有毒有害物质。例如，为改善食品外观、延长保质期或增重，在食品生产加工过程中，超标、超量使用添加剂，甚至使用非法添加物。“金华”火腿，因选用“金华两头乌”猪种的后腿为原料，用民间流传千年的腌制方法制作加工而闻名于世。一般冬季是金华市腌制火腿的最佳季节，但一些不法生产者受利益驱使，在其他季节也大量生产火腿。为了驱赶苍蝇，防止火腿腐烂生蛆，有些生产者竟用敌敌畏浸泡火腿，严重危害了消费者的生命健康。这些都是食品生产经营过程中由于信息不对称而产生的道德风险。

由于食品交易频率高、市场流动性大、中间环节多，使得食品质量安全信息具有不确定性和难追溯性。但是，只有生产经营者知道食品质量安全情况，而消费者在购买前最多只能了解某一类食品的总体质量安全水平，不能确切判断所购买食品的具体质量安全水平。客观存在的食品信息不对称为生产经营者的机会主义行为提供了发挥的空间。尤其在相关政府部门对生产经营者行为监督不力、对生产劣质食品的惩罚措施不严时，将给生产经营者提供逆向选择和道德风险的机会。

6.1.3 食品流通各环节间的信息不对称

食品从生产到最终被食用要经过多个环节，随着食品产业链条的不断延长，各个环节都会出现食品的安全信息不对称现象：生物技术公司在育种过程中运用了转基因技术，而种植的农民不一定知道；农民在种植饲养过程中使用农药、化肥、兽药和饲料添加剂的状况，食品加工企业不一定知道；加工企业在食品加工过程中使用食品添加剂、添加物的状况，食品批发商不一定知道；食品批发商在储运和销售食品过程中的卫生和安全状况，零售商不一定知道；消费者对以上环节的食品安全信息更是一无所知。在整个食品的产业链条中安全信息在各个环节都有出现失真的可能性，各种自然、人为等干扰因素使食品安全信息难以准确传递。有些在市场上流通的食品，生产者也不一定知道在加工和运输等环节中是否向商品中添加了会对消费者的身体健康造成威胁的有害物质，如“苏丹红事件”中，生产商同消费者一样，都不知道中间商在贮藏过程中对鸭蛋添加了过量的有毒的化学物。因此，尽管食品生产商、销售商等在各自的环节中比消费者掌握的信息多，但对其他环节的食品安全信息也不了解。即使生产商完全掌握了食品安全信息，由于传递信息的成本高昂，占用时间长，也不能保证信息能够完全准确地传递到消费者那里。

6.1.4 政府各管理部门之间食品安全监管信息的不对称

改革开放以来，我国片面追求食品的数量，食品生产加工业分散，缺乏健全有效的食品质量安全监管机制与手段。各级食品质量安全监管部门虽然能够检测出食品质量安全水平，但是检测的成本高昂、速度较慢，加上食品的产业链条冗长、缺乏标识、食品安全责任的可追溯性差，导致监管者与生产经营者之间的质量安全信息不对称。此外，监管者的食品质量安全信息不能被迅速、有效地传递到消费者，导致政府与消费者之间的质量安全信息不对称。

在市场机制下，食品供应体系日益复杂，食品安全管理各部门虽然原则上按照流通环节实施分段管理，但有些环节是不可分割的，这就造成职能交叉重复，各部门之间的具体职责划分不清，从而使不法分子有机可乘（表 6.1）。食品安全监管体制是从中央到地方的垂直管理，这种管理体系容易造成中央和地方机构之间的信息不对称。地方监管部门迫于发展地方经济和保护自身利益的压力，可能为不法企业和不法商贩“开绿灯”。在“三鹿问题奶粉事件”中，当地政府和监管机构在发现食品安全问题后，不及时向上级部门报告情况，对公众隐瞒真相，使得消费者缺乏做出正确判断的依据，造成众多儿童受害，对整个乳制品行业带来极其恶劣的影响。

表 6.1　　我国主要食品质量安全管理部门的职能

组织部门	进出口	生产资料	耕种或动物饲养		产品加工	产品流通	消费
			杀虫剂、化肥、种子、	饲养			
农业部	√	√	√	√	√		√
卫计委					√	√	√
国家质检总局	√	√	√			√	
食品药品监管总局							√
商务部	√				√	√	
工商行政管理总局		√	√		√	√	√
国家环保总局	√			√			√

资料来源：尹志杰，农产品质量安全信息不对称与对策研究，中国农业科学院。

6.1.5 食品生产者和监管人员的信息不对称

从经济角度看，食品生产者作为经济人，要追求自身利益的最大化。因此，食品监管部门的处罚低于生产者预期收益时，由于收益高于包括处罚在内的各项成本，食品生产者有生产劣质食品或以谋取最大利益的动机。食品监管人员也具有双重属性：一方面，作为消费者合法利益的代表,要行使对食品安全监管的权利,对不法食品生产者进行查处;另一方面,作为有价值取向的普通人,他们有追求自身利益最大化的动机,在工作中也可能出现不尽责,甚至利用手中的职权谋取私利的情况。因此,食品生产者与监管人员之间的信息不对称表现为:如果食品监管人员严格执法,没有私心,对不法食品生产者的处罚大于生产者预期的收益,生产者就会依照食品安全的相关条例进行生产,不会或很少违规;相反,如果监管人员不尽责,不能及时发现生产者的违规行为,或者即使发现也从轻处罚,不能对违规违法操作者形成有效的法律约束,生产者就会选择违规生产,以获取更高利润。

因此,在信息不对称条件下,食品生产者面临着较低的法律风险,即使违反质量安全法规而受罚,也有良好的收入预期。生产经营者难以从改善食品质量安全上获益,市场机制和政府职能部门也难以为生产经营者提供改善食品品质的激励。从而造成食品安全信息在生产者和食品监管人员间的不对称。

实现信息共享是消除信息不对称的基本方法,同时也是供应链管理信息系统实施的目标。

6.2 食品供应链管理信息系统

6.2.1 食品供应链中信息流的特征

食品供应链中的信息流是指整个食品供应链上信息的流动。它是虚拟形态,包括食品供应链上的供需信息和管理信息,它伴随着食品物流的运作而不断产生。整个食品供应链各个环节上都有共享信息,信息的传递不再是呈逐级的链状结构,而是呈纵横交错的网状结构。这就使得信息不再局限于某一个环节,整个食品供应链上任何节点都能够很透明地看到这些信息,及时掌握市场需求和食品供应链运作情况,同时根据这些进行必要的管理、协调和组织工作,使食品供应链上的物流保持同步,更为精确和迅速。食品供应链中信息流主要有以下几个方面特征。

6.2.1.1 信息量大、分布广

食品供应链系统涉及范围广,具有多品种少量生产和多频度小数量配送的特点。零售商广泛应用销售点系统(POS)读取销售点的商品品种、价格、数量等即时销售信息,并对这些信息加工处理,通过 EDI 向相关企业传送。同时为了使库存补充作业合理化,许多企业采用电子自动订货系统(EOS)。随着企业间合作倾向的增强和信息技术的发展,信息量在今后将会越来越大,必须对大量的供应链信息进行有效管理。

6.2.1.2 更新快

信息是在食品供应链运作过程中产生的,物流和信息流同时流动才能发挥信息的作用。及时销售使得各种作业活动频繁发生,从而要求食品供应链信息不断更新,而且更新的速度越来越快。这就要求系统对信息的及时性管理有较高的处理能力,才能适应食品企业物流高效运行的及时要求。

6.2.1.3 来源多样化

食品供应链信息不仅包括企业内部的信息,如食品采购信息、生产信息、物流信息、销售

信息等，更重要的是企业之间的生产、物流和销售信息等。企业竞争优势的获取需要供应链各参与者之间相互协调合作，协调合作的手段之一就是信息及时交换和共享。

6.2.2　食品供应链管理中各种信息系统应用的层次

信息系统在供应链中的应用具有层次结构，如图6.1所示。

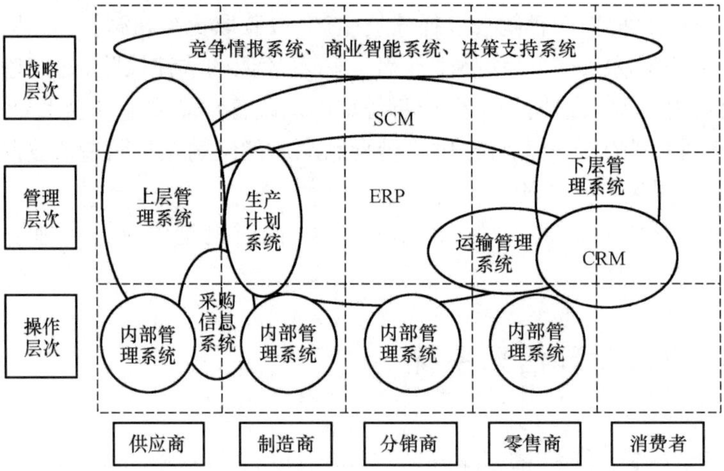

图6.1　供应链中各种信息系统的层次

整个供应链在横向上可以分为供应商、制造商、分销商、零售商和消费者五个组成部分，每个部分对信息和信息处理的要求不同，有各自的特点。例如，对制造商来说，生产计划和生产执行情况是他们所关心的。而对零售商来说，做好客户关系管理和客户需求预测则更为重要。在纵向上，整个供应链又可以分为操作、管理和战略三个层次。其中操作层次要求各种具体独立的业务信息的收集和处理；管理层次则要求对操作层次所收集到的信息进行统一的整合协调，来指导和管理业务操作和业务进程；在战略规划层次上，需要对下层的信息进行统计、筛选或添加，提取总结出能支持管理人员作战略决策的信息。

在操作层次上，供应链的各个组成部分的信息系统主要着眼于其内部管理和业务操作信息系统的建设，其中包括财务系统、人事管理系统、设施设备管理系统、仓库管理信息系统和订单处理系统等。

在管理层面上，最主要、最核心的信息系统是企业资源规划系统和供应链管理系统，在一定意义上，供应链管理系统之中包含了企业资源规划系统。供应商、制造商、分销商和零售商都应用到这两个大系统，只是不同的角色应用的重点和程度不同。

自企业资源计划（Enterprise Resource Plan，ERP）和供应链管理（Supply Chain Management，SCM）软件平台诞生之日起，它们就侧重于企业内部资源的整合、管理和优化。在水平方向，它们通常跨越了一个企业的所有职能部门，一些上游和下游的信息系统相联接，如采购管理系统、和销售物流系统等。在垂直方向上，ERP和SCM覆盖了企业的所有运营活动，并进入到一些较高层次的分析规划领域。它们还着眼于企业内跨部门的信息融合，在企业范围内，提供了新的供应商供货信息和消费者的需求信息，使生产部门根据需求和生产资源的情况合理安排生产。销售人员可以通过了解生产安排和库存信息来决定向消费者交付商品的时间。不仅如此,它正在向跨企业的供应链信息管理问题范围发展,并具有延伸至整个供应链的趋势。

除了 ERP 和 SCM,供应链中不同的环节还有其专门的信息系统。对供应商和制造商这两个供应链的上游角色来说,上游管理系统是主要的信息系统,它包括订货管理系统、原材料供应物流信息系统等。采购管理系统也位于上游部分,处于管理和操作层面之间。这部分系统主要起管理供应物流的作用,有一定的分析规划功能,部分进入了供应链纵向较高的战略层次。

而对与消费者密切联系的零售商来说,客户关系管理系统显得尤为重要,通过提供产品和价格信息来实现优化销售者和购买者之间的关系,还能够及时提供详细的消费者和产品信息。针对不同的消费者进行个性化服务,指导销售人员完成订单。除了 CRM,还有一些下游管理系统也处在这个位置,它们包括自动营销系统、需求预测系统、销售物流系统等,它们在不同程度上实现了管理、分析和战略规划功能。

供应链纵向的最高层次是战略层次,这个层次的信息系统以计划和战略决策为重点,有较高的分析能力。它们与原有的信息系统相集成,利用从这些系统中得到的信息加以分析为供应链管理人员的决策提供支持。但是现阶段,由于信息技术等一些限制,这类系统还不完善,多数还停留在低级和中级的计划决策阶段。这个层次的信息系统有供应链规划系统、竞争情报系统、商业智能系统、决策支持系统等。它们在垂直方向上一般来说要高于前两者。

6.2.3 食品供应链信息系统的构成

本节以食品批发业为例来介绍食品供应链信息支持系统。食品批发业涉及的主要是销售物流,因此系统中应包括接受订货、订货、收货、库存管理、发货、配送和信息查询等几个子系统,如图 6.2 所示。

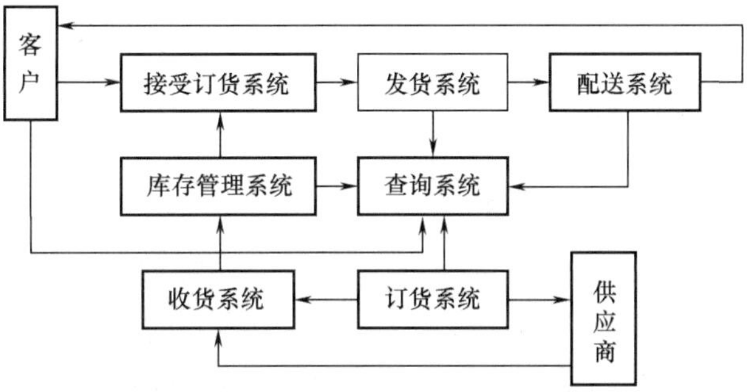

图 6.2 食品物流信息支持系统功能图

6.2.3.1 接受订货系统

办理接受食品订货手续是交易活动的始发点,所有食品物流活动均从此开始。为了迅速将食品送到,必须准确迅速的办理接受食品订货的各种手续。该系统是办理接受食品订单、准备食品、明确交货时间、交货期限、剩余食品管理等的系统。

6.2.3.2　订货系统

订货系统是与接受食品订货系统、库存管理系统互动的系统，其功能是：当食品库存不足时应防止缺货；在食品库存过多或不合理时，应根据订货劝告适时适量的调整订货。

6.2.3.3　收货系统

收货系统是根据食品收货预订信息，对收到的食品进行检验，与订货要求进行核对无误后将有关内容计入库存、指定货位等的食品管理系统。

6.2.3.4　库存管理系统

批发商应正确地把握食品库存信息，这对制订恰当的食品采购计划、接受食品订货计划、收货计划和发货计划等决策是不可或缺的信息支持，故该系统是食品物流信息的中心。对保存在物流中心内的食品进行实时管理、指定货位和调整库存的系统即为食品库存管理系统。

6.2.3.5　发货系统

如何通过迅速准确的发货安排，将食品送到客户手中是食品物流系统需要解决的主要课题。发货系统是一种与接受订货系统、库存管理系统互动，向保管场所发出拣选指令或根据不同的配送方向进行分类的系统。

6.2.3.6　配送系统

降低成本对于高效率的食品配送系统来说非常重要，它是将食品按配送方向进行分类，制订车辆调配计划和配送路线计划的系统。

6.2.3.7　信息查询系统

主要功能是对采集的信息进行分类管理、统计加工，为供应商、客户等不同人员的需求提供查询，提供个性化服务。

6.3　食品供应链管理中的信息技术

6.3.1　电子数据交换技术

6.3.1.1　电子数据交换的定义及发展

电子数据交换（Electronic Data Interchange，EDI）是一种利用计算机进行商务处理的方式。在基于互联网的电子商务应用普及之前，曾是一种主要的电子商务模式。

EDI是将贸易、运输、保险、银行和海关等行业的信息，用一种国际公认的标准格式，形成结构化的事务处理的报文数据格式，通过计算机通信网络，使各有关部门、公司与企业之间进行数据交换与处理，并完成以贸易为中心的全部业务过程。EDI包括买卖双方数据交换、企业内部数据交换等。

实际上，EDI的发展已至少经历了20多年，其发展和演变的过程已经充分显示了商业领域对其重视的程度。人们将EDI称为“无纸贸易”（Paperless Trade），将电子转账（EFT）称为“无纸付款”（Paperless Payment）已经足以看出EDI对商业运作的影响。

如果追溯 EDI 的历史,EDI 最初是来自于电子商业单据交换(Electronic Business Document Exchange,EBDI)。其最基本的商业意义就在于由计算机自动生成商业单据,例如,订单、发票等,然后直接通过电信网络传输给商业伙伴的计算机。这里的商业伙伴指的是广义上的商业伙伴,它包括任何的公司、政府机构、其他商业或非商业的机构,只要这些机构与企业保持经常性带有结构性的数据的交换。EDI 使用者从此项应用所得到的好处包括:节省时间、节省费用、减少错误、减少库存、改善现金流动,以及获取多方面的营销优势等。

20 世纪 70 年代,EDI 最早在商业上的应用就是纸面单据及其信息的标准化,但是较早的 EDI 应用有很大的局限性,例如,存在传输延时的问题,数据的兼容性问题。因此,当时 EDI 的应用基本上是局限于企业内部的数据传输。

而实际上,EDI 的应用主要是来自于两个方面:一个是大的企业想与自己的供应商和客户建立电子数据交换和联系;另一个就是有些行业已经形成了非常成熟的供应链网络,通过实施 EDI 改善整个行业的整体社会效率。因此,EDI 系统较早应用在北美、欧洲、日本,以及澳大利亚的汽车制造行业、运输行业和日用生活用品的批发行业等。这些行业从 EDI 的应用中得到了非常好的效益。例如,美国的汽车行业应用 EDI 使每辆车节省 200 美元。

到了 20 世纪 80 年代后期,一些因素促使 EDI 取得了进一步的发展。例如,电脑系统连接和集成技术的发展、全球通信协议的不断统一,特别是 20 世纪 90 年代联合国 EDIFACT 标准得到广泛的认可,国际电脑网络服务商的竞争也日益激烈。越来越多的企业需要适时的库存管理手段。EDI 逐步从伙伴到伙伴之间关系连接发展到及时的库存管理;从企业内部的数据传递发展到企业之间的交易和电子转账及清算系统等。

6.3.1.2 构成 EDI 系统的要素

构成 EDI 系统的三个要素是:EDI 软件和硬件、通信网络、数据标准化。

一个部门或企业要实现 EDI,首先,必须有一套计算机数据处理系统;其次,为使本企业内部数据比较容易地转换为 EDI 标准格式,须采用 EDI 标准;另外,通信环境的优劣也是关系到 EDI 成败的重要因素之一。

EDI 标准是整个 EDI 最关键的部分,由于 EDI 是以实现商定报文格式的形式进行数据传输和信息交换,一次制定统一的 EDI 标准至关重要。EDI 标准主要分为以下几个方面:基础标准、代码标准、报文标准、单证标准、管理标准、应用标准、通信标准、安全保密标准等。

6.3.1.3 EDI 标准体系

EDI 是目前为止最为成熟和使用范围最广泛的电子商务应用系统。其根本特征在于标准的国际化,标准化是实现 EDI 的关键环节。早期的 EDI 标准只是由贸易双方自行约定,随着使用范围的扩大,出现了行业标准和国家标准,最后形成了统一的国际标准。国际标准的出现,大大促进了 EDI 的发展。随着 EDI 各项国际标准的推出,以及开放式 EDI 概念模型趋于成熟,EDI 的应用领域不只限于国际贸易领域,在行政管理、医疗、建筑、环境保护等各个领域得到了广泛应用。可见 EDI 的各项标准是使 EDI 技术得以广泛应用的重要技术支撑,EDI 的标准化工作是在 EDI 发展进程中不可缺少的一项基础性工作。

EDI 标准体系是在 EDI 应用领域范围内的、具有内在联系的标准组成的科学有机整体,它由若干个分体系构成,各分体系之间又存在着相互制约、相互作用、相互依赖和相互补充的内在联系。我国根据国际标准体系和我国 EDI 应用的实际以及未来一段时期的发展情况，制定了 EDI 标准体系，以《EDI 系统标准化总体规范》作为总体技术文件。该规范作为我国“八五”重点科技攻关项目，是这一段时间内我国 EDI 标准化工作的技术指南，处于主导和支配地位。

根据该规范，EDI 标准体系分基础、单证、报文、代码、通信、安全和管理应用七个部分，大致情况如下。

(1)EDI 基础标准体系　主要由 UN/EDIFACT 的基础标准和开放式 EDI 基础标准两部分组成，是 EDI 的核心标准体系。其中，EDIFACT 有 8 项基础标准，包括 EDI 术语、EDIFACT 应用级语法规则、语法规则实施指南、报文设计指南和规则、贸易数据元目录、复合数据元目录、段目录、代码表，我国等同采用了这 8 项标准；开放式 EDI 基础标准是实现开放式 EDI 最重要、最基本的条件，包括业务、法律、通信、安全标准及信息技术方面的通用标准等，ISO/IEC JTC1 SC30 推出《开放式 EDI 概念模型》和《开放式 EDI 参考模型》，规定了用于协调和制定现有的和未来的开放式 EDI 标准的总体框架，成为未来开放式 EDI 标准化工作的指南。随之推出的一大批功能服务标准和业务操作标准等将成为指导各个领域 EDI 应用的国际标准。

(2)EDI 单证标准体系　EDI 报文标准源于相关业务，而业务的过程则以单证体现。单证标准化的主要目标是统一单证中的数据元和纸面格式，内容相当广泛。其标准体系包括管理、贸易、运输、海关、银行、保险、税务、邮政等方面的单证标准。

(3)EDI 报文标准体系　EDI 报文标准是每一个具体应用数据的结构化体现，所有的数据都以报文的形式传输出去或接收进来。EDI 报文标准主要体现于联合国标准报文(United Nations Standard Message ,UNSM)，其 1987 年正式形成时只有十几个报文，而截至 1999 年 2 月，UN/EDIFACT D. 99A 版已包括 247 个报文，其中有 178 个联合国标准报文(UNSM)、50 个草案报文(Message in Development ,MiD)及 19 个作废报文，涉及海关、银行、保险、运输、法律、税务、统计、旅游、零售、医疗、制造业等诸多领域。

(4)EDI 代码标准体系　在 EDI 传输的数据中，除了公司名称、地址、人名和一些自由文本内容外，几乎大多数数据都以代码形式发出，为使交换信息的各方便于理解收到信息的内容，便以代码形式把传输数据固定下来。代码标准是 EDI 实现过程中不可缺少的一个组成部分。EDI 代码标准体系包括管理、贸易、运输、海关、银行、保险、检验等方面的代码标准。

(5)EDI 通信标准体系　计算机网络通信是 EDI 得以实现的必备条件，EDI 通信标准则是顺利传输以 EDI 方式发送或接收的数据的基本保证。EDI 通信标准体系包括 ITU 的 X. 25、X. 200/ISO 7498、X. 400 系列/ISO 10021、X. 500 系列等，其中 X. 400 系列/ISO 10021 标准是一套关于电子邮政的国际标准。虽然这套标准，ISO 称为 MOTIS，ITU 称为 MHS，但其技术内容是兼容的，它们和 EDI 有着更为密切的关系。

(6)EDI 安全标准体系　由于经 EDI 传输的数据会涉及商业秘密、金额、订货数量等内容，为防止数据的篡改、遗失，必须通过一系列安全保密的规范予以保证。EDI 安全标准体系包括 EDI 安全规范、电子签名规范、电文认证规范、密钥管理规范、X. 435 安全服务、X. 509 鉴别框架体系等。为制定 EDIFACT 安全标准，联合国于 1991 年成立了 UN/EDIFACT 安全联合工作组，进行有关标准的制定。

(7)EDI 管理应用标准体系　EDI 管理标准体系主要涉及 EDI 标准维护的有关评审指南和规则，包括标准技术评审导则、标准报文与目录文件编制规则、目录维护规则、报文维护规则、技术评审单格式、目录及代码编制原则、EDIFACT 标准版本号与发布号编制原则等。

(8)EDI 应用标准体系　EDI 应用标准体系主要指在应用过程中用到的字符集标准及其他相关标准,包括信息交换用七位编码字符集及其扩充方法、信息交换用汉字编码字符集、通用多八位编码字符集、信息交换用汉字编码字符集辅 2 集和 4 集等。

EDI 标准体系的框架结构并非一成不变,它将随着 EDI 技术的发展和 EDI 国际标准的不断完善而不断更新和充实。

6.3.2　条形码技术

条形码是由一组按特定规则排列的条、空及对应字符组成的表示一定信息的符号。而条码技术则是 20 世纪中叶发展起来的电子与信息科学领域的高新技术,它集光、机、电、计算机为一体,是一种记录信息的载体,是 POS、EDI 等信息技术的基础。条码技术的核心内容是利用光电扫描设备识读条形码符号,从而实现机器的自动识别,并快速准确地将信息录入计算机并进行数据处理,以达到自动化管理的目的。

条码有很多种类,不同类型的条码有不同的编码方式。目前使用频率最高的几种码制是 EAN、UPC、39 码,交叉 25 码和 EAN128 码,其中 UPC 条码主要用于北美地区,EAN 条码是国际通用符号体系,它是一种定长、无含义的条码,主要用于商品标识。EAN128 条码是由国际物品编码协会(EAN International)和美国统一代码委员会(UCC)联合开发、共同采用的一种特定条码符号。它是一种连续型、非定长、有含义的高密度代码,用以表示生产日期、批号、数量、规格、保质期、收货地等更多的商品信息。在水果蔬菜产品供应链中,常用 EAN128 码表示产品的属性信息,例如,原产国、农田代码、种植者批准代码等信息。

随着条码技术的发展和广泛应用,在 1988 年 12 月,我国成立了“中国物品编码中心”,并于 1991 年 4 月 19 日正式申请加入了国际编码组织 EAN 协会。近年来,我国的条码事业得到了迅速发展,目前,商品使用的前缀有“690”“691”“692”“693”“694”和“695”。

解决食品的追踪与溯源问题,就必须采用科学的表示方法对食品的重要生产信息进行有效的标识。2003 年初,国家质检总局启动了“中国条码推进工程”,其中一项重要内容就是要采取全球统一标识系统对食品的生产、加工、包装、存储、运输、销售等环节进行有效的标识,达到食品质量的可追溯性。在商品贸易过程中,要求给每个贸易产品或者贸易产品的集合体分配一个全球唯一的 EAN/UCC 代码,即产品标识(GTIN)。GTIN 是不包含任何含义的,只是一个世界范围内的唯一标识号码,但是除了 GTIN 之外,还需要产品的批号、重量、有效期等属性值信息,而 EAN,UCC. 128 条码符号可以用于表示 GTIN 的附加属性数据信息,因此在食品供应链中得到广泛应用。

在食品供应链信息系统中,采用条码技术作为食品生产流通过程中的信息载体,具有以下优点。

(1)使用方便,操作简单易行　条码可以印在各种载体上,可以使用多种印刷技术,阅读条码不需要物理接触,也不会受到干扰。食品供应链环节多,参与者众多,采用条码方式记录信息,操作简单,不需专门培训即可操作。

(2)信息采集速度快　一次可以采集几十位字符的信息。食品供应链中的每个节点不仅要对本道工序所完成的产品进行标识,还要采集所加工食品原料上已有的标识信息,并标注于成品之上，以备后续环节使用。

(3)可靠性高，出错率小　如果食品供应链上的信息在某个环节出错，整个供应链就可能脱节。为此要求存储标识的载体可靠性高，以确保信息流的连续性。而条码技术能达到可靠性高，出错率小的要求。

(4)设备结构简单，成本低　低成本是选用条码作为信息载体的直接原因。目前标签技术也是很好的信息载体，但是标签成本高，而食品及其原料数量庞大，因此在食品信息技术推广的前期，标签技术不能得到广泛使用。

(5)灵活实用　条形码符号可以手工键盘输入，也可以和有关设备组成识别系统实现自动化识别，还可与其他控制设备联系起来实现整个系统的自动化管理。

6.3.3　射频标签识别系统

射频识别技术(RFID)是20世纪90年代开始兴起的一种非接触式自动识别技术。射频识别技术是一项利用射频信号通过空间耦合(交变磁场或电磁场)实现无接触信息传递并通过所传递的信息达到识别目标的技术。

最基本的RFID系统由三部分组成。

(1)标签(Tag)　由耦合元件及芯片组成，每个标签具有唯一的电子编码，附着在物体上标识目标对象。

(2)读写器(Reader and Writer)　读取或写入标签信息的设备，可设计为手持式或固定式。

(3)天线(Antenna)　在标签和读写器间传递射频信号。

RFID技术的基本工作原理：射频标签进入磁场后，接收解读器(Reader)发出的射频信号，凭借感应电流所获得的能量发送存储在芯片中的相关信息(无源标签或被动标签，Passive Tag)，或者主动发送某一频率的信号(有源标签或主动标签，Active Tag)；解读器读取信息并解码后，送至中央信息系统进行有关数据处理。

RFID技术通过射频信号自动识别目标对象并获取相关数据，识别工作无须人工干预，可工作于各种恶劣环境。RFID技术可识别高速运动物体并可同时识别多个标签，操作快捷方便。

射频标签(RF)在物流中有广泛应用，无论物资是在订购之中、运输途中，还是在某个仓库存储中，通过RF系统可以实时掌握所有的信息。RF接收转发装置通常安装在运输线的一些检查点上(如门柱上、桥墩旁等)，以及仓库、车站、码头、机场等关键地点。接收装置收到RF标签信息后，连通接收地位置信息，上传至通信卫星，再由卫星传送给运输调度中心，送入中心信息数据库中。

6.3.4　地理信息系统

地理信息系统(GIS)处理、管理的对象是多种地理空间实体数据及其关系，包括空间定位数据、图形数据、遥感图像数据、属性数据等，用于分析和处理在一定地理区域内分布的各种现象和过程，解决复杂的规划、决策和管理问题。

通过上述的分析和定义可提出GIS的如下基本概念。

(1)GIS的物理外壳是计算机化的技术系统，它又由若干个相互关联的子系统构成，如数据采集子系统、数据管理子系统、数据处理和分析子系统、图像处理子系统、数据产品输出子系统等,这些子系统的优劣、结构直接影响着 GIS 的硬件平台、功能、效率、数据处理的方式和产品输出的类型。

(2)GIS 的操作对象是空间数据和属性数据,即点、线、面、体这类有三维要素的地理实体。空间数据的最根本特点是每一个数据都按统一的地理坐标进行编码,实现对其定位、定性和定量的描述。这是 GIS 区别于其他类型信息系统的根本标志,也是其技术难点之所在。

(3)GIS 的技术优势在于它的数据综合、模拟与分析评价能力,可以得到常规方法或普通信息系统难以得到的重要信息,实现地理空间过程演化的模拟和预测。

(4)GIS 与测绘学和地理学有着密切的关系。大地测量、工程测量、矿山测量、地籍测量、航空摄影测量和遥感技术为 GIS 中的空间实体提供各种不同比例尺和精度的定位数;电子速测仪、GPS 全球定位技术、解析或数字摄影测量工作站、遥感图像处理系统等现代测绘技术的使用,可直接、快速和自动地获取空间目标的数字信息产品,为 GIS 提供丰富和更为实时的信息源,并促使 GIS 向更高层次发展。地理学是 GIS 的理论依托。

有的学者断言,"地理信息系统和信息地理学是地理科学第二次革命的主要工具和手段。如果说 GIS 的兴起和发展是地理科学信息革命的一把钥匙,那么,信息地理学的兴起和发展将是打开地理科学信息革命的一扇大门,必将为地理科学的发展和提高开辟一个崭新的天地"。GIS 被誉为地理学的第三代语言——用数字形式来描述空间实体。

GIS 按研究的范围大小可分为全球性的、区域性的和局部性的;按研究内容的不同可分为综合性的与专题性的。同级的各种专业应用系统集中起来,可以构成相应地域同级的区域综合系统。在规划、建立应用系统时应统一规划这两种系统的发展,以减小重复浪费,提高数据共享程度和实用性。

6.3.5 全球定位系统

全球定位系统(Global Positioning System,GPS)是利用多颗通信卫星对地面目标的状况进行精确测定的系统。可以实现运行车辆的全程跟踪监视,并通过相关的数据进行交通管理。

GPS 通过卫星对运行的车辆、船舶进行测定并精确定位,在车辆、船舶或其他运输工具设备上配置信标装置就可以接收卫星发射信号,以置于卫星的监测之下,通过接收装置就可以确认精确的定位装置。

GPS 在物流领域中的重要应用:

(1)进行车辆、船舶的跟踪　可以通过地面计算机终端实时显示车辆、船舶的实际位置,位置精度可以以"米"计量。对于重要的车辆和船舶,必须随时掌握其动态,目前只能依靠 GPS 来解决。

(2)信息传递和查询　可以实施双向的信息交流,可以向车辆、船舶提供相关的气象、交通、指挥等信息,同时可以将运行中的车辆、船舶的信息传递给管理中心。

(3)及时报警　通过全球卫星定位系统,可以掌握运输装备的异常情况,接收求助信息和报警信息,迅速传递到管理中心实施紧急救援。

(4)支持管理　根据 GPS 与物流系统所提供的信息,可以实施运输指挥、实施监控、路线规划和选择、向用户发出到货预报等,可以有效支持大跨度的物流系统管理。

6.3.6 销售点系统

销售点系统(POS)是一种多功能终端,把它安装在信用卡的特约商户和受理网点中与计算机联网,就能实现电子资金自动转账,它具有支持消费、预授权、余额查询和转账等功能,使用起来安全、快捷、可靠。供应链管理对其的定义为:对于某个销售点某一时间的销售数据的计算和存货的支出,通常用条形码或磁介质设备。

6.3.6.1 POS 的主要类型

(1)消费 POS　具有消费、预授权、查询止付名单等功能,主要用于特约商户受理银行卡消费。

(2)转账 POS　具有财务转账和卡卡转账等功能,主要用于单位财务部门。

6.3.6.2 POS 系统的运行步骤

POS 系统的运行一般由以下 5 个步骤组成。

(1)将店内销售的商品贴上表示该商品信息的条形码或光学字符识别(OCR)标签。

(2)在消费者购买商品结账时,收银员使用扫描识别仪自动读取商品条形码或 OCR 标签上的信息,通过店铺内的计算机确认商品的单价,计算消费者购买总金额等,同时返回收银机打印出消费者购买清单和付款总金额。

(3)各个店铺的销售时点信息通过增值网络(VAN)以在线连接方式即时传送给总部或物流中心。

(4)在总部、物流中心和店铺,利用销售时点信息进行库存调整、配送管理、商品订货等作业。通过对销售时点信息进行加工分析来掌握消费者购买动向,找出畅销商品和滞销商品,以此为基础进行商品品种配置、商品陈列、价格处置等方面的作业。

(5)在零售商与供应链的上游企业(批发商、生产厂家、物流中心等)结成协作伙伴关系或战略联盟的条件下,零售利用 VAN 以在线连接的方式把销售时点信息即时传送给上游企业。这样上游企业可以利用销售现场的最及时准确的销售信息进行销售预测,掌握消费者购买动向,找出畅销商品和滞销商品,将销售时点信息和订货信息(EOS)进行比较分析,把握零售商的库存水平,以此为基础制订生产计划和零售商库存持续补充计划。

6.3.6.3 POS 结算的步骤

通过 POS 系统结算时应通过下列步骤:

(1)地方易货代理或特约客户的易货出纳系统,将买方会员的购买或消费金额输入 POS 终端。

(2)读卡器(POS 机)读取广告易货卡上磁条的认证数据、买方会员号码(密码)。

(3)结算系统将输入的数据送往中心的监管账户。

(4)广告易货出纳系统对处理的结算数据确认后,由买方会员签字。买卖会员及易货代理或特约商户各留一份收据存根,易货代理或特约商户将其收据存根邮寄到易货公司。

(5)易货公司确认买方已收到商品或媒体服务后,结算中心划拨易换额度,完成结算过程。

6.3.6.4 POS 系统的特色

具备完善的各种前台销售功能;便捷的各部门间货物的调拨;强大的自动订货系统;先

进的出租柜台管理理念；严格的系统权限管理；脱销、畅销、滞销商品的分析；超出安全库存商品的报警、订货提示；各种类型的销售报表(供货商、部门、单个商品)；销售信息反馈，商场内贵重、维护型、保修型(如手机、手提电脑、金银首饰等)；商品的销售记录，完善售后服务、跟踪服务；系统各用户之间的电子邮件传递；每晚结算方式：自动按整个商场、部门、类别对销售、进货、调拨进行结算，使您在数据查询、分析时简捷、高效、准确；完善的库存管理：盘点、部门库存、商品类库存、供货商现存等的查询分析审查；人事、工资管理系统。

6.3.6.5 POS 系统的网络功能

快速客户反应(Efficient Consumer Response，ECR)是在商业、物流管理系统中，经销商和供应商为降低甚至消除系统中不必要的成本和费用，给客户带来更大效益，利用信息传输系统或互联网进行密切合作的一种战略。

实施"快速客户反应"这一战略思想，需要我们将条码自动识别技术、POS 系统和 EDI 集成起来，在供应链(由生产线直至付款柜台)之间建立一个无纸的信息传输系统，以确保产品能不间断地由供应商流向最终客户，同时，信息流能够在开放的供应链中循环流动。既满足客户对产品和信息的需求，即给客户提供最优质的产品和适时准确的信息，又满足生产者和经销者对消费者消费倾向等市场信息的需求。从而更有效地将生产者、经销者和消费者紧密地联系起来，降低成本，提高效益，造福社会。

要实施 ECR 战略，目前只有中高档次的机型(即二类收款机)具备联网功能，由于 ECR 的硬件环境不具备开放性，而且软件数据量比较小，因此 ECR 一般采用专用网络形式，即通过收款机本身的 RS232/RS422/RS485 接口、多用户卡实现与收款机之间或与一台上位机(微机)的连接，完成收款机与收款机之间、收款机与上位机之间的数据传输。

6.3.6.6 POS 系统实现后的价值

节约了原来用于手写、保管各种单据的人工成本和时间成本；简化了操作流程，提高基层员工的工作效率和积极性；提高工作人员的正确性，省略了手工核对的工作量；各级主管从繁重的传统式经营管理中解脱出来，并且有更多的时间从事管理工作，工作重心逐渐转到管理上来，进一步提高了工作效率；采购人员利用查询和报表，更直接、有效地获得商品情况，了解商品是否畅销和滞销；销售人员根据商品的销售情况进行分析，以进行下一次的销售计划；财务人员能更加清楚地了解库存情况、账款余额、毛利贡献等财务数据，通过更好地控制成本和费用，提高资金周转率；管理者把握住商品的进销存动态，对企业各种资源的流转进行更好的控制和发展。

6.3.7 电子订货系统

电子自动订货系统(Electronic Order System，EOS)是指企业间利用通讯网络(VAN 或互联网)和终端设备以在线连接(ON - LINE)方式进行订货作业和订货信息交换的系统。EOS 按应用范围可分为企业内的 EOS(如连锁店经营中各个连锁分店与总部之间建立的 EOS 系统)，零售商与批发商之间的 EOS 系统以及零售商、批发商和生产之间的 EOS 系统。

6.3.7.1 EOS 系统在企业物流管理中的作用

(1)对于传统的订货方式，如上门订货、邮寄订货、传真订货等，EOS 系统可以缩短从接到订单至发出订货的时间，缩短订货商品的交货期，减少商品订单的出错率，节省人工费。

(2)有利于减少企业的库存水平,提高企业的库存管理效率,同时也能防止商品特别是畅销商品缺货现象的出现。

(3)对于生产厂家和批发商来说,通过分析零售商的商品订货信息,能准确判断畅销商品和滞销商品,有利于企业调整商品生产和销售计划。

(4)有利于提高企业物流信息系统的效率,使各个业务信息子系统之间的数据交换更加便利和迅速,丰富企业的经营信息。

6.3.7.2 企业应用 EOS 系统的基础条件

(1)订货业务作业的标准化　这是有效利用 EOS 系统的前提条件。

(2)商品代码的设计　在零售行业的单品管理方式中,每一个商品品种对应一个独立的商品代码,商品代码一般采用国家统一规定的标准。对于统一标准中没有规定的商品则采用本企业自己规定的商品代码。商品代码的设计是应用 EOS 系统的基础条件。

(3)订货商品目录账册(OrderBook)的作成和更新　订货商品目录账册的设计和运用是 EOS 系统成功的重要保证。

(4)计算机以及订货信息输入和输出终端设备的添置和 EOS 系统设计是应用 EOS 系统的基础条件。

6.3.7.3 EOS 系统的构成

(1)供应商　商品的制造者或供应者。

(2)零售商　商品的销售者或需求者。

(3)网络　用于传输订货信息。

(4)计算机系统　用于生产和处理订货信息。

6.3.8 计算机辅助订货系统

计算机辅助订货(Computer Assisted Ordering,CAO)系统是一个基于零售作业的系统,当货架上的存货低于预定水平,或者根据 POS 数据商品销售量达到一定程度时,CAO 系统自动生成商店补货订单。计算机系统跟踪商店内所有商品的存货,调整进货与销售。

传统订货方式是当商店店员看到货架上的某一种商品缺货或者无货就要下订单。下订单要考虑的因素有再订货点、现有库存、交货周期、预期收货、销售预测和调整因素等。调整因素又包括季节影响、地区影响及促销影响。下订单的过程被称为“按库存订货”。订货大多由人工完成而且非常复杂。虽然现金收款机可能装备了扫描器,但这只简化了购买交易,扫描器提供的数据没有被进一步利用。根据产品种类和库存周转,在一周内有可能需要多次订货,从而在订单上用去大量的时间。这种劳动密集型工作延长了商店的补货过程。

CAO 系统为这个问题提供了解决方案,由计算机生成商店订单代替人工订单。在一个 CAO 系统中,由扫描器采集销售数据,并储存在 POS 数据库中,由相应的计算机软件根据这些数据自动计算出补货数量生成订单。这些订单由商店店员核对并传送到配送中心或零售商总部。CAO 系统运作模式如图 6.3 所示。

CAO 系统在订单中主要考虑下列因素:

(1)商店的基本情况　CAO 系统有每个商店基本情况的信息。不仅包括商店的产品、价格和促销数据,还包括商店订购和贮存的每种产品的货架容量,即在每个货架上能放置多

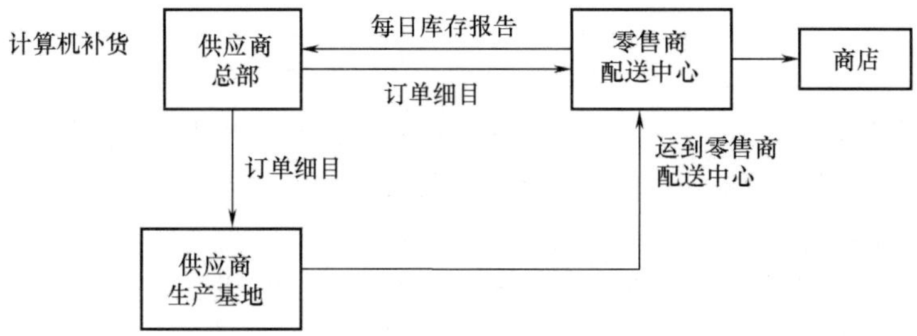

图 6.3　CAO 系统运作模式

少数量。

(2)实际销售与预期销售　CAO 的奥秘在于它掌握了消费者的购物行动，它以这些信息为基础决定何时向货架补货，补多少货。消费者的行为反映在销售数据上，保存在 POS 数据库中。为了计算商店的订货，CAO 系统计算出下一个补货周期的销售预期，然后制定出适当的订货数量确保库存不缺货。销售预期由预测系统以每个 POS 数据库中的单个产品的近期销售记录为基础计算得出。

预测系统同样会考虑促销、季节和特殊因素。生成的订单反映了销售预期、目前的库存和先前已发出还没有交货的订单。

(3)安全库存水平　CAO 系统还要计算并保持商店某个商品的安全库存水平，即为商店的最小库存，保证即使有销售波动商店也不缺货。安全库存水平是根据 POS 数据库中各种销售记录由统计分析计算得出的。补货订单是为安全缓冲区补货，同时为下次补货间隔的预期销售提供存货。

(4)物流有效订货量　CAO 系统首先根据上述几点计算出理论数值。然后经调整确定物流有效订货量，包括几层托盘、整个卡车或者满足贸易条款的要求。这个物流信息保留在产品、价格和促销数据库中。

(5)准确的商店库存水平　为了解订货内容，CAO 系统需要知道库存中有何种产品。准确的商店库存水平(货架上的和仓库中的)应通过实时盘库系统或定期盘库系统来掌握。

(6)影响需求的特殊因素　CAO 系统还需要考虑特殊因素对需求的影响，如季节变化、促销、假期、气候条件、特殊事件等。当 CAO 系统已经计算出商店的订货，商店店员要确认订单，如果需要还可对订单进行人工更改。一旦确定订单将通过 EDI 订购单报文自动传送给配送中心。

CAO 带来了许多便利。由于库存计算已经完全实现自动化，实实在在的节省了人力，并且由于订货数量与货架需要的数量相匹配，补货程序简单了许多。通过采用 CAO 消除了人工操作，缩短了订货至交货的时间，使得货架上每种产品只保持少量库存甚至实现商店零库存，精确的订货提高了效率，减少了浪费。

案例　元盛食品企业的信息化管理

近年居民消费价格指数(CPI)的大幅上涨使得食品价格成为国人关注的热点，食品行业在高 CPI 下如何化解风险，保证自身的生存和发展？通过信息化建设，加强管理，提高效率，节省不必要的成本是较为常见的做法。食品行业信息化和其他行业相比无疑有自身的特点。元盛食品作为上海一家较为著名且是常年为国际知名餐饮连锁企业、超市等的供应商，其信息化建设具有典型性，值得借鉴。在博科资讯为其打造的EPR系统中，"自主配置"是应用亮点之一，而对于食品行业来说，由此带来的运营中的便利，非常值得关注。

非标准生产模式带来的困扰。

元盛食品是一家外商独资企业。1995年，元盛上海公司成立，是上海松江区骨干企业，2007年年末，年销售达6亿元，资产3亿元。还拥有黑龙江龙江、内蒙古呼伦贝尔、锡林郭勒等多个上游厂。获得国内所有食品认证，通过ISO 9001等国际认证。

作为一个很早就认识到信息化重要性的企业，元盛的信息化过程可说是国内ERP发展的缩影。早在建厂之初，元盛就配置了一套DOS版的MIS系统。但是这套源于母公司的系统在多年使用后暴露出许多不足之处，如DOS操作系统已经淘汰，缺乏技术支持；无法和后来增加的财务系统对接。但在元盛看来，这套系统目前遇到的最重要的问题是系统所能容纳的数据量有限，而且灵活性不够。对于食品这种非标准生产行业面临的两大问题，无法灵活解决，许多工作不得不继续使用手工计算，抵消了信息化所带来的即时、快速和便利管理。

一头牛最多能分解出100多个部位，通常消费者对生鲜肉制品的理解只是体现在超市的标价牌上，无非是大排、小排、腿肉等，但谁又能知道在食品行业进行专业的分割加工后，光是牛排就能分成十几种呢？

为什么会有这么细致的分割？部位的不同，决定了不同的售价；不同的部位，不同的烹饪方式，具有不同的价格，分割越细，附加值就越高。这种细分，是肉类食品行业利润的源泉。但同时也给库存管理和销售管理带来令人头疼和MIS无法解决的问题。这种问题的根本原因就是食品企业的细分和客户，尤其是超市、卖场的不细分形成了矛盾。

那么，企业怎样才能与超市的信息化系统进行链接呢？

在传统手工开单、手工统计库存的模式下，上述两个问题略有麻烦。但人是灵活的，会主动进行调整，最多做一个附注加以说明就可解决。但信息化系统是基于精确计算的电脑。对电脑来说，$1+2=3$ 和 $2+1=3$ 并不是一回事。它只会死板记录库存发出什么类别多少数量，而不会自动调整。如果人工调整，那原始数据其实就被修改了。不仅需要在后期增加人工调整数据的环节，也无法保证数据的真实性、统一性和可追溯性。

实际发货的数量、类别所遇到的问题还不止这种品项名称不一致所带来的困扰。还有出货量和收货量之间存在单位不同和数量差异的问题。同样以给超市供货为例，如烤鸡，元盛进库的时候按照公斤来计算，而超市在订货的时候，则按照只来结算。

公斤和只之间如何换算？这并没有一个固定的系数，而且，冰鲜食品在运输过程一般都会存在一些损耗。这时，出库重量和收货重量又出现了差异，两个数字对不上，这又该怎么办？

解决这些问题关键就在于如何实现信息化系统中的自动调整，而不需要人工修改数据。这不仅是元盛急需解决的问题，也是整个食品行业所面临的共同问题。在博科为元盛开发的过程中，曾因此整整停止一个多月，所幸，博科的MyERP在经过配合开发后解决了如计量单位不同的问题，MyERP中有出货单位有主单位和辅助单位以及单位对应换算体系，如一只烤鸡会按照不同的规格折算为相应的重量。如果超市要求按照只结算，那么在出货时ERP系统就选择辅助单位只来进行出货，但是系统内部两个单位会同时出现，以主单位为结算单位。这种灵活、兼容性很强的做法就是强调的“自主配置”这一特性——只要设定相关系数和规则，ERP 中会自动进行处理、换算，解决以往手工调整的麻烦。对于运送途中产生损耗问题，系统会按照发货单扣除库存，而按照客户签收时的数量统计销售。其中的差额自动在库存中扣除，由财务记入损耗。

这种灵活性不仅仅表现在库存系统中，还表现在销售模块和成本核算模块中。这甚至是整个元盛 ERP 系统中具有代表性和特定的部分。销售也有很多需要灵活调整的地方，尤其是像元盛这种具有零售、批发、专柜、超市、委托销售、电子商务等销售模式的厂家。例如，针对大型超市、卖场这种连锁企业，总部的价格和门店的价格不同，促销时和不促销时的价格不同，面对不同客户的结算方式不同。如何正确排列这些项目顺序，在不同种类的销售情况下正确提供相应的系统处理、账务结算和业绩统计的方法，而且还能不断扩展，不断加入新的要素，这就很考验 EPR 系统的包容能力和灵活性了。

至于如何将按照大计量单位采购而按照小计量单位领用的原料准确分摊到成本中，如何按照配方不同分别将不同原料分摊到不同的产品中，则是博科 MyEPR 系统在成本核算模块中大展身手的方法。

元盛食品和博科资讯合作搭建的这套 ERP 系统，除了已经做好的调整规则外，元盛的 ERP 维护工程师还能根据自身业务的扩展需求自主配置 ERP 系统单据功能模块，而且元盛的信息化平台维护人员在博科资讯 ERP 上线的过程中也学习掌握了 ERP 的维护技术，国内其他 ERP 系统供应商无法还做到这一点。

迄今为止，博科 MyERP 在元盛食品已经运行了接近一个会计年度，从 2007 年的双线使用，到 2008 年年初正式切换到新平台。元盛食品对这套 ERP 系统相当满意，实施过程也评价为“总体非常愉快”。如今，元盛食品位于松江的加工厂已经全面应用博科 MyERP，按照计划还将这套系统延伸到黑龙江、内蒙古等地的四个上游屠宰厂，博科的 MyERP 还将增加物流管理、品质管理、远距离管控等模块，帮助上海工厂实时了解它们的情况，实现便利的管理。

阅读资料　生鲜食品电子商务

(1)生鲜电商的发展　生鲜最初的“触电”是在 2006 年。那时，这一新兴的业务还没有正式的名字，有人把它叫做超市电商，有人称其为食品电商，更有甚者扣上了“零食电商”的帽子。最早参与这个市场的正是传统零售商们，麦德龙、沃尔玛、家乐福、易初莲花等都是最早的触网者。

在 2009 年，这批最初寄望产业链延伸的生鲜电商们几乎倾巢败退。原因是综合电商兴起，团购业务出现，综合电商开始与供应商直接合作。2009—2011 年，传统零售商们的生鲜电商业务还存在，但已没有专门的团队管理，这是传统零售商涉足电子商务的第一次大败退。

2012 年，三个零售电商平台开始引人注目：中粮的我买网，被沃尔玛收购的 1 号店，以及规模很小但是很特别的本来生活网。本来生活网成立之初的定位就是生鲜食品，后来成立了自己的线下体验餐厅；而坚持线上服务线下的我买网、1 号店则先销售其他品类商品，再进入生鲜食品领域。

生鲜电商市场第三次大变化，源于新近顺丰优选的冒头，以及此后快速崛起的沱沱公社、优菜网和大卫之选，让人们看到了生鲜电商冷链配送的机会。

生鲜电商随着电商发展的大趋势而发展。2012 年被视为生鲜电商发展的元年。在生鲜产品中海鲜毛利达 50% 以上,普通水果约 20%,冻肉 20% ~30%。尽管毛利略高,但生鲜电商的冷链物流成本要比普通电商高出一倍,并且生鲜商品损耗率通常达 10% ~30%,而普通电商产品损耗率不到 1%。

(2)生鲜电商现状　相对于其他品类的产品来说,生鲜产品所具有的高利润空间和高频率的特点,让无数创业者在电商这片红海中看到了新希望。传统生鲜零售中间环节多,其中 80% ~90% 的利润被中间渠道商占据。生鲜电商可以省去传统生鲜零售的很多环节,从而获取其中的利润。

饮食健康越来越受到人们的关注,推崇更健康的生鲜食品。果蔬要求不打农药不施化肥,蛋肉希望有山有水的土家饲养。然而事实是,食品安全的现状令人忧心忡忡。电商企业的供应链管理能够实现从源头监管、直采,以满足消费者的安全需要。同时,随着生活水平的不断提高,人们对新鲜果蔬、蛋肉的需求量逐年提高,这些使得生鲜电商成为一个可持续发展的市场。

生鲜电商为消费者减少了出行的不便,节约了时间,同时电商所提供的消费保障,如支持交易后评价、可退换货等,是吸引消费者的主因所在。且因为电商已有的消费者规模及已成型的消费模式,为生鲜电商的发展奠定了很好的基础。

中央"一号文件"鼓励规模化、集约化耕种。鼓励工商资本到乡下投资发展,这些政策将大大推动农业产业结构的持续升级。可以预见,今后将会有更多的资本、人员投入农业,无论是种植还是养殖,新农民或新主题首选的销售渠道仍然是网络,生鲜电商的发展也是对农业发展的促进。

(3)生鲜电商及其分类　近几年生鲜电商发展迅猛,比较典型的几大电商包括:京东商城、淘宝、我买网、顺丰优选、亚马逊,沃尔玛、永辉超市、本来生活、甫田网、沱沱工社、1号店、多利农庄、正大天地、易果网、依谷网,他们分属于几种不同的电商类型,如下表所示。

分类	特点	产品类型	物流配送	代表企业
综合型电商平台	提供平台吸引生鲜食品厂家入驻——靠平台争天下	全品类	只负责监管,由入驻的生鲜厂家自行配送,多以"泡沫保温箱+低温冰袋"的模式	淘宝、京东、1 号店、亚马逊
垂直生鲜电商	专注于食品及生鲜品领域,自行配送,具有区域性特征——卖的是生活品质	农产品、生鲜食品类	自己有生鲜配送服务,但配送范围仅限于一定区域	我买网、沱沱工社、本来生活网、优莱网、优果网、易果网
物流企业	依托物流体系优势发展生鲜产品冷链配送——搅局,为冷链物流铺路	提供服务、生鲜食品	有自己的物流配送体系,并依托物流优势大力发展自己的冷链物流	顺丰优选

①综合型电商平台

a. 京东商城

2012 年 7 月,京东商城正式宣布推出生鲜食品频道,成为继顺丰优选后网售生鲜食品的

B2C 平台。虽然京东目前已有生鲜频道，但在运营模式上，主要采取了商家入驻的模式，进驻京东生鲜频道的合作商家也已超过 300 家，涵盖蔬菜、水果、海鲜水产、半成品、冻品、禽蛋、鲜肉、加工肉类八大类目，而龙头商家的交投也已经十分火爆。

2013 年 9 月，京东自营农产品上线，选择品种包括蔬菜、鲜果、肉类、禽蛋等。以可追寻源头、具有地方特色等为特点，品类会更加齐全，海外生鲜产品也将作为京东生鲜未来的发展方向之一。京东方面甚至还将借力全新装备的生鲜频道，为实现消费者一站式购物体验的经营目标添砖加瓦。

京东凭借强大的资本力量和已有的物流经验建立起了全国物流网络，但是由于生鲜食品的特殊性，在配送上有所限制。除了一些耐于储存的商品可实现全国配送，其他生鲜食品的配送也只能按计划逐步分区推进。

包括佳利麦、壹百克、沱沱工社等在内的京东开放平台供应商，均表示采用"泡沫箱 + 低温冰袋"保温包装，由第三方快递公司配送，京东负责监管。目前大多数生鲜食品，覆盖范围大部分在京津、江浙沪、广州等一线地区和城市。

京东涉足冷链自营业务后，会逐步加大冷链投入，对仓储和配送要求会更高。京东商城会采取与以往完全不同的模式，冷链产品直接从供应商冷库到京东一线配送站，京东会在配送站投入冷柜，保证从源头到消费者手中商品品质不发生改变。目前将充分利用社会和渠道资源以及自建设备，确保需冷藏的产品全程冷链不断。

b. 亚马逊

- 亚马逊生鲜国外模式：亚马逊是全球电商鼻祖，在强大的数据分析、供应链支持和云计算支持下，于创建 10 余年后的 2007 年亚马逊在美国西雅图推出了自己的特色服务 Amazon Fresh，为当地的用户提供生鲜类食品的购买和及时配送服务，6 年后打破本地禁锢，在旧金山等地也有所发展。

亚马逊生鲜（Amazon Fresh）目前只在旧金山和西雅图推出，单笔金额满 35 美元免收快递费，上午 10 点前的订单晚饭时间即可送达，晚上 10 点前的订单第二天早饭时间即可送达。生鲜所包含的货品，从牛乳到电子产品一应俱全，亚马逊网站称包含超过 50 万件日常用品，包括苹果、洗发水以及数码相机，家庭所需不用再劳累奔波跑超市了。除了亚马逊自营商品，本地食品店或者餐馆等第三方的商品也可以通过亚马逊生鲜送达，例如，西点店的面包、快餐店的盒饭、比萨店的比萨等，下单后开门即可收取。

- 生鲜配送物流模式：亚马逊正在全美的物流中心中增建冷库，冷链物流中心的建设是一项投资巨大、回收期长的服务性工程，所以亚马逊生鲜服务在试验五年后仍未在美国全范围内推出。

亚马逊生鲜为消费者提供了两种可选的收货方式，门外配送和在家配送。

门外配送：不需要消费者必须在家，上门送货时间无须严格限制，一般会有 3h 的收货时段，亚马逊快递员将货品放于门外，配送所用的包装袋具有保温功能。生鲜商品配送过程中一般需要低温或冷冻处理，亚马逊的做法是将冷水瓶与商品一起包装，这些水日常生活中也可以使用，装水的瓶子归消费者所有，消费者保存、丢弃或再利用都没有问题。

在家配送：选择这种配送方式需要与亚马逊约定一个消费者在家的 1h 时段收货，这种配送的好处是节省时间，如有意外，选择了"在家配送"却因外出而错过了配送时段，亚马逊会要求消费者重新支付费用。因为没有了保温包装的生鲜货品更容易腐败变质，亚马逊只能丢弃处理，消费者可能还要为此支付25美元的重新存储费用，如果再次下单，消费者可能还需要重新支付一次货品费用。

- 亚马逊中国的生鲜发展：2012年6月，亚马逊中国也悄然出现了生鲜频道“码头”，是一家O2O模式的网络平台海鲜商城。

c.1号店

- 1号店的成立及主营业务：1号店于2008年正式上线，是一家B2C的电子商务企业，由上海益实多电子商务有限公司投资创办。1号店在线销售超过18万种商品，涵盖食品饮料、美容护理、厨卫清洁、母婴玩具、数码电器、家居运动、营养保健、钟表珠宝、服装鞋帽、机票服务、品牌旗舰店等十二大类，还在业内率先拓展了众多虚拟产品服务项目，如手机充值、生活费用付款、火车票查询、机票订购等在线服务。

2012年全球最大的零售企业美国沃尔玛(Wal-Mart)宣布对1号店增加投资，持股比例将从20%提高至约51%。这意味着沃尔玛正式取代平安集团成为1号店最大的股东。2012年下半年，1号店的开放平台1号商城开始独立运营。

- 1号店借助沃尔玛上线生鲜：2013年4月，1号店生鲜频道开通上线，正式推出生鲜品类，首站圈定上海，由于沃尔玛已经有完善的进口产品渠道，在将其打通之后，1号店会先从相对标准化的水果开始，之后是冷冻、冷藏鲜肉、蔬菜、鱼类，现在是在上海外环以内配送。

目前，1号店的生鲜业务正在快速扩张之中，一方面，正在加大扩张生鲜品类，预计2013年8、9月份将会上线冷冻食品，之后将会上线生鲜肉类产品；另一方面，进行区域拓展，在2013年年底前，将会开通北京、广州两座一线城市。未来将视情况，决定是否再向其他城市扩张。

- 1号店的冷链物流：1号店和1号商城的物流体系是分开的，1号店是自营体系，1号商城则是商家进驻的开放平台。1号店的自营物流只支持他们的自营体系，不对进驻商家开放。1号店的优势在于准确预测订单量，跟供应商全面合作，供应商的员工会在1号店办公区域内工作，保证做到最专业的处理，将生鲜食品残损率降到最低。据悉，1号店已计划扩大仓库范围，并开始在厦门、沈阳、西安、济南等地选址，未来能在更多的区域实现当日和次日配送。

1号店的负责人称冷链物流一直是制约生鲜电商发展的核心问题，对此，1号店采取的解决方法是，外包第三方冷链物流公司以及冷藏库房。并表示由于冷链物流的建设成本过高，未来也不考虑自建。

②垂直生鲜电商

a. 我买网

- 我买网的创建：中粮集团(COFCO)是中国领先的农产品、食品领域多元化产品和服务供应商，我买网是由中粮集团于2009年投资创办的食品类B2C电子商务网站。我买网成立之初采用的是经销模式，不仅会卖自己的产品，同时也经销其他优质产品，包括代理国外产品。

- 我买网的物流体系：自成立以来，我买网一直深耕生鲜电商领域，在北京、上海、广东顺德三地独立建仓。在物流方面，近年来积极筹建自己的配送体系，以保证消费者购买的食品安全、安心送到家，以提升服务质量。据介绍，我买网于2010年年底开始自建物流体系，现已拥有正规高效的物流团队，从根本上提升产品配送能力，其完善的物流包装和配送速度，受到了消费者的广泛赞誉，也开创了食品类电商销售的先河。

截至2013年6月份已经拥有50000m² 常温仓、约6000m² 生鲜仓以及近1500m² 红酒窖。实行“超过保质期1/3时间的货品不入库、超过保质期2/3时间的货品不出库”的管理措施，实现食品最佳口感和营养。并针对食品尤其是生鲜食品保存条件高、易变质的特殊性，我买网所有商品分别采取冷冻、冷藏、恒温等针对性仓储物流管理，生鲜食品则提供“全程冷链”配送服务，保证食品的新鲜营养和品质安全。

2013年6月我买网发布“冰山全景图”，以易于被理解的卡通漫画形式，对生鲜电商最重要的一环——冷链配送体系，进行了揭秘。

b. 沱沱工社

沱沱工社的目标：稳扎稳打，保持利润向前。2010年4月，九城集团推出专业提供新鲜食品的网上超市——沱沱工社。沱沱工社的经营范围包括有机水果蔬菜、海鲜、零食饮料、鲜肉等16个品类共3000多种产品。与中国绝大多数的食品垂直B2C不同，沱沱工社拥有自己的有机农场，这让沱沱工社可以在定价上掌握更多的主动权。在先后投入7000万元之后，直到2013年上半年沱沱工社才看到盈利的曙光。2012年，沱沱工社的增长为181%，营收2311.2万元，毛利为474.9万元。

从一开始，沱沱工社就准备打造生产+B2C+冷链配送的全产业链，并在北京、上海、深圳三地开设农场与冷链配送。由于缺乏知名度，订单量不足以支持整个网站的运营，加上冷链配送需要投入上亿资金，最终上海和深圳的业务被关掉，只保留北京地区的冷链配送。

在全程冷链配送方面，沱沱工社投资2700万在北京顺义配有约6000m²，集冷藏、冷冻库和加工车间为一体的现代化仓储配送物流中心，分为标准库和生鲜库，其中生鲜占40%，此外还购买了若干台冷藏冷冻车，采用冷链物流到家的配送运作模式，承诺将最新鲜的食品精准交付。

③物流企业

顺丰优选

顺丰优选打造的平台模式则是：高附加值品类为核心+C2B直供平台模式。顺丰优选2012年5月成立之初就在打造自己的冷链，这具备重要的战略价值。所以顺丰优选起初是独立运作的模式（包括物流，起初的时候都未放入顺丰速运的大网）。顺丰优选的平台品类定位在高附加值产品，高单价弥补了单位订单的部分物流成本，然后配合季节性的直供模式，荔枝、大闸蟹等季节性产品的预售直供，逐步形成了一个依托于快物流服务为载体的直供生鲜电商供应链服务平台。短短一年半的时间就成为了中国冷链电商的标杆。

（4）电商环境下的生鲜食品供应链　食品供应链的有效管理是生鲜电商运营成败的关键因素，生鲜食品供应链主要由以下几个环节组成。

①供应商或自营基地产品采摘

②冷链车运输至冷库（供应商到中央厨房的转移）

a. 产品的严格筛选。

b. 实地考察（种植基地是否受污染、企业背景价值观等将决定产出的产品是否优异）。

c. 协商采购价（跨过中间商进行采购，拿到的采购价或许低，但是由于量少而没有议价能力、运输成本高难以找到合适供应商，所以需要在供应商系统打造过程中精耕细作）。

d. 与供应商共同承担运输过程的损失，可以减少供应链上游的风险及损耗。

e. 成本问题，在选择生鲜食品供应商区域上进一步缩小，难度加大，要考虑运输成本、运输时间等问题。

③入库前的检验检疫

供应链所有环节必须高度重视食品安全问题，就算采购的产品有第三方检疫的认证，在入库前也要进行检疫，确保消费者收到的是真正安全放心的食品。

④加工冷藏保鲜

食品有保质期，过期卖不掉就作废（或者处理到低端市场的终端）；生鲜食品过了保质期限就是垃圾了。所以在合理控制规划产销存的同时，临期品的快速处理机制的建立也相当重要，就像分拆中心将市场销不完的产品折价卖给公司员工一样。

仓库环节有太多的未知，需要不断地学习、总结，产品品类少还好，如已知的干货、调味品、生鲜食品之间的串味问题；新鲜猪肉放在多高温度下，到消费者手中时才不会出现出水现象，空调出风口适合放什么产品等，这些已经知道的规律可以很好地处理；但是随着食品品类、数量的不断增加，其他地方就难以控制了，所以和供应商建立沟通机制也很重要。

⑤消费者下单（营销）

由于高昂的物流费用和生鲜食品的特殊性，在营销手段上就要有别于普通电商的方法策略。

⑥订单处理（中央厨房至中转站地理位置的转移）

⑦冷链配送（“最后一公里”的配送）

高昂的物流配送成本，是让很多电商企业迟迟不敢涉足生鲜领域的重要原因，冷链物流的搭建是一个系统工程。冷链配送成本比普通配送要高一倍，订单量少的话，成本会更高。可见生鲜电商运营成本的重要组成部分除了人力工资就是物流成本了。

⑧消费者签收

在供应链前端，源头货源不具备规模化，商品的标准化程度低，多数产品仅处于原材料倾销的阶段，没有品牌化运营的基础，从而无法进行系统性的包装和营销，不能满足流通市场的需求。天猫的生鲜频道“喵鲜生”，所售商品全部来自国外进口。顺丰优选、沱沱工社、易果网、甫田网等国内领先 B2C 生鲜企业，所售商品的 60% ~70% 依然是进口商品。

在供应链中端，货源的组织化程度低，缺少既懂农业又懂电商的专业人才和服务机构，导致服务意识和服务水平不匹配市场需求，致使项目沟通成本高、运营效率低，并大大增加了运作风险。

在供应链末端，冷链的基础配套很薄弱，配送网点还不够丰富，同时还没有足够的能力降低配送成本，配送过程中农产品的质量难以保证。

有一些具备物流优势的企业选择自建冷链物流体系，京东将在 2013 年 9 月份上线自营的生鲜食品，并由自己的物流体系进行配送，并称将会在配送站投入冷柜，保证食品的全程冷链；我买网发布的冷链冰山全景图显示，采用在“仓储中心建生鲜仓，冷藏车运输，配送站配备冷柜，在隔温配送箱里配备冰板”的方式保障全程冷链。在未来，随着人们对生活水平和生活质量要求的提高，建立一套完整的宅配体系，使流通时间大大缩短的生鲜宅配服务将是大势所趋。

平台经济的出现，供应链整合存在重大商机，阿里的模式肯定走的是整合；顺丰优选模式走的肯定是自建；大卖场推进 O2O 模式，整合新型的冷链物流平台，如沃尔玛与招商美冷，这样的合作已经铺开；中国生鲜电商冷链社会化的供应链平台现在正在被整合过程中，因此谁先出手，谁就是赢家。

在国内电商企业要想在这一领域抢得先机，必须率先具备仓储、物流能力，并解决商品运输、保鲜难题。此外，还需要通过供应链整合在终端渠道和配送模式上不断寻求创新紧密结合起来，将各个环节高度黏合。

7 食品供应链溯源管理

食品安全问题的形成机制,一方面取决于食品供应链的生产、流通、环境及消费等诸多方面;另一方面取决于食品体系的复杂化、国际化和多元化等特性。食品供应链的链条越长、环节越多、范围越广,食品风险发生的概率就会越大。随着食品工业的发展和市场范围的扩大,越来越多的食品是通过漫长而复杂的食品供应链到达消费者手中的。由于加工过程经常会使食品原料改变性状,因此在许多情况下很难由成品辨认出原料;而且大批量的标准化商品生产环境,也难免会发生瑕疵;而多层次的加工和流通往往涉及位于不同地点和拥有不同技术的食品供应链成员,消费者通常很难了解食品生产加工经营的全过程。在食品风险及其对消费者健康的影响逐渐增加的趋势下,如何满足消费者对食品安全卫生和营养健康的需求,如何实现食品溯源,已经成为食品安全管理体系中亟待解决的一项重要问题。

7.1 食品溯源的基本内涵

7.1.1 食品溯源的定义

目前,对于"溯源"有多种定义。《国际食品法典》中采用"追溯、产品追查"的说法,在美国则简单地称为"记录保存",还有一种则称为"追溯源头"。国际标准中提及溯源问题,认为溯源是质量管理系统中的一个重要组成部分,并定义为回溯目标对象的历史、应用或位置的能力。在食品安全管理领域,ISO8042 标准将溯源定义为:"通过登记的识别码,对商品或行为的历史和使用或位置予以追踪的能力。"

虽然食品溯源还没有形成一个统一的、权威的定义,但是食品溯源已经成为食品安全管理的一个术语,正在得到广泛的关注和运用。在欧盟《通用食品法》(EC178/2002)中,其界定的食品溯源为在所有生产、加工和销售阶段溯源和追踪预期加进食品或饲料的食品、饲料、食品动物或物质的能力,其实质就是整个食品供应链的溯源。溯源信息包括从农产品初级加工到最终消费者整个过程的信息追踪,逆向来讲,即从最终消费者一直可追溯到初级农产品加工过程所用饲料、兽药等信息。简而言之,食品溯源是指在食品供应链的各个环节(包括生产、加工、配送以及销售等)中,食品及其相关信息能够被追踪和溯源,使食品的整个生产经营活动处于有效的监控之中。根据食品溯源概念构建的食品可追溯体系是食品安全管理的一项重要措施,也是食品供应链全程监管和控制的有效技术手段。在食品供应链中实施可追溯体系,可以有效地减少或防范食品供应链风险的发生。

由食品溯源的定义可知,要提高整个食品供应链的溯源能力,需要建立食品供应链成员之间的紧密联合,在食品供应链流程设计时应用标准化的信息标识技术,如一维条形码、二维条形码、电子标签码(RFID)等,使每一个食品供应链成员的每一个环节都能知道食品的来源和去向，一旦出现食品质量安全问题，能及时了解问题的来源和缺陷食品的分布情况，快速有效地控制污染源和召回缺陷食品。食品溯源不仅提供了食品在食品供应链的种植（养殖）、加工、分销、零售等环节中产品的性质、原产地和质量等信息，而且提供了快速、有效的产品召回能力。因此，产品溯源体系至少具有三方面能力：①可以通过食品供应链成员的每一个环节进行食品溯源；②提供食品配方组分；③掌握食品供应链成员每一个环节的食品质量安全信息。

7.1.2 食品可追溯体系

继美国“9·11”事件之后，世界各国开始纷纷关注生物恐怖袭击事件，并开始重视食品产地溯源。消费者希望能够获得详细的所购买食品的性质、产地和质量信息，因为人们对来自动物疾病流行地区的食品、核试验场附近的食品、严重污染产地的食物缺乏安全感。但是，目前要证实食品原料的产地是困难的，因为在食品标签中只能看到生产厂家和厂址，并没有对主要原料的来源做说明。例如，鸡肉罐头中的鸡肉是否来自禽流感疫区、牛肉产品中的牛肉是否来自疯牛病疫区，都是不得而知的。针对这种现象，欧盟率先构建了食品可追溯体系。欧盟《通用食品法》（EC178/2002，章程 18）要求，从 2005 年 1 月起，所有食品、饲养动物的饲料、加入食品和饲料的原辅料，在生产、加工和流通的每一个环节需要建立食品溯源制度，同时要求每一次交易中记录相应的供应商与消费者，并提供相应的资料。《美国 2002 农场安全和农业投资条例》规定：美国要求所有牛肉、羊肉、猪肉、鱼、容易变质的食品和花生必须标注原产地，2006 年 9 月 30 日后全面强制执行。日本从 2001 年起在肉牛供应体制中全面引入信息可追踪系统，并于 2002 年扩大到水产品养殖业。

目前，学术界大体存在着两种主要观点：其一，丹麦学者 T. Moe 认为可追溯体系由产品路线和追溯范围两部分组成，理想的可追溯体系应该包括对产品及其相关活动的追溯，也可按照实施范围划分为企业间追溯体系和企业内追溯体系；其二，美国学者 Elise Golan 认为，溯源是指在整个加工过程或食品供应链体系中跟踪某产品或产品特性的记录体系，并根据食品溯源体系自身特性的差异设定了衡量溯源体系的三个标准：宽度（breadth）、深度（depth）、精确度（precision）。宽度指系统所包含的信息范围；深度指可以向前或向后溯源信息的距离；精确度指可以确定问题源头或产品某种特性的能力。由衡量食品溯源体系的三个标准，构成了食品溯源的三维结构（图 7.1）。

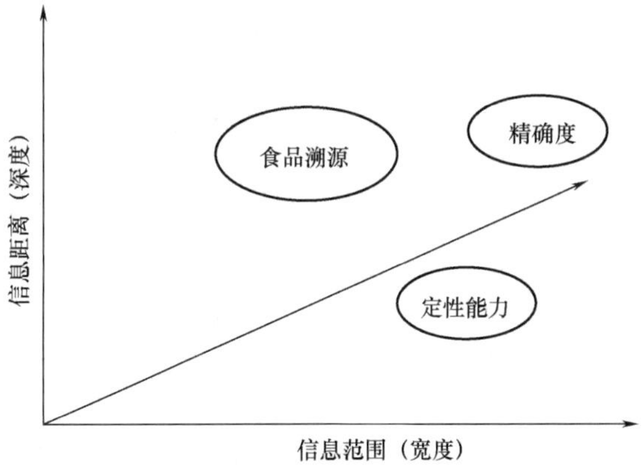

图 7.1 食品溯源的三维结构

借鉴 Elise Golan 观点，从实际功效出发，食品可追溯体系是一种以风险管理为基础的安全保障体系并具有其他辅助功能。不仅可以按照从原料上市至成品最终消费过程中各个环节所必须记载的信息，追踪食品的流向，回收存在危害的尚未被消费食品，切断源头，消除危害减少损失的保障体系；还是实现产品差异化战略、提高供应链管理效率的有效途径。

可追溯体系是一种以增进产品质量为目的，以信息处理为技术基础的质量安全保障体系。

可追溯体系追溯的对象是供应链上关于产品特性的各种信息。按照信息传递方向的不同，可追溯体系分为下游跟踪与上游追溯两个方面。下游跟踪是指从供应链的上游至下游跟随某个产品单元或某批产品通过供应链参与方之间运行路径的能力；上游追溯是指在供应链中通过参考上游企业的记录，来辨识某个产品或某批产品来源的能力。

建立可追溯体系，要求企业在食品生产和加工过程中详细记录产品的信息，设立食品数据库。产品的数据包括同一批次生产的产品的信息和每一个产品的具体信息。可追溯体系记录的产品信息包括食品的品质信息：产品的成分定义、保存条件、运输要求、生产方法、使用的添加剂、激素、药物、生产的处理过程、生产日期和保质期等；食品的物理信息：重量、形态等；食品的生物化学信息：微生物含量、农药和各种药物激素残留量、各种营养成分含量、有毒物质含量等。

可追溯性要求企业向自己供应链中的企业和社会公布自己的产品信息，使得食品供应链更加透明，也要求企业的生产和管理更加规范。可追溯体系的建立，为食品供应链上的企业了解供应链中的成员企业的生产质量管理提供了有效的渠道，便利了供应链企业间的信息沟通。

7.1.3　食品溯源的基本原理

实施溯源管理的一个重要方法就是在产品上粘贴可追溯性标签。可追溯性标签记载了食品的可读性标识，通过标签中的编码可方便地到食品数据库中查找有关食品的详细信息，通过可追溯性标签也可帮助企业确定产品的流向，便于对产品进行追踪和管理。

通常对供应链的描述主要是以产品的形成过程为主线，从食品供应链的可追溯性出发，以配送中心为主线来描述食品供应链网（图 7.2）。一个供应商会提供多种食品，一些食品直接进入流通渠道，一些食品被送到工厂进行加工后再销售。一种原料可以用来生产多种产品，因此，当一个供应商提供的一种食品出现质量问题时，有理由怀疑其提供的其他食品的质量，因而可追溯其他食品的安全问题。同样，一个配送中心不会只配送一种食品原材料或食品，也不会只配送一个企业的原材料或食品。若是配送中心的食品管理出现问题，而导致某种食品出现安全问题，也可对其他食品的安全问题进行追溯。

如图 7.2 所示，假设食品供应链终端的销售商 2 在其某种食品或某批食品中发现食品安全问题，并判断产生问题的原因。根据该种食品或该批食品附着的可追溯性标识，可追溯到图中的配送中心 1 或配送中心 2。如果该食品由配送中心 1 配送，配送中心 1 可再追溯该问题食品来自哪个供应商。如果该食品由配送中心 2 配送，配送中心追溯到该食品来自工厂 1。工厂 1 检查该食品问题是来自添加剂还是食品原料，如果来自食品原料，工厂 1 一方面要对食品安全问题进行后向追溯，即确定添加剂中的成分问题，根据可追溯性标识追溯添加剂的供应商，如供应商 i；另一方面，工厂 1 还要对食品实施前向追溯，即对使用了同一种

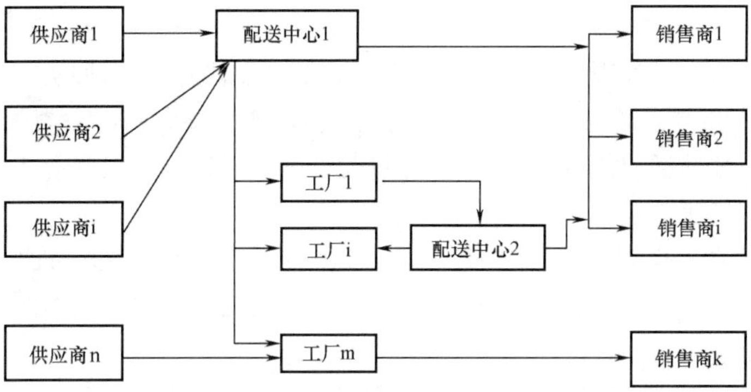

图 7.2　食品供应链网

添加剂生产的其他的食品的流向进行追踪,实施回收;供应商 i 也将对由其提供添加剂的其他工厂生产的产品实施回收。如果是食品原料有问题,同样可通过向前和向后追溯找到问题食品和问题根源。如果问题食品追溯到配送中心,再由配送中心追溯到工厂或者供应商,而供应商或者工厂提供的食品经检测并没有问题,那么食品问题就是在配送过程中产生的,这样食品问题的根源就来自配送中心。至此,找到食品问题的根源,食品追溯过程完成。

假设销售商 2 发现食品质量问题,向后追溯发现其原因不是由食品原料和添加剂引起的,而是由食品物流过程中的食品污染造成的。由于食品物流过程中的每一阶段、每一环节都有可能产生食品污染,追溯起来就比较困难了。此时,虽然可以像前文所述的那样寻找食品物流每一阶段的供应商和配送中心,并对它们的食品管理过程进行调查,但效率很低。此时,可追溯系统中完备的食品数据库便可发挥重要作用。食品数据库存储了食品生产和管理的完备信息,当食品出现管理问题时,食品数据库会还原其整个管理过程和保存环境,清楚地发现问题所在,从而找到食品安全问题的根源。由此可见,建立完备的食品数据库是高效的可追溯系统成功实施的重要条件。而一个良好的食品数据库的建立,要求尽可能让整个食品物流过程规范化、标准化,而且该数据库必须能够包括整个食品供应链上的所有数据。

7.1.4　食品溯源体系实施的要点、目的和原则

食品溯源体系贯穿于整个食品供应链的各个阶段或环节,是一个由产品身份鉴别、信息采集、信息储存和信息验证等一系列溯源机制组成的整体。食品溯源体系涉及多个食品供应链成员、多个环节,具有多种功能。只有每一个食品供应链成员都集成到食品溯源体系中,才能随时提供食品质量安全信息,实现食品溯源。

7.1.4.1　食品溯源实施的要点

食品溯源是一个多主体、多层次的复杂体系,是一个服务于全社会而使全社会都受益的体系。因此,在食品溯源实施过程中需要综合考虑很多问题,其中关键的问题主要有以下几个方面。

(1)由于食品溯源的诸多用途会带来一些不平衡性,所以在食品溯源过程中,首先需要考虑整个体系的增值和平衡问题。

(2)一旦出现产品质量问题,产品召回的范围越大,产品召回的成本就越大。如果能通过限制受影响产品的范围和提供溯源工具,对产品进行正确的分离和明确的标识,保证无关产品不受影响,就可以最大限度地降低产品召回数量,也就降低了召回成本。

(3)恐怖袭击会严重影响食品供应链的正常运营,如果能应用食品溯源体系快速地确定污染源,就能够有效地解决恐怖分子在食品供应链中的投毒问题,食品行业就能及时召回存在安全隐患的产品,增强消费者的信心。

(4)在食品溯源实施过程中,需要综合考虑具体的实施条件,在提高食品供应链可视化、透明度和效率之间进行平衡,在产品质量与生产条件、配送效率之间进行平衡。

7.1.4.2 食品溯源实施的目的

食品溯源能在食品供应链的各个阶段/环节追踪和溯源食品及其过程信息,实现以下目的。

(1)提供可靠的信息　能保证食品供应链各个阶段/环节的透明度;能及时向消费者和政府食品安全部门提供食品信息;加强食品标识的验证;防止食品标识和信息的错误辨识,实现公平交易。

(2)提高食品安全性　一旦发生食品安全事故,能迅速追溯原因;能迅速有效地召回缺陷食品;有助于收集损害健康的资料,实施风险管理;有利于确定食品安全事故的根源。

(3)提高经营效益　食品溯源可以通过产品身份的识别、信息收集和储存,增加食品管理的效益,降低成本,提高食品的产品质量。

7.1.4.3 食品溯源实施的原则

在食品溯源实施过程中,还要注意以下具体的实施原则。

(1)在各个阶段/环节记录和储存信息　食品供应链各个阶段/环节应当明确记录食品及原料来源以及食品供应链成员之间的相互关系。

(2)食品身份的管理　食品身份管理是溯源的基础。食品身份管理主要包括五个方面的工作,一是确定产品溯源的身份单位和生产原料;二是对每一个身份单位的食品和原料分隔管理;三是确定产品及生产原料的身份单位与食品供应链成员之间的关系,并记录相关信息;四是确定生产原料的身份单位与其半成品和成品之间的关系,并记录相关信息;五是如果生产原料被混合或被分割,应在混合或分割前确立与其身份单位之间的关系,并记录相关信息。

(3)企业内部检查　开展企业内部联网检查,对保证食品溯源的可靠性和提升溯源能力至关重。企业内部检查的内容主要有三个方面:一是根据既定程序,检查其工作是否到位;二是检查食品及其过程信息是否得到追踪和溯源;三是检查食品质量和数量的变化情况。

(4)第三方监督检查　第三方监督检查包括政府食品安全监管部门的检查和中介机构的检查,有利于保持食品溯源体系有效运转,及时发现和解决问题,增加消费者的信任度。

(5)向消费者提供信息　一般而言,在注意保护食品生产经营者合法权益的前提下,向消费者提供的信息有两个方面:一是食品溯源所收集的即时信息,包括食品的身份标识、联系方式等;二是历史信息,包括食品生产经营者的活动及其产品的声誉等信息。

在实际应用中,为了保证整个食品供应链的溯源,要求每一个食品供应链成员必须首先实现内部溯源,并根据“一步向前,一步向后”的原则,做好成员之间食品溯源的节点管理。在食品溯源实施过程中要遵守公开、公正、公平、节约、实用等基本原则。

7.2 食品供应链溯源管理的主要内容

食品溯源管理主要包含产品溯源(product traceability)、过程溯源(process traceability)、基因溯源(genetic traceability)、投入溯源(input traceability)、疾病和害虫溯源(disease and pest traceability)以及测量溯源(measurement traceability)六个基本内容,这六个部分也是食品供应链可追溯体系的基本构成要素。

7.2.1 产品溯源管理

产品溯源是指通过溯源,确定食品在食品供应链中的位置,便于后续管理、实施食品召回以及向消费者或有关利益干系人告知信息。从产品溯源的角度来讲,食品溯源体系可以认为是把食品设计成从来源到销售的任何一个环节中能迅速召回的可识别和可追踪产品的记录体系。

一旦发现某一批次的产品存在问题,就可以根据各环节所记载的信息,沿着食品供应链逆流而上查找出现问题的环节,并快速、准确地召回缺陷食品,从而降低食品安全危害。在食品溯源体系中,至关重要的是确定详细的产品规格、批次或批量规模。批次规模可以按照生产或运行的时间、按照量或有效期来确定。一般情况下,追溯某个产品或小批量产品的详细信息会增加追溯系统的成本;针对大批量产品进行追溯可以降低成本,但是会增加风险,一旦出现食品质量安全问题,将会有更多的产品受到牵连。因此,在批量规模决策时应综合考虑追溯成本和风险之间的关系。食品溯源建立在信息平台基础上,借助食品质量安全溯源系统,食品供应链成员能够及时了解食品质量安全信息,溯源速度快、透明度高,一旦出现食品质量安全问题,能够迅速查询到问题的源头。图 7.3 是食品质量安全溯源系统概况图,系统中食品供应链成员企业以精确、快速的方式检索溯源数据具有至关重要的意义,需要在整个食品供应链中对接收、生产、包装、储存和运输等各个环节建立无缝连接,并进行有效管理才能实现。如果有一个食品供应链成员未能进行有效的管理,则会造成信息的中断和溯源能力的丧失。因此,食品质量安全溯源管理只有在食品供应链成员的共同努力下才能实现。

在食品质量安全溯源系统中,信息标识和产品标签是实现食品溯源的关键。食品质量信息包括产品成分(或营养成分)与定义、保存条件、运输要求、生产方法、生产处理过程、生产日期和保质期、生产批次和批量等;食品的物理信息包括重量、形态等;有害物质的信息包括微生物含量、农药、药物和激素残留量等。可根据不同的产品、不同的产品价值和信息量来选择不同的信息标识技术。在食品溯源体系中可使用的信息标识技术,主要有一维条形码、二维条形码和电子标签码(磁条信息标签和无线射频识别等),其中电子标签可读可写。

7.2.2 过程溯源管理

相对于产品溯源,过程溯源更加关心食品在食品供应链中的流动过程。通过过程溯源,可以确定在食物生长和加工过程中影响食品质量安全的行为/活动,包括产品之间的相互作用、环境因子向食物或食品中的迁移以及食品中的污染情况等。

诱发食品质量安全问题的因素很多,而且分布十分广泛,贯穿于整个食品供应链体系(图 7.4),有可能是在供应过程中受到外界污染或食品组织损伤等而引发食品危害,也有可

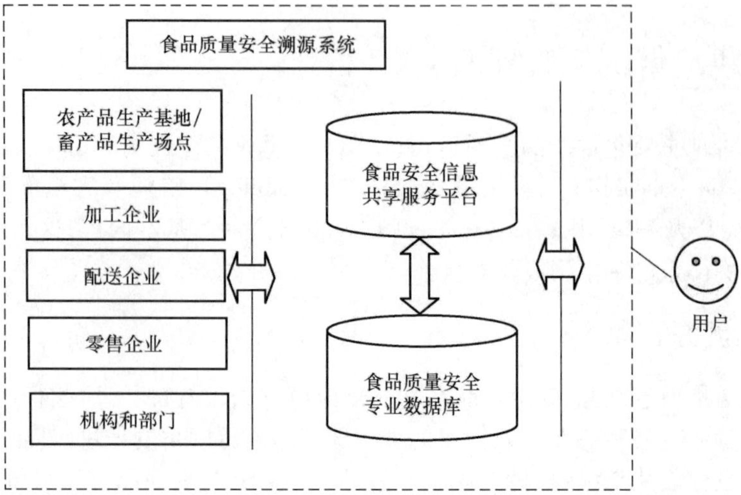

图 7.3　食品质量安全溯源系统

能是消费者食用方法不当或自身体质问题,如消费者属于敏感人群。因此,对食品质量安全问题产生原因与机制的研究,应该从分析现代食品供应与需求的特性出发,利用食品溯源系统,对消费者获得产品之间的各个环节以及消费食品的全过程中所出现的情况进行追踪和溯源,这也是过程溯源的内涵。

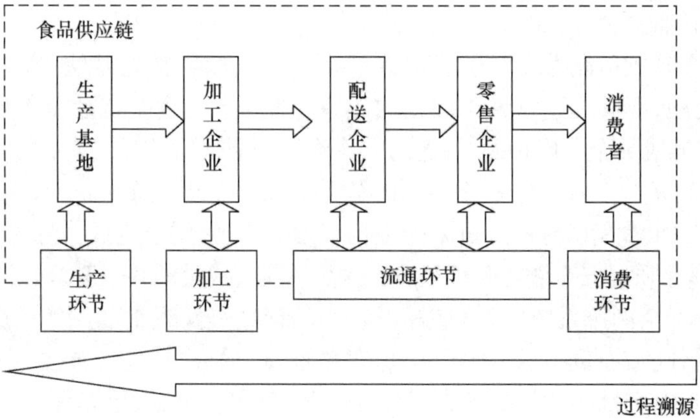

图 7.4　食品供应链体系中的过程溯源

(1)生产环节　自然环境条件(土壤、水和大气)的污染导致食品受到不同程度的污染,特别是有些污染物可以通过食物链的生物富集作用使食品中的污染浓度远远高于环境浓度,如汞、镉等重金属在鱼虾等水产品中的含量可以达到其生存环境浓度的数百倍以上。一旦人类食用这些被污染的食品,将立即产生危害甚至存在生命危险。

(2)加工环节　食品加工环节的污染主要来自两方面:一是加工环境卫生的影响。食品供应链成员内部加工设备、设施运行状况,以及 HACCP 等管理规范执行情况不良等原因,使食品在加工过程中出现污染。二是加工添加材料的影响。食品原料来源不明而存在安全隐患,以及添加剂、包装材料及防腐剂的滥用而导致的食品化学性污染。

(3)流通环节　随着食品贸易全球化的发展，以及农业和食品工业一体化发展进程的加快，对连接食品生产与销售的流通方式提出了更高的要求。一方面，长距离运输、大范围销售以及多渠道多环节流通使食品所处的外部环境，如温度、湿度、卫生状况等诸多条件的变化日益复杂，从而使其遭受微生物与有害物质污染的可能性增大；另一方面，食品和饲料的异地生产、销售形式为食源性疾病的传播流行创造了条件。因此，如何有效地运用冷藏链技术、保鲜技术等来降低流通环节的风险，成为食品安全管理中的一个重要研究领域。

(4)消费环节　食品供应链复杂性的加剧，食品生产与消费之间的时空距离也逐步加大，从而使食品质量安全信息出现不对称现象。消费环节产生信息不对称的原因主要有三个方面：一是食品具有信任品属性，食品质量安全信息作为内在品质不易被消费者发觉；二是由于利益和成本原因，食品供应链上游成员有意隐瞒信息或难以完整准确地揭示食品质量安全信息；三是消费者自身获取信息能力有限，如受教育能力及经济能力等。

综上所述，食品所具有的质量特性和食品供应链的日益复杂化，使食品供应链“从农田到餐桌”的任何一个环节都有可能引发食品质量安全问题，并造成严重的后果。过程溯源体系的建立，能够在食品供应链的每一个环节将与食品质量安全有关的有价值的信息保存下来，以备消费者和食品检测部门查询，有效地实现了食品信任品特性信息的传递，以及快速有效地处置食品安全事件。

7.2.3　基因溯源管理

通过溯源确定食品产品的基因构成，包括转基因食品的基因源及类型，以及农作物的品种等，从而推动 DNA 鉴定技术和生物标签技术等识别技术在基因溯源管理体系中的应用和发展。

由于转基因生物、转基因食品等对人类健康是否存在危险尚未明确，因而消费者有权知道自己所购买、食用的食品是否含有转基因成分，并选择是否购买、食用含有转基因成分的食品。因此，一些国家通过生物标签技术的形式对转基因食品进行基因溯源，使消费者能够了解转基因食品的基因源及类型，从而放心食用。此外，通过基因溯源，消费者还可以了解农作物的品种。

目前，世界各国在转基因农产品标签管理方面采取了不同的措施，基本上可以分为以下三种模式。

7.2.3.1　美国模式

美国采用以产品为基础的管理模式，即转基因生物与非转基因生物没有本质区别，监控管理的对象应是生物技术产品，而不是生物技术本身。因此，美国没有为转基因生物单独制定法规，但在原有《联邦植物病虫害法》的基础上，增加了重组 DNA 技术及遗传工程技术的内容。美国是对转基因安全研究最多的国家，也是全球对转基因生物审批最宽松的国家。转基因食品不需要上市前的批准，而采取自愿咨询的程序。同时规定，转基因食品只有与常规食品显著不同时，如存在过敏反应的可能性时，才必须用标签标出。1999 年，美国有 1/4 的土地种植转基因作物，其种植面积占全球转基因作物总面积的 72%，其中转基因抗除草剂大豆占美国大豆种植总面积的 50%，抗虫棉占棉田总面积的 55%，转基因玉米占玉米总面积的 33%。美国已成为世界上转基因作物种植最多的国家。

7.2.3.2 欧盟模式

欧盟采用的是以工艺工程为基础的管理模式。由于重组 DNA 技术具有的潜在危险性，所以不论是何种基因，只要是通过重组 DNA 技术获得的转基因生物，都要接受安全评价和监控。为此，欧盟建立了相应的管理条例和指令及相关的生物技术标准。这一系列法规不仅针对转基因及其产品，而且针对研制技术与过程，总体控制比较严格。近年来，欧盟制定了强硬的新保护措施，用来减少转基因作物和产品可能的危害。这些措施包括，隔离和追踪转基因谷物和食品从农田到零售店的过程，以防污染；在食品加工的每一个环节都标明“转基因”，以保证透明性；生产转基因种子和其他转基因作物的公司必须进行独立测试，并实现更为严格的测试要求。

7.2.3.3 日本模式

日本采取介于美国和欧盟之间既不宽松也不严厉的管理模式，由日本科学技术厅、农林水产省和厚生省共同管理。农林水产省按照《农、林、渔及食品工业应用重组 DNA 原则》，负责管理转基因生物在农业、林业、渔业和食品工业中的应用，包括在本地栽培的转基因生物，或进口的可在自然环境中繁殖的这类生物体，以及用于制造饲料产品和食品的转基因生物。该准则也适用于在国外开发的转基因生物。由于日本依赖进口食品较多，因此，转基因生物及其产品的管理成为日本食品安全管理的重点。对于国外进入日本的转基因食品饲料，厚生省要重新进行安全性评价。目前允许上市的转基因农产品共有 23 种，主要有来自美国的转基因大豆和加拿大的转基因油菜。

与欧盟模式类似，中国在食品基因追溯方面所采用的标签制度属于强制标签制度。2002 年 1 月 5 日，我国农业部签发了三个农业法令：《农业转基因生物安全评价管理办法》《农业转基因生物进口安全管理办法》和《农业转基因生物标识管理办法》；要求从 2002 年 3 月 2 日起，含有转基因成分的大豆、番茄、棉花、玉米、油菜 5 种农作物及其产品（如大豆油）需要标明转基因成分才能加工和销售。同时，卫生部针对“转基因加工食品”的标识问题，于 2004 年 4 月 8 日出台了《转基因食品卫生管理办法》，要求必须对以转基因动植物、微生物或其直接加工品为原料生产的食品和食品添加剂进行标识。但是，中国转基因生物标识管理立法仍处于起步阶段，需要在以下两方面进行改进。

（1）中国转基因生物强制标识制度对于进口的转基因产品无能为力　许多国际大型跨国公司，诸如卡夫、雀巢、联合利华等公司进入中国市场的产品并未加注转基因标签，而同样的情况绝不会在欧盟国家发生。这并非由于中国公众不像欧洲民众那样抵制转基因食品，问题的关键在于欧盟具有一套严格可行的转基因生物标示制度和强有力的执法体系。

（2）在有关的转基因标识制度中应当明确规定标签标识的内容　如转基因成分的来源、不同于传统食品的地方（成分、营养价值、效果等）、使用后可能发生的问题等，如果该食品有特定的销售范围要求，还应载明销售范围。在注明转基因食品的同时，还要标注转基因食品的含量，从而真正体现基因溯源的意义。

7.2.4 投入溯源管理

通过溯源，确定种植和养殖过程中投入物质的种类及来源，包括配料、化学喷洒剂、灌溉水源、家畜饲料、保存食品所使用的添加剂等。

尽管中国农药产品已经改变了三个“70%”（即杀虫剂占农药总产量的70%，有机磷类占杀虫剂总产量的70%以上，高毒有机磷农药品种占有机磷杀虫剂总产量的70%）的不合理格局，但是蔬菜食品中的农药残留以及重金属污染仍然是主要问题。从中国的食品安全现状来看，农药残留、兽药残留和重金属污染问题，不仅危害人类健康，而且已经成为中国农产品出口的重要障碍，在一定程度上影响了中国农业经济的发展。

因此，当务之急就是要通过投入溯源来确定种植和养殖过程中投入物质的种类及来源，尤其是化学喷洒剂及家畜饲料等，只有这样才能更好地解决农药残留、兽药残留和重金属污染问题。同时，通过与食品溯源的其他基本要素相结合，例如，测量溯源及疾病和害虫溯源等，可以更为精准地测定农药残留是否超标、被检测食品是否遭受重金属污染，或是其他需要解决的食品污染问题。

7.2.5 疾病和害虫溯源管理

通过溯源，追溯病害的流行病学资料、生物危害（包括细菌、病菌和其他污染食品的致病菌）以及摄取的其他来自农业生产原料的生物产品。

随着科学技术的进步，可以利用多种食品微生物安全检测方法进行疾病和害虫的溯源，从而追溯病害的流行病学资料等。同时，为了应对快速、准确的食品微生物安全检测方法的需求，还出现了一些食品安全检测的新方法与新技术，包括快速生化检测方法、免疫学技术、代谢学技术、传感器技术、流式细胞术、聚合酶链式反应（Polymerase Chain Reaction，PCR）技术、基因探针技术、生物芯片技术等，这些方法和技术必将在未来的疾病和害虫溯源中发挥巨大的作用。

食品安全是一个重要的全球性公共卫生问题。尽管科学技术已经发展到了相当的水平，但食品污染和食源性疾病在发达国家和发展中国家仍然普遍存在。推广和应用先进的食品安全控制技术，可有效消除食品中的危险因素，预防和控制食源性疾病的发生。食品中各类微生物检测方法各自表现出很多的优点，但也存在着相应的不足，需要国内外研究者不断地改进和完善现有的检测技术。例如，传统的增殖培养、生化试验、血清学试验检验虽然准确性好，但所需时间长；免疫学方法快速、灵敏度高，但容易出现假阳性、假阴性；全自动细菌生化分析仪（VITEK）、全自动免疫分析仪（VIDAS）等虽然快速准确、通量大，但只能鉴定到属，仅适用于初筛，而且费用很高；基因芯片、蛋白质芯片准确度高、通量大，但制作费用太高，不利于普及。因此，建立更灵敏、更有效、更可靠、更简便的微生物检测技术既是保证食品安全的迫切需求，也是食品微生物检测技术的发展趋势。同时，多种检测技术以及各学科的交叉发展也有望解决疾病和害虫溯源中所出现的各种问题。

7.2.6 测量溯源管理

测量溯源的内涵即是通过溯源，检测食品、环境因子以及食品生产经营者的健康状况，获取相关信息资料。

食品制造以及食品加工所在地的环境因子具有综合性和可调剂性，它包括生物有机体以外所有的环境要素。将现代检测技术引入食品溯源体系，对食品的环境因子、食品生产经营者的健康状况等进行测量溯源，同时积极开展食品有害残留的检测和控制研究，对保证食品安全、维护公共卫生安全、保护人类健康具有重要的意义。

实现食品污染测量溯源最具代表性的技术是电子标签。将食品制造及食品加工所在地的环境因子、影响食品运输过程中的环境变化因素和食品生产经营者的健康状况等信息输入到电子标签中，消费者可以在购买到产品之后，对食品加工的环境因子及其他信息进行查询，而有关部门也会对相应的指标和信息进行检测。

需要说明的是，食品安全检测很小的失误都可能导致产生具有长远影响的错误决策。解决中国食品安全领域的重要科技问题，重点在于加强基础研究以及不断提高食品安全检测结果的质量和有效性。实现食品安全检测有效性的重要措施之一，就是努力实现检测结果向国际单位制(SI单位)或公认单位制的溯源。由此构建的食品安全检测溯源体系，才具有充分的价值来测定环境因子和食品生产经营者的健康状况等因素。

经济全球化带来的科学与环境问题，越来越需要复杂且高品质的测量以及各国都能相互接受的测量数据。为此，全球检测科技资源需要相互协调，在保证各国、各地区纵向测量溯源性的基础上，努力实现测量的横向可比性，形成一个具有测量和标准相统一的技术平台，支撑全球化经济与社会的发展。这是一个全球化测量溯源体系建立的过程。全球化测量溯源体系的技术内容，主要包括以SI单位为基础开展测量的活动，实现测量溯源性，建立从用户到国家计量实验室之间的纵向溯源以及各国计量实验室间、校准/检测实验室间在不同测量等级上的横向联系。按照《测量不确定度表示指南》进行测量不确定度的评定，包括对测量过程建立模型和对不确定度分量的估算。参加国际计量委员会(CIPM)的关键比对，以取得国家标准间的等效度。

建立一个全球化测量溯源体系，必须首先开展计量标准的比对，并取得等效度。相互承认协议(Mutual Recognition Arrangement, MRA)是国际计量界应对全球污染溯源系统对环境因子等因素进行测量的产物。MRA实施的主要技术工作是关键量比对，目的是为建立各国计量标准的等效度提供技术依据，前提是各国计量机构使其开展的测量与测量不确定度建立在国际单位制(SI单位)基础之上。食品安全测量溯源体系技术模型如图7.5所示。

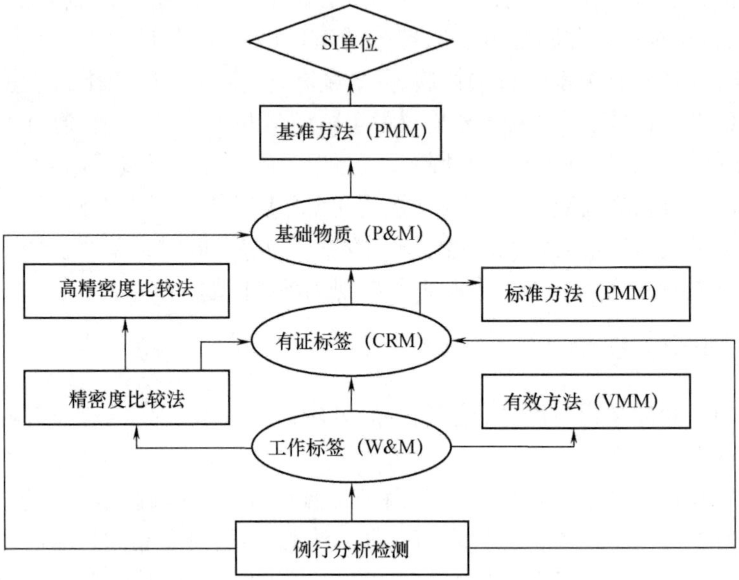

图7.5　食品安全测量溯源体系技术模型

目前,中国在食品安全测量溯源方面还存在一些问题。例如,食品安全测量的技术法规和标准严重滞后、测量手段的仪器化不够、食品标准物质数量太少以及测量资源稀缺且利用率不高等。针对这些问题,业界一些专家提出了相应的建议。例如,积极采纳国际食品法典作为中国国家食品安全标准,并参与国际法典的制定以保护中国的利益;转化为仪器,并逐步实现测量手段的仪器化等。

7.3 食品供应链可追溯体系的重点环节与追溯流程

可追溯体系是以食品及其过程信息为经营对象,通过创造、处理、传播和利用等过程来实现追溯信息的"价值"和"使用价值"。本节按照追溯信息由创生到被消费的过程,将可追溯体系的重点环节定义为信息记录(创造、整理和搜索)、信息处理(识别、筛选、建立系统规则)、信息传播(传播媒介、方式和规范)和信息利用(使用价值的实现)四个环节。同时,对供应链内生产、加工、储运、销售和消费五个环节的追溯流程及具体要求予以探讨。

7.3.1 重点环节分析

7.3.1.1 信息记录

生产经营者的信息记录是实现食品追溯的基础,是建立追溯体系的首要环节。随着食品产业的发展,食品从原料生产到成品消费要经过生产、加工、储运、销售等诸多环节,并伴随着物理、化学、生物等变化的发生,食品的品质属性与过程信息日益复杂,如何有效记录信息是实现成功追溯的关键。

信息记录环节主要包括信息内容、记录方式和记录标准等,它要解决的是"记录什么,按照什么标准记录、怎样记录"的问题,是信号发送机制奏效的基础。记录内容首先要满足"真实、有效、必要、有价值"的要求,对产品的基本信息如产品来源、批次、主要加工过程、质量属性变化、产品流向及相应操作人员等予以记录,即必须满足追溯的基本要求。然后,企业根据建立目的、产品特性、产业特征等增加适量的附加信息,如为了建立品牌形象、增强产品的营销能力,则需要记录原产地信息、特殊加工工艺等内容(图7.6)。

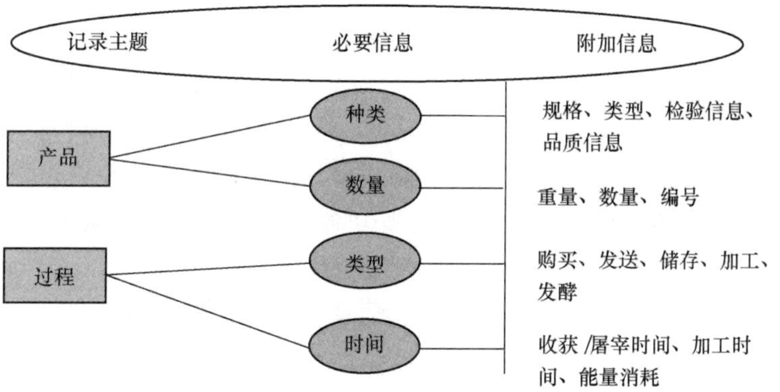

图7.6 可追溯体系信息记录示意图

记录方式包含了信息记录的执行主体、信息载体和记录模式。由前文可知，追溯信息主要源于企业内部现有的各种质量控制体系，可以由一般操作人员经培训后负责记录，这样有利于成本节约。信息载体可以由纸制文件、商业票据、商品条码、外包装说明及 IC 卡等多种形式组成。记录模式有生产者日志、加工者履历信息表等形式。

记录标准是指信息创造的形式，标准化的记录有利于后续的信息处理、传播与利用。由于企业间的生产管理流程差异性较大，并且追溯信息又要跨越供应链内的经济主体，这时，就对信息记录提出了标准化的要求，至少是在一定范围内的标准化，创建"企业联合体"的目的也在于此。

7.3.1.2 信息处理

信息处理是指在追溯信息被供给后，对其进行再加工的过程，它包括信息标识识别、审核、储存及系统规则四个部分。经处理后，信息产品的真实性、易用性和价值性得到很大提高。

（1）追溯信息标识　信息标识是识别食品质量问题、实现产品及过程追溯的基础，其关键内容是对产品批次进行正确界定、唯一标识和有效连接。产品批次是可追溯体系内最基本的追溯单元，批次信息是最小的信息计量单位。在食品链条内，批次是根据某种特殊目的或标准（生产区域、加工条件、基本操作条件相似或一致）而集合的同一类产品，它也可指代"型号、种类、尺码、包装、商标及原产地等特征一致的一类产品"。按照生产流程的不同，批次还分为生产批次、贮藏批次、运输批次、质检批次和交易批次等。批次划分与追溯体系的"精确度"成反向关系，即批次越小，追溯体系的精确度越高。

批次的唯一标识和有效连接是对追溯信息唯一性和连贯性的客观要求，是实现产品追溯，界定风险和责任的基础。由于产品批次在企业内部与供应链系统内一直在发生变化，如供应商在提供原料时可能按照生产时间、产地、订单编号等进行定义，加工商选择进货批次、存储批次、加工条件、班组、时间等定义批次，承运商又按进货时间、数量来定义，销售商也可选择其他标准来定义销售批次，这样就要求在整个供应链条内按照统一规范建立产品的追溯代码。无论批次定义、加工过程等如何变化，都能正确标识、有效连接，是整个追溯体系的重点和难点。

（2）追溯信息审核　信息审核是确保追溯信息准确，排除"噪声"干扰的必要手段，只有真实的信息才是有追溯价值的信息。同时，还应建立相应的约束机制来规范利益相关者，一旦出现问题，通过产品标识来界定责任人，追究相关主体的经济、法律责任。

目前，信息审核主要有"行政"和"市场"两种模式。前者是政府监管部门履行公共职能对追溯信息予以定期、不定期审核，具有强制性和约束力；后者是中介组织凭借自身的专业知识、良好信誉等来对追溯信息审核，通过市场机制来吸引企业参与认证，中介组织以自身信誉为担保，向消费者发送有效信号。两种模式各有利弊，需要互为补充，共同促进。

（3）追溯信息储存及系统规则建立　由于信息具有依附性，必须依附于其他物质载体而存在，不能独立存在和交流，但信息的载体可以发生变换。企业内部的信息载体可以由自身决定，但整个链条内的信息载体和系统规则必须由核心企业来决定。

核心企业是供应链的信息交换中心，来自上、下游（原料供应商、终端消费者）的需求信息通过不同层次和不同渠道的分销商传递到核心企业（如食品制造商），核心企业再对其处理分解,将生成的各类信息传送到供应链的各个节点。核心企业决定了向各节点传递信息的多少、质量和形式等,对整个追溯体系功能和效率的发挥具有重要意义。同时,核心企业还是供应链上的物流集散“调度中心”,物流是信息流的基础,核心企业通过对物流的控制进一步增强了对信息流的控制,因此,核心企业理应成为系统规则的制定者。

7.3.1.3 信息传播

信息传播指食品及其过程信息在追溯体系内的流通,是发送质量信号,增强消费者信心的关键。信息传播包含信息流动的方向性和层次性,如果信息与食品同方向流动,即为“追踪”;反之,与实物流通方向相反,为“追溯”。两种方向的信息同时存在于追溯体系内,如何让两种信息流动得更加顺畅,在满足彼此利益的基础上实现“信息对接”,是传播过程的重点。

传播的层次性是指信息传递的模式,基本上有“链条传递式”和“网络共享式”两种。前者结构相对简单,由于追溯体系内临近的节点企业相互比较熟悉,在信息沟通和管理流程方面比较容易达成一致,体系的建设成本低、速度快,但是,当信息需求跨越节点时,会出现滞后或失真的问题,如果供应链条太长,还会造成“牛鞭效应”。后者结构相对复杂,需要所有企业遵循统一标准来建立可追溯体系,难度大、成本高,但网状传播有利于实现信息共享。这样,体系内任何节点的企业都能及时地获得各自所需的市场信息、物流信息、产品质量信息,有效地增强了供应链内信息的透明度,减少了企业的“欺诈行为”,已逐渐演变为主流模式。

同时,还需注意到信息传播对信息技术的依赖性,尤其是对计算机技术、信息处理技术及网络技术的依赖,任何一个节点如果存在技术薄弱的问题,则整个追溯体系的效率就会大大降低。

7.3.1.4 信息利用

追溯信息的利用包括客户查询信息的意识、途径和价值等。就消费者而言,追溯意识是指消费者的食品安全意识及对追溯体系的认知度和信任度;对企业而言,追溯意识指加强质量控制和防患风险于未然的态度。行为主体的意识是信息利用的基础,只有生产企业和消费者等都具备了必要的追溯意识,信息才会被有效利用。

利用途径是指网络、纸张文件、超市揭示终端等各种适宜用户查询的友好界面。实践表明,交互式的双向信息流动要优于单向的信息传递,特别是客户的反馈会对企业决策、发展提供良好的信息基础。但须指出的是,友好界面没有固定模式,应该因时因事而异。

信息的利用价值是满足自身和客户需求的体现,如企业为了保证产品质量和便于召回问题食品,需要利用追溯信息来确定问题源头与流通途径,利用价值体现在减少风险和成本;消费者则希望获得更多的品质信息,降低购买和消费风险,增强安全感,价值体现在知情权。不同主体与不同目的差异导致了信息利用价值的多元化。

总之,理想的可追溯体系内的信息管理应该具备以下特征:信息——共享,过程——同步,合作——互利,响应——敏捷,服务——满意。

7.3.2 追溯流程分析

供应链内的追溯流程是将各个节点上的信息有效连接,界定责任的过程。本节对供应链内各节点企业的记录重点与对应责任进行探讨，供应链内的追溯流程如图 7.7 所示。

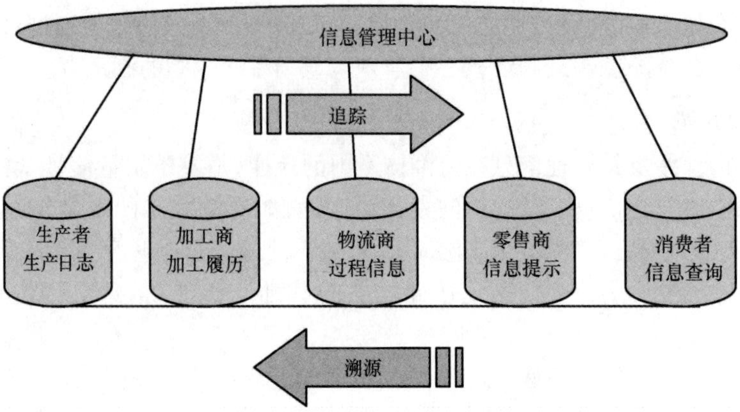

图 7.7　供应链内的追溯流程图

7.3.2.1　生产阶段

农产品生产者作为追溯体系内的起点，承担着原料的生产与供给，是确保产品质量、提高安全水平，增加质量信息供给的第一道关卡。它的主要责任是提供生产者日志，日志包含生产资料信息（产地、气候、农资投入）、生产信息（种植方法、虫害控制方式）、生产者信息（名称、资质、联系方式）、产品信息（种类、名称、数量、重量）、质量信息（品质检验结果、有效期、储存方法等）和其他内容。在生产阶段，做好原料质量控制和过程信息记录是后续追溯工作的基础。

7.3.2.2　食品加工阶段

加工商是食品系统内实现产品转化、增值和安全供给的主体。加工商利用各种质量管理体系如 HACCP 等来控制产品质量，提供加工过程履历。出于增强企业竞争力、满足法规要求等目的，加工过程履历应包括生产者信息（工厂名称、企业资质、联系方式）、产品信息（原料来源、添加剂使用、加工日期、加工方式、保质期等）、质量信息（原料检验、过程检验、成品检验）、加工过程记录（生产线、班组、重量记录、加工时间等）和其他与交易相关的信息。

随着人们对加工食品消费比例的增加，食品加工厂日益成为连接生产者和消费的纽带，对于食品信息的占有率也不断提高，逐渐成为追溯体系内的核心企业。目前，各国追溯法规的主要约束对象也集中于食品加工厂，一方面在于加工厂实施的是工业化管理，便于监督，另一方面源自它的信息优势地位，是追溯体系内的关键控制点。

7.3.2.3　物流阶段

物流组织是联系食品供给与销售的重要环节。由于食品消费模式的转变，即产销分离、跨季节性消费、国际化供给等特征凸现，物流对于食品生产与消费的影响力日益增强。特别是对于易腐性强、性状不稳定的新鲜农产品来讲，物流过程中的卫生条件、保温措施、储运时间等对食品安全的影响十分关键。可追溯体系要求物流组织对前一环节的信息进行校验和存档，同时，提供运输管理履历包括承运商名称、储运条件、产品信息、货物编号、包装类型、交易信息等。

7.3.2.4 零售阶段

零售商需要对供应商的产品信息进行校验,并记录备案。同时,通过适当的方式向消费者揭示产品名称、原料产地、生产日期、有效期、净重、原料名称、生产者名称、零售商名称、储存方法和其他标签等信息。

通常,零售商对消费者的食品偏好、消费习惯、风险感知等较为了解,可以利用这些信息为自身创造利润,或者将信息反馈给链条内的上游企业,使之及时调整和改善食品的生产供应,增强整个行业的赢利;还有利于受理消费者的投诉,在食品安全问题发生时,及时识别与追溯问题产品,减少消费者及整个社会的福利损失。

7.3.2.5 追溯过程描述

根据上述分析,我们采用一种基于数据库基表技术的追溯方法,将各阶段提供的信息串联起来。所谓基表,就是记载供应链上物流过程(原料、半成品、成品)信息的表述方式,各阶段的信息记录统称为基表。每个基表都有自己的代码或关键字,如生产者日志的关键字是基地编号。按照数据库的概念,只有可以唯一标识实体的属性集才能作为代码。同理,加工者、物流商、零售商等按照相同的方法添加各自的代码。最终,消费者购买的商品包括了与产品相关的生产、加工、物流、分销、零售等环节的信息。

因此,在供应链上的每个环节都可以追溯到与产品有关的全部信息。如对于零售商品,根据零售产品基表,就可以得到此产品物流过程的信息;如果想得到加工信息,只要通过物流商基表中的加工商编号即可链接到加工履历,从而获得食品的所有加工过程信息;如果要继续追溯原料信息,则通过加工履历中的生产基地编号链接到生产者日志,原料信息便一目了然。

7.4 食品供应链溯源管理的意义和实施难点

随着消费者生活水平的提高和食品安全问题的凸显,建立食品安全溯源制度,实现食品安全的可追溯性,已经成为研究制定食品安全政策的关键因素之一。由此可见,食品供应链溯源管理的意义不仅体现在构建食品可追溯体系上,还体现在完善食品可追溯制度、进行溯源过程管理等方面。

7.4.1 食品供应链溯源管理的意义

对食品供应链进行溯源管理对于完善中国食品安全管理体系有着重大的作用和意义。这不仅是保证食品安全的一项重要措施,也是适应国际贸易,提高消费者食品安全信心,以及提高食品安全突发事件应急处置能力的重要手段。归纳起来,食品供应链溯源管理的重要意义主要体现在以下几个方面。

7.4.1.1 适应食品国际贸易的要求

欧盟2000年1月发表了《食品安全白皮书》,提出了一个新的食品安全体系框架。其提出的一项根本性改革措施,就时是以控制“从农田到餐桌”全过程为基础,明确所有相关生产经营者的责任。2002年1月颁布了EC178/2002号法令,要求从2004年起,在欧盟范围内销售的所有食品都能够进行追踪与溯源,否则就不允许上市销售。

美国食品与药物管理局(FDA)要求在美国国内和国外从事生产、加工、包装或掌握人群或动物消费的食品部门,在2003年12月12日前必须向FDA登记,以便进行食品安全追踪与溯源。2004年5月美国又公布了《食品安全跟踪条例》,要求所有涉及食品运输、配送和进口的企业要建立并保全相关食品流通的全过程记录。该规定不仅适用于美国食品外贸企业,而且适用于美国国内从事食品生产、包装、运输及进口的企业。

日本农林水产省2002年6约28日正式决定将食品信息可追踪系统推广到牡蛎等水产养殖产业,使消费者在购买水产品时可以通过商品包装获取品种、产地以及生产加工流通过程的相关履历信息。2003年6月又通过了《牛只个体识别情报管理特别措施法》,于2003年12月1日开始实施。2004年12月日本开始立法实施牛肉以外的食品溯源制度。

由此可见,当前世界上已有多个国家和地区采用国际物品编码协会(GSI)推出的EAN. UCC系统,对食品原料的生产、加工、储藏及零售等各个食品供应链环节的管理对象进行标识,通过条形码和人工可识读方式使其相互连接,实现对整个食品供应链的追踪与溯源。

面对经济全球化、贸易自由化的世界潮流,食品安全溯源已经成为食品国际贸易的要点之一,也成为一项新的贸易壁垒,通过建立食品溯源体系,可以使中国食品生产管理在尽可能短的时间内与国际接轨,符合国际食品安全追踪与溯源的要求,提高中国食品质量安全水平,突破技术壁垒,增加中国食品的国际竞争力,扩大对外出口。

7.4.1.2 维护消费者对所消费食品的知情权

食品工业化生产导致了消费者和食品生产过程在时间和空间上的分离。目前的食品标签不能为消费者提供足够的信息,使人们了解食品的生产地、生产方式、添加了何种类型的添加剂,以及所消费的食品是否来源于转基因原料等。随着食品安全问题日益严重,越来越多的消费者要求了解食品在整个食品供应链中的细节信息。

食品溯源体系能够通过提高生产过程的透明度,建立一条连接生产和消费的渠道,让消费者能够更加方便地了解食品的生产和流通过程、放心消费。食品溯源体系的建立,能够将食品供应链中有价值的食品质量安全信息保存下来,以备消费者查询。不仅有助于维护消费者对所消费食品的知情权,而且有助于提高消费者对食品安全的信心。

7.4.1.3 提高食品安全性监控水平

据统计,全世界每年约有700万人感染食源性疾病,已经引起人们对食品安全性的担忧,甚至失去了消费信心。食品溯源体系的建立,一方面,通过食品供应链成员对有关食品安全性信息的记录、归类和整理,促进食品供应链成员改进工艺,不断提高食品安全水平;另一方面,通过食品溯源,政府可以更有效地监督和管理食品安全,与向企业派驻监督代表相比,前者只需要考核记录的真实性。

食品溯源管理能够明确责任方,从而对食品供应链成员产生一种自我激励机制,使其采用安全的生产方式并采取积极的态度防患食品风险。这种源于责任的激励机制,可以减少食品供应链发生食品安全事故的概率。同时,对整个产业和政府责任的确定也会产生正面效应,使各部门以积极的防御态度解决食品安全问题,减少食源性疾病的发生。

7.4.1.4 提高食品安全突发事件的应急处置能力

在食源性疾病暴发时,利用食品溯源系统工具,能够实现快速放映、追根溯源,及时有效地控制病源食品的扩散及实施缺陷食品的召回,减少危害损失。因此,食品生产加工与管理部门应在HACCP、GMP控制体系的基础上,将污染溯源性管理引入食品供应链全程安全控制中。

7.4.1.5 提高生产企业的诚信意识

全面的食品安全信息的收集和分析,可以及时、可靠地向食品供应链成员和消费者提供必要的信息,建立消费者对食品供应链成员的信任,促使食品供应链成员将安全的、标准化的食品生产变成食品供应链成员自觉、自律的行动;同时,完整的食品安全信息的收集和分析,可以为有关食品质量安全生产、管理和消费提供科学指导,提供有助于在食品供应链的各个环节改进食品安全操作的适当信息,提高生产管理效率,也有助于节省成本支出,提高产品品质。因此,随着全球化的不断深入,食品生产企业应积极构建食品溯源体系,实施诚信经营,以赢得消费者的信任。

7.4.2 食品供应链溯源管理的实施难点

食品溯源理念已经越来越多被大众所熟知,被越来越多的部门和企业所接受,并愿意采用食品溯源系统作为食品安全追溯的工具。食品溯源体系已经成为保障人类健康、促进食品国际贸易以及解决食品国际贸易争端的有效方式,建立食品溯源体系已经成为许多部门和企业的必要选择。

7.4.2.1 中国食品溯源体系的发展趋势

食品溯源体系建设,不仅需要面对复杂的食品供应链,而且需要涉及更多的社会资源。一个用于保障全社会健康、可持续和谐发展的体系,需要集成全社会的资源才能保障其正常运营。

(1)在食品溯源法律法规方面　国外成功推广食品溯源体系的关键,在于具有相应的法律法规保证,具有成熟的遵纪守法的社会环境。以欧盟和美国为例,由于有相应的法律法规,生产企业就有了法定的义务和责任,从而推动了食品溯源体系在生产企业中的应用。目前,中国正处于社会转型期,法律法规尚不健全,有法不依、执法不严的现象还相当普遍。但是,随着中国法制建设的不断完善,公民法制观念的不断增强,食品质量安全溯源的要求迟早也会纳入中国法制建设的轨道,届时食品溯源体系也会在中国全面建立并运行起来。2008年4月20日,根据十一届全国人大常委会第二次委员长会议的决定,全国人大常委会办公厅向社会全文公布《食品安全法》草案,广泛征求各方面意见和建议,以更好地修改、完善这部法律草案。2009年2月28日,十一届全国人大常委会第七次会议表决通过了《中华人民共和国食品安全法》,自2009年6月1日起正式实施。中国物品编码中心已向国家有关部门提交有关增加"食品安全追溯条款"的建议,希望食品安全追溯的条款能够纳入《食品安全法》。2014年5月14日召开的国务院常务会议讨论通过《中华人民共和国食品安全法(修订草案)》,明确表示将对相关环节实施"最严格的全过程管理"。全程可追溯的监管链条可期,食品安全风险评估层面的法律环境也将得到完善。修订草案提出应对生产、销售、餐饮服务等各环节实施最严格的全过程管理,强化生产经营者主体责任,完善追溯制度。

（2）在食品溯源技术方面　随着溯源技术的快速发展，尤其是RFID技术的推广应用、条形码自动识别技术的研制开发等，将会使食品溯源的管理成本降低，并促进相关技术产业的发展，同时也将带动食品企业构建食品溯源体系的积极性。

（3）在食品溯源相关标准方面　国际上已经形成了一系列成熟的食品溯源标准。中国应学习和借鉴国际食品溯源标准，加快食品溯源标准尤其是食品溯源设计原则、指南类标准的研制，有效地指导食品企业开展食品溯源体系建设。

（4）在食品溯源系统方面　在食品溯源技术和标准的支撑下，具有产业优势的食品企业开始建设食品溯源系统，并逐步扩展到整个食品供应链，实现由“点”到“线”再到“面”的推广扩大，从而使食品溯源系统的规模效应得到进一步提高。

7.4.2.2　中国食品供应链溯源管理的实施难点

食品溯源体系作为政府规制食品安全的政策选择，强调食品安全信息在单个企业内部和食品供应链成员之间都要具有可追溯能力。因此，在食品溯源实施过程中涉及的主要利益主体包括政府、食品供应链成员和消费者等。然而，在食品溯源的实施过程中，这些市场环境中不同利益主体的动机各不相同。政府为实现社会福利最大化，以保障整个社会的食品安全为目标；食品供应链成员作为市场内的厂商，以谋取利润最大化为目标；消费者则以自身福利最大化为目标，选择物美价廉的食品进行消费。结果导致不同利益主体对食品溯源的态度与行为不同，从而影响食品溯源管理的实施，并成为食品溯源管理实施过程中的主要难点。

（1）从政府的角度分析　政府代表国家来执行法规和监督管理，既是食品溯源制度的供给者，又肩负着监督的职能，在食品溯源体系实施过程中具有重要地位和关键作用。政府在实施食品溯源中起着调控与引导的作用，可以为对食品供应链成员的监督与消费者的安全消费营造一个良好的宏观环境。因此，政府管理部门应明确责任和分工，按照国家授权的原则，监督与食品安全有关的一系列生产经营活动。

但是，从目前中国政府在食品安全管理中所承担的责任以及所采取的管理手段和措施来看，与全面实施食品溯源体系的要求还存在很大差距。特别是在食品产地环境、投入品、食品生产过程、包装标识、食品安全标准界定和市场准入制度等方面管理力度薄弱；各地区、各行业经济发展不均衡，使得食品从生产、加工、销售到消费各环节之间的关系脆弱；与食品安全相关的法律、法规和标准制度相对滞后，相关的信用制度尚不健全等。

（2）从企业的角度分析　由于“优质优价”的市场环境尚未形成，以及企业诚信体系不够完善，给企业实施食品溯源带来了困难，主要表现在以下两个方面。

一方面，企业作为食品供给者，承担着食品溯源的责任，但要为实施食品溯源付出相应的成本。考虑到实施食品溯源虽然是政府保障食品安全的一个有力措施，但却是一项复杂且周期较长的工程，短期内可见利益较小。所以，尽管从企业长远发展来看，实施食品溯源与企业追求利润最大化的目标是一致的，但是大部分企业仍不愿意承担或付出这样的成本。

另一方面，每个企业的利润依赖于其他企业和消费的行为，从而使企业之间的行为具有策略性的特征。如果企业可以从特定的信息中获利，则不会将其公开化，而食品溯源体系的实施就意味着某种或某些特定信息要在整个食品供应链中流动。因此，企业可能会在某种程度上隐匿某些信息，而不愿意参与食品溯源，这类困难是食品溯源实施过程中不容忽视的。

(3)从消费者的角度分析　消费者是实施食品溯源的主要受益者,也是最终推动者,因为保障消费者的食品安全是实施食品溯源的最终目标。从企业供给层面分析,认为可能会导致食品安全信息的缺失,但如果按照需求决定供给的经济法则,食品安全信息的缺失有可能存在需求层面上的诱因,也可能存在信息不对称现象,消费者不知道存在信息的缺失。

一方面,消费者的某些观念和消费习惯在某种程度上造成了食品安全信息的缺失。例如,中国消费者长期以来主要以能量和营养为主的需求偏好,导致了增产技术备受关注,而对食品安全生产技术和安全信息的需求相对不足。

另一方面,中国居民的收入差距明显,大量的低收入消费者对不安全食品的消费倾向较强;中等收入者是否购买安全食品,需要在购买力和偏好之间进行权衡,一旦食品安全信息不明确时就有可能发生替代转移,尤其是收入差距的不断扩大不利于提高全社会对安全食品的支付意愿。此外,消费者对安全食品缺乏认知和基础知识,也导致其食品安全防范意识较差,从而对食品溯源体系的认识也不够深入,这也是实施食品溯源的难点之一。

众所周知,食品安全管理是一个全社会的综合的管理过程,需要市场的经济杠杆、政府的行政管理杠杆、司法的法律杠杆和社会公众的道德杠杆进行有机结合才能发挥作用。因此,只有政府、企业和消费者共同努力,才能有力地推动中国食品供应链溯源管理的实施。

案例 1　都乐公司的生鲜农产品追溯案例

都乐公司是欧洲最主要的生鲜水果和蔬菜经销商,通过遍布全欧洲的 20 多个港口进口产品。都乐(欧洲)公司的总部位于法国,在西班牙、希腊、意大利、德国、比利时、南非、瑞典和荷兰等地都有分支机构。

都乐(欧洲)公司联合其在南非的分公司[都乐(南非)公司]在南非共同实施了"生鲜农产品可追溯性项目"(Fresh Produce Traceability Project ,FPT)。此项目从 2000 年开始实施,并发布了以国际物品编码协会同名指南为蓝本的南非 FPT 指南,旨在加强 EAN · UCC 系统作为生鲜水果和蔬菜可追溯性的工具作用。都乐(南非)公司启动了一个试验项目,在出口专用的生鲜水果托盘和纸盒上使用 UCC/EAN – 128 条码标签。同时,都乐公司严格遵守了 ISO9002 认证所要求的程序、欧盟的相关标准和规范以及危害分析与关键控制点(Hazard Analysis and Critical Control Point ,HACCP)规范,从而不仅使产品得到系统化控制,而且食品供应链中每一个环节的数据都被存储下来。

(1)实施前的企业情况　在南非,只有柑橘和无核水果的出口管制要求按照当地标准使用专用条码(即 39 条码)对运输托盘进行跟踪。1997 年南非废止了一些法律,影响了企业经营的连续性,导致水果和新鲜蔬菜的出口以及在南部非洲市场上的经营方式五花八门。标准化已无迹可寻。

(2)可追溯性与 EAN · UCC 系统　2000 年 5 月,南非编码组织成立了一个名为"南非生鲜农产品跟踪项目"(SA FPTP)的工作组,以满足欧洲对产品可追溯性的要求,和由此产生的对物流管理的要求和对食品安全的责任。南非编码组织、南非柑橘协会 (CSA) 、落叶植物果实生产商托拉斯 (DFPT) 、易腐产品出口管理局 (PPECB) 以及物流和行业供应商等组织,都参加了该工作组。

在第一阶段,SA FPTP 征询对南非出口水果可追溯性的建议内容,并得知 EAN · UCC 系统提供的标准可在南非水果和蔬菜行业供应链中发挥作用。在这一框架下,该工作组于 2002 年 10 月,以国际物品编码协会的同名文件为蓝本,进入《南非 FPT 指南》的起草阶段。

首先,工作组把重点放在了无核水果和柑橘的出口方面。都乐(南非)公司同意启动一个试点项目,在托盘和包装箱上使用条码标签。为此,都乐投资开发了 DoleTrack 系统,这是一套企业内部开发的工具。该工具使都乐公司能够存储已包装产品的所有数据(可追溯性的基础),并采用 UCC/EAN – 128 条码印制标签。

在 2001/2002 的水果收获季节,在包装纸箱上使用物流标签的试验在南非和纳米比亚的 35 个包装厂取得了成功。在进入欧洲的所有都乐产品上使用物流标签(包括 UCC/EAN – 128 条码)的良好效果,在安特卫普港口得以显现。该港口接纳都乐公司为欧洲供应商和分销商提供的大部分产品。如今,纳米比亚和南非的大约 50 个包装中心试用了物流标签和 DoleTrack 软件。

都乐公司在实际采用物流标签(图 1、图 2)之后的最初成效是:托盘的标签只需要细微变更,但成本比试验前下降了许多。

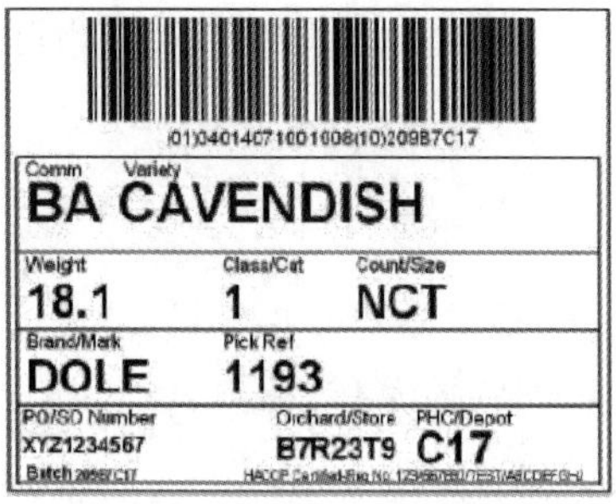

图 1　UCC/EAN – 128 纸箱标签

图 2　托盘标签

南非专用的一套编码系统和内部标准的使用者,在标签上同时印制了 UCC/EAN – 128 条码和当地标准条码(39 条码)。对于包装箱,问题则稍微有些复杂,因为客户要求各不相同。

都乐公司使用 DoleTrack 系统及 UCC/EAN – 128 条码标签获得以下好处。

①因标签费用较低,成本降低了。

②贴标签工序速度的提高降低了人工成本。

③包装箱上的标签更清晰且结构更合理。

④实现了对包装箱的完全可追溯性。

⑤充分满足了客户的要求。

⑥唯一的、全球统一的编码结构可以在整个供应链中使用(从原料供应到最终客户)。

短期内,都乐公司决定进一步扩大该系统的使用范围,将 EAN · UCC 系统用于与更多欧洲国家的贸易中。在此期间, SA FPTP 继续宣传其指南(通过奖励活动和培训课程进行),以启动"端对端" EAN · UCC 系统试点项目。在试验的第二阶段,该工作组将着重关注 EDI 、中央数据服务和数据源的互操作性。

(3) 可追溯性与食品安全　为了保证产品的可追溯性,都乐公司制定了一套完整的方案,要求为供应链各环节分派职责,以保证其能充分发挥作用。因此质量专家要严格控制每一步行动,确保所有程序均得到执行。此外,每年的内、外部审计也要对产品保鲜与存储的设备和条件进行评估。

对于都乐公司来说,保证质量意味着在从挑选种子到将都乐品牌的水果和蔬菜摆上超市货架的整个过程中,实施严格的国际规范和标准。

都乐公司质量控制链如下。

①种植:在播种之前,该公司对生产的水果和蔬菜的营养价值和口味进行评审。原则是,只选择适宜当地土壤和气候种植的品种。

在种植期间,由内部和第三方农学家对农田进行定期视察。他们负责确保都乐公司的生产符合 GAP 、ICM 和 IPM 等环境管理体系, ISO9002 和 ISO14001 等国际标准,以及社会责任管理标准(如 SA8000)等。

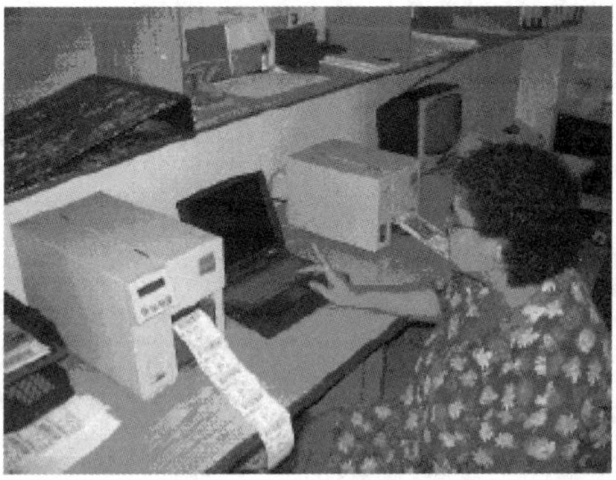

图3　检查和记录数据

②收获:都乐公司对所有果蔬进行检查并记录数据。

③包装:当产品运到包装厂要对产品进行复检。虽然都乐公司的大多数包装厂都靠近种植基地,但产品仍有可能在运输途中受损。都乐公司在开始包装之前,筛选出所有受损的水果和蔬菜。

图4　蔬果的包装

都乐公司根据ISO9002、欧盟标准以及HACCP规范，实施严格的包装程序。产品在装船前要采用EAN·UCC系统代码(如GTIN、SSCC)进行系统化检验。

④运输：在出口前，要对所有产品进行质量控制检验。因为在海运过程中可能发生产品损坏，因此，每艘运输船的船长负责控制温度和空气湿度，并记录数据。都乐公司全资拥有获得国际安全管理（ISM）认证的运输船队，每艘船均严格遵循该程序。

产品到达欧洲后，都乐公司先对产品进行外观检查，再进行全面质量评估。还将检查航运日志，抽取样本，测量其大小、重量、成熟度和色泽。其他样品则被送到实验室，进行微生物及最大残留水平（MRL）分析。

⑤贮藏、催熟与销售：在配送到都乐公司分布于欧洲各地的分支机构之前，水果和蔬菜被贮藏在特殊的温控仓库中。此环节的质量程序符合ISO9002标准和根据HACCP建立的卫生程序守则。

每个收货的国家均实行质量控制。当产品需要通过火车或货车直接发送给客户时，都乐公司将提供关于运输、贮藏、催熟和预包装的建议。

某些产品(如香蕉)在发运后仍需要催熟。都乐公司在欧洲的一些催熟室已通过ISO9002认证，有些正处于认证过程中。由分销商进行的催熟，则是按照都乐公司的建议进行的。

都乐公司的质量标准同样适用于其产品的外观，因此，都乐公司向出售其产品的超市提供了产品的陈列建议。

如果发现任何质量问题(这种情况很少发生)，都乐公司将立即采取决定性行动，通过隔离或召回产品以消除问题的根源，保护消费者的利益。如果分销商需要了解有关都乐产品的信息，可随时向都乐公司的质量经理咨询，并将及时得到答复。

(4)案例总结　都乐公司是水果和蔬菜行业中实现产品可追溯性的先行者。此案例研究表明，在食品安全领域的产品可追溯性是一个超越国界的概念，应在全球范围进行。这意味着只有使用国际标准——EAN·UCC系统，才能确保成功实现产品的可追溯性。要确保能在世界范围内统一传送产品数据，可以依赖EAN·UCC系统提供的标准。在食品安全方面，有不少公认的国际认证标准和规范，例如GAP、ICM、IPM、ISO9002和HACCP。都乐公司的经验表明，综合采用以上标准是实现最优可追溯性的保障。

案例2　冰岛水产品供应链可追溯体系的成功案例

渔业是冰岛国民经济的支柱产业，其海产品来源于海水捕捞业。冰岛的海产品出口欧盟、北美等世界各地畅通无阻，源于其成熟并不断发展的质量管理及跟踪与追溯体系。

(1)冰岛水产品流通的形式　冰岛水产品流通的主要形式为捕捞上岸的鱼，除了直接供给渔业加工企业，其他通过水产品批发市场统一拍卖，拍卖后再经过水产品加工企业加工处理后销售。水产品拍卖市场有统一的交易网络，买卖双方通过资金担保注册参与拍卖交易，买方在规定时间通过登录网站进行，价格采用电子钟表的拍卖方式。鱼量受气候等因素影响，价格随着时间下降直到买方拍得，以拍得价格为成交价格。通过拍卖能够有效合理定价，网上拍卖的交易方式，扩大了市场范围，更便于水产品信息的管理，有效控制水产品的来源，为冰岛水产品加工企业做到追溯追踪提供方便。

（2）水产品批发市场可追溯的实施　捕捞上岸的鱼经处理后，放入鱼箱内冰藏后进入拍卖市场，每个鱼箱均采用标准鱼箱带有不同形式的标识，而通过标识从捕捞船处可获得原料的原始信息记录，包括捕鱼船、品种、规格、质量、捕获方法、捕获时间、捕获地点等，同时携带包括品种数量、捕捞海域、捕捞时间、船只编码、捕获环节等信息。通过捕捞船提供的必要信息，拍卖市场把同一只船在相同海域相同时间捕捞的鱼定为一批，收购来自不同渔船的不同批次的鱼，一批鱼由一个或若干鱼箱构成。水产品经过网上拍卖完成交易后，鱼箱被贴上标签，标签显示了买卖双方信息及产品的类型和质量，其中，鱼箱的编号非常关键，作为区别鱼批次的识别号，也是原料的身份标识（ID），跟随原料进入加工领域，买方通过这个编号可以通过拍卖市场纪录的原材料信息查到捕捞信息源头。

（3）水产品加工企业可追溯的实施　原材料到达加工企业，要进行分级处理，这样就混合了不同批次的原料。加工企业通过确定每批次鱼的加工时间，将同一天或一天中相同加工时间的原材料混合成新批次的原材料，在原材料入库时记录原材料的相关信息，包括鱼箱编号、品种、规格、数量、捕捞方式等内容。按照加工时间不同分为不同批次的原材料，作为新批次原材料，经过处理加工后成为产品，通过记录的信息使原材料批次和新产品批次关联起来。经过处理加工后的产品通过产品标签表明了产品的详细信息也达到了记录和识别产品批次的目的，如产品标签中的 034 表示企业编码，52039 表示企业编码和产品编码，0019 表示产品于 2010 年 1 月 19 日生产，时间编码、企业编码和产品编码构成了产品批次标识。通过企业记录的原材料信息，可以查到不同批次产品的鱼箱编码，从而可知原料信息。进入流通领域的产品，通过企业的物流单元与产品的信息记录，托盘标识联系起物流单元与不同批次的产品，如物流单元标识中的数字 007571 为该企业的物流编码，其与企业编码 034 构成了托盘标识。结合企业记录的原料信息，企业产品的情况可以通过物流单元的托盘标识追溯到产品批次及产品信息，通过产品批次标识可追溯到原材料信息，通过原材料的标识（鱼箱编码）可追溯到原材料源头。企业通过产品不同单元的唯一标识和新批次产品与原批次关联信息的记录，做到了层层追溯找到源头信息，一旦产品发现问题，通过分析同批次产品产生问题的原因，或召回处理来降低产品对消费者的伤害。

（4）案例总结　冰岛采用的可追溯体系是欧盟国家的水产品可追溯体系“one－up－one－down”原则，是指流通主体只需要记录和掌握来源于上游流通链主体的不同批次水产品信息，并把必要的水产品信息提供给流通链下游主体，同时记录产品相互关联的上下游信息，一旦产品发生问题可以做到层层追溯查找出原因。追溯的实施离不开不同批次产品的唯一标识（ID）和如何使原材料与产品相关联（LINK），从而实现水产品的层层追溯，主要通过 3 个方面实施：产品分批次并通过标签标识不同批次的产品，企业产品及原料信息的记录（内部）保存和提供给下游必要的产品信息。可以看出供应链可追溯体系的实施主要通过法规、流通方式及物流的优势等方面为可追溯体系的实施提供了保障，包括：完善的法规标准和技术规范；通过批发市场，实现水产品交易；渔业物流发达。

8　食品供应链风险管理

食品供应链建立了一个“从农田到餐桌”的渠道，如何在这个渠道中建立保障食品安全的体系已经成为问题的关键。不仅需要每一个食品供应链成员建立规范的食品生产、加工和配送体系，更重要的是成员间需要建立围绕食品风险管理的协调体系，共同管理和控制食品“从农田到餐桌”的全过程。

食品供应链风险是指食品供应链成员在种植（养殖）、生产、加工、包装、贮藏、运输、销售、消费等环节中，由于各种事先无法预测的不确定因素带来的影响，使食品供应链实际收益与预期收益发生偏差，从而产生受损风险和可能性。食品供应链风险管理是根据风险评估的结果，选择和实施适当的管理措施，尽可能有效地控制食品风险，保护公众健康。

8.1　食品供应链风险的识别与评估

8.1.1　食品供应链风险的识别

风险识别是进行风险管理的第一步，是进行风险管理后续步骤的基础，是至关重要的一步。由于食品供应链的复杂动态性，造成风险因素间的关系也具有复杂性和动态性，这给供应链风险因素的识别带来很大挑战。

食品供应链对环境的依赖性较强，特别是生鲜食品，周转时间短，对物流技术及管理要求高，质量要求严格等特点。并且食品行业日趋多元化、精细化、国际化、开放化使得食品供应链跨度变长、范围变广、环节变多，也就使得食品供应链变得越来越复杂，食品供应链风险发生的可能性也随之增加了。下面对食品供应链上的主要风险因素进行分析。

8.1.1.1　质量安全风险

质量风险是指食品供应链网络中各节点、各主体在质量监控过程中的监管不严，而导致整个供应链受到不良影响的风险，严重时可能存在整个链条被市场淘汰的风险。质量风险包括实物的质量风险和各环节中的服务质量风险。实物的质量是指食品供应链中供应环节、加工环节及分销环节食品的完好情况。服务质量包括食品供应链各环节的供货服务质量，如供货的及时性、准确性和完好性等。但无论是实物质量还是服务质量出现问题都会对整个供应链中各相关主体的品牌声誉、该产品的市场需求及市场竞争力等产生不良影响。

8.1.1.2　物流风险

物流风险是食品供应链中的基础风险，可导致对全局产生不良影响，严重时将会破坏整个供应链体系。物流风险是指供应链运作过程中的一些实际操作作业，如运输、配送、包装、装卸、搬运等，而导致的风险。

（1）第三方物流风险　当前我国整个食品行业的重心向下游转移，物流企业在食品加工企业、经销商以及最终的消费者之间的纽带作用越来越重要，一旦第三方物流出现订单响应速度缓慢、交货期延迟、运力不足等问题且无法控制的情况，就会对食品加工企业核心业务的发展产生不利影响，对整个供应链产生的风险不可忽视。

（2）冷链风险　基于食品的特性，冷链风险也是食品行业的物流风险之一。冷链物流指生鲜易腐食品在规范低温状态下，以食品质量安全、降低货损和防止食品污染为目标，完成供应链中的加工、储运、销售各个环节的操作。它比一般常温物流系统的投资要高、要求复杂，故其组织协调难度大。纵观我国冷链发展，食品冷链仍没有完整的体系，食品冷链设施和冷链物流装备陈旧，因而货损率很高且易造成食物中毒事故。目前我国大约80%水产品、90%肉类、大量的牛乳和豆制品仍是在常温条件下运输，采用的是普通卡车，没有冷链的保证。由于大量的初级农产品多是采摘后直接投放市场，故货损率很高，我国蔬果的损耗率大约在25%～30%之间。

8.1.1.3　组织管理风险

组织管理风险是指合作各方关系不协调、行动不一致以及其他一些协作不确定性引起的风险。供应链中的组织管理风险就是指供应链中各合作伙伴关系不协调、行动不一致，及其他一些合作不确定性引起的风险，供应链的全过程都存在着组织管理风险。在供应链中有很多因素能够引发组织管理风险，其中主要的有以下3种：

（1）交流合作因素——组织管理风险　在供应链中，各合作企业的所在区域较分散，相互主动沟通交流的积极性较差，导致上下游企业之间关系不协调，甚至经常相互脱节。上游企业对下游企业供应不足或供应时间不准的现象时有发生。

（2）一致性因素——组织管理风险　一致性因素主要是指各伙伴之间在各个方面存在种种差异，如目标、利益及对同一事情理解与态度的不一致。所以在供应链管理的过程中，由于各个企业行动不一致，就很有可能使供应链协调失衡、管理失控并最终导致供应链合作的失败。

（3）管理因素——组织管理风险　对于供应链中某个企业内部出现管理混乱，也会波及供应链中其他合作伙伴，使得供应链中各个企业不能顺利合作，严重时可导致供应链中断。

8.1.1.4　信息风险

连接供应链各环节的纽带是食品信息，是贯穿供应链始终并最终提供给消费者参考的依据。食品信息是指为了保证食品的供应、生产、流通和销售，在整个链条中，各相关主体之间传递相关信息。由于每个企业都是独立经营，供应链实质上是一种松散关系体系，当其发展至一定规模时，信息传递延迟将导致供应链上下游企业之间对产品的生产以及客户的需求出现偏差，产生“牛鞭效应”，导致信息不对称，不能真正及时满足市场的需要。

（1）“牛鞭效应”——信息风险　牛鞭效应是由于供应链上的各节点企业只根据相邻的下游企业的订单进行生产，则会导致出现非真实的需求信息沿着供应链逆流而上并产生逐级放大的现象，是对供应链中由于信息传递扭曲的描述，因此供应链源头的供应商所获得的需求信息与末端的实际消费需求信息之间会出现较大的偏差。

（2）网络安全隐患——信息风险　网络技术是一把双刃剑，在收集和传播信息的过程中，先进的信息技术带来了极大便利，供应链管理成功实施的同时，由于电脑病毒入侵、黑客的恶意攻击等因素造成机密数据的破坏、泄露，也给供应链管理的有效运作蒙上一层阴影，导致供应链中各节点企业损失巨大。

(3) 内部信息流不畅——信息风险　内部信息流是指企业组织内部各部门之间的信息流动，如果企业内部组织结构存在问题或是企业信息化程度低下，就会导致内部信息流不通畅，信息的效用及价值自然无法得到实现。企业与供应链其他各节点企业间的信息交换形成企业外部信息流。在供应链上如果有一家企业内部信息流不通畅，那么就会影响到整个供应链上的其他各企业。从而导致的结果是供应链整体效率的下降或竞争力的下降。

8.1.1.5　环境风险

自然环境风险，如台风、洪水、地震、雪灾等自然灾害，对食品的供应、生产加工、配送、销售等各环节的影响都会威胁到生鲜食品供应链的正常运行，产生经济环境风险。经济环境指一个国家或地区的社会经济制度、经济发展水平、产业结构、劳动力结构、物资资源状况、消费水平、消费结构及国际经济发展动态等。由于市场经济具有繁荣期和衰退期交替的特征，所以生鲜食品供应链不能盲目扩张。

8.1.1.6　市场风险

由于需求及价格的市场行情变化，经济政策改变等不确定因素导致实际收益与期望收益有差距的不确定性所造成的风险称为市场风险。食品市场上由于具有需求不确定性风险、经济政策风险，对生鲜食品供应链在复杂的市场环境中产生不利影响。

(1) 需求不确定性风险　市场需求拉动整个供应链，只有对需求进行准确预测，供应链中的生产、运输、供给和销售等才能顺利进行。由于我国改革开放后引入市场经济，市场竞争加剧，导致消费者需求偏好的不确定性大大增强，增加了预测的不准确性，很容易导致整个供应链产生经营风险。

(2) 经济政策风险　当国家经济政策发生变化时，往往会对供应链的运作模式及管理方法产生一定影响，增加了供应链的经营风险。由于食品行业的特殊性，我国多次出台宏观调控政策，但食品市场的变动方向因经济政策的变化而变化，所以也带了一定程度的风险。

8.1.2　食品供应链风险评价指标体系的构建

运用层次分析法，根据专家打分得到的数据，对食品供应链上的六大主要风险因素进行权重评估，得出各风险因素对食品供应链影响力强弱的关系。确定权重的方法有许多种，例如，层次分析法 AHP、主成分分析法、专家打分法等，在给予指标权重时必须根据研究对象的特点，有选择地加以应用。本节将采取初步专家打分法和层次分析法相结合的方式进行指标权重确定。

将六大风险作为一级指标分析出的十三个因素作为二级指标进行模型的构建，模型如图 8.1 所示。根据评价指标体系，建立以下的评价因素集合。

A = {质量风险为 B1，信息化风险为 B2，组织管理风险为 B3，环境风险为 B4，市场风险为 B5，物流风险为 B6}

其中：

B1 = {实物质量为 C11，服务质量为 C12}

B2 = {牛鞭效应影响为 C21，网络安全为 C22，内部信息流为 C23}

B3 = {内部组织为 C31,外部合作为 C32}
B4 = {自然环境为 C41,经济环境为 C42}
B5 = {需求不确定性为 C51,经济政策为 C52}
B6 = {第三方物流为 C61,冷链物流为 C62}
根据以上分析,构建食品供应链风险评价指标体系如图 8.1 所示。

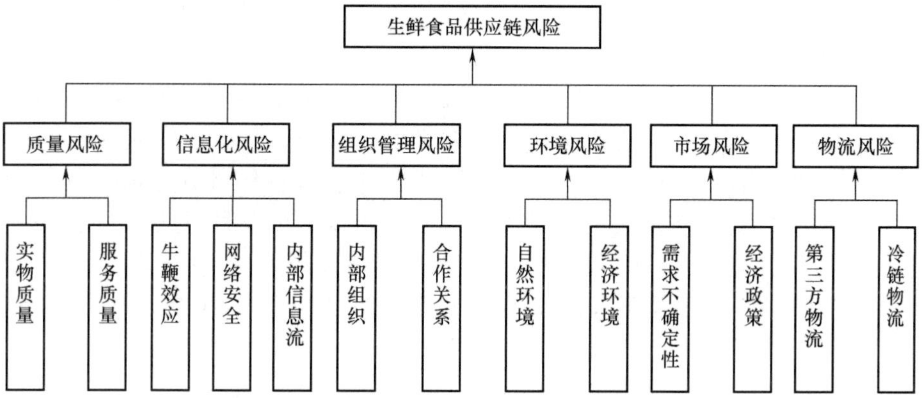

图 8.1 生鲜食品供应链风险层次分析图

8.1.3 食品供应链的风险评估

面对食品供应链风险,需要对这些风险进行分析评估。食品供应链风险评估是对某一特定的食品供应链风险的测量,它将综合考虑食品供应链风险发生的概率和风险发生造成损失的程度两方面因素。根据实际经验,人们经常将食品供应链风险发生的概率分为 5 个等级(不可能、不太可能、中度、可能、非常可能),同样也将食品供应链风险发生造成损失的程度分为 5 个等级(没有损失、较小损失、中度损失、严重损失、灾难)。食品供应链风险的测定是非常模糊的,都是一些相对的非数值化的描述。因此需要更加精确的评估理论和方法,需要更加科学规范的食品供应链风险评估模型。

在评估食品供应链风险时,不仅要考虑风险对食品供应链成员的影响,而且要考虑食品供应链风险的发生对食品供应链整体造成的后果。不仅要考虑食品供应链风险带来的经济损失,而且要考虑它带来的非经济损失,如信任危机、声誉下降等无形的非经济损失。这些非经济损失有时是很难用金钱来评价的。

8.2 食品供应链风险控制

8.2.1 食品供应链集成与协调控制

食品供应链集成与协调可以增强食品供应链成员之间的联系与合作,提高成员之间的信息共享程度,使整个食品供应链能更好地协调物流、信息流和资金流,有效抵御食品供应链风险。

8.2.1.1 食品供应链集成管理

食品供应链集成管理是指对食品供应链成员及其资源的集成管理，实现对物流、信息流和资金流的集成控制，以一个有机整体最优的形式参与市场竞争，实现食品供应链成员精益生产、柔性制造、零库存和快速响应客户需求的目标，满足高质量、高柔性和低成本的食品供应链运营要求，提高食品供应链系统的稳定性和规避风险的能力。从食品供应链集成管理的深度和广度来看，可以分成信息集成管理、资源集成管理和过程集成管理三个方面。

8.2.1.2 食品供应链协调管理

食品供应链协调管理是面向整个食品供应链，为保障食品供应链的物流、信息流和资金流能够无缝、快速地在食品供应链中流动，减少因信息不对称、资源不稳定和过程不明确造成的采购、生产和销售等环节的不确定性，以及消除因食品供应链成员之间目标不同而造成的利益冲突，提高食品供应链的稳定性和整体竞争力而采取的各种行动。因此食品供应链协调管理有助于实现食品供应链集成和控制食品供应链风险。

食品供应链协调包括两个层次：宏观层次上的协调，指供应商、生产商、分销商和零售商等食品供应链成员之间的相互协调；微观层次上的协调，指供应商、生产商、分销商和零售商等食品供应链成员内部各种活动之间的协调。从宏观战略的角度来看，食品供应链协调方法主要包括如下几种。

(1)建立战略合作伙伴关系　食品供应链战略合作伙伴关系是食品供应链成员之间在一定时期内共享信息、共享利益和共担风险的协议关系，强调通过合作最大限度地提高客户满意度，实现双赢的目标。食品供应链战略合作伙伴关系有助于改善食品供应链、控制食品供应链风险，提高食品供应链效率，但是这种方式具有一定的局限性，不是解决食品供应链协调问题的完美方式。

(2)集中控制食品供应链　食品供应链核心企业通过拥有的技术、设施、渠道等核心能力，控制整个食品供应链的采购、生产和销售过程，实现信息共享、利益共享和风险共担的目标，达到食品供应链整体优化的目的。从理论上讲，在只有核心企业这样一个决策者的食品供应链中是可以达到协调的，可成为食品供应链风险控制的一种途径，因为食品供应链的最优决策即为核心企业的最优决策。但是由于需要核心企业投入更多的精力进行协调，会影响其优势能力的发展，最终导致食品供应链核心竞争力的降低。因此食品供应链集中控制方式的应用也是有条件的。

(3)食品供应链契约协调　食品供应链契约协调是指通过合适的信息和激励机制保证合作的交易双方协调，优化销售渠道绩效，明确权利与责任关系的有关条款。食品供应链契约是为了保证双方能达到最好的收益，即使食品供应链达不到最好的协调，也可以获得帕累托最优解，以保证每一方的利益有所提升。

在食品供应链集成与协调模式中，如果食品供应链成员在每一个阶段都能采取促进整个食品供应链利益提升的行为，食品供应链的集成性与协调性就会得到改善。食品供应链集成与协调，要求食品供应链成员的每一个阶段都考虑自身的行为对其他阶段的影响。

8.2.2 食品供应链分散与集聚控制

分散与集聚是两种不同的食品供应链基础结构模型，食品供应链结构区分了不同行业的食品供应链结构，不同的企业应该根据所处行业特点、不同的规模和业务流程选择不同的食品供应链结构。针对不同的行业或不同的企业，正确地选择食品供应链分散与集聚结构，可以更好地控制食品供应链的风险，增加食品供应链整体收益。

8.2.2.1 食品供应链分散网与集聚网结构

食品供应链分散与集聚反映了多样性和单一性控制模式，已经成为效益和风险综合决策选择的两种重要方式。

（1）分散网结构模型　分散网结构就是通常说的 V 形结构，它是食品供应链网状结构中最基础的结构。传统的食品供应链就是一种典型的分散网结构，如图 8.2 所示，食品加工企业通过与农户的契约关系，将一家一户分散经营的农户组织起来，实现区域化布局、专业化生产和一体化经营，为解决生产、加工、销售相脱节和农户小生产与大市场相矛盾的状况提供了一条切实可行的途径，这种模式在许多地区取得了较大的成效。

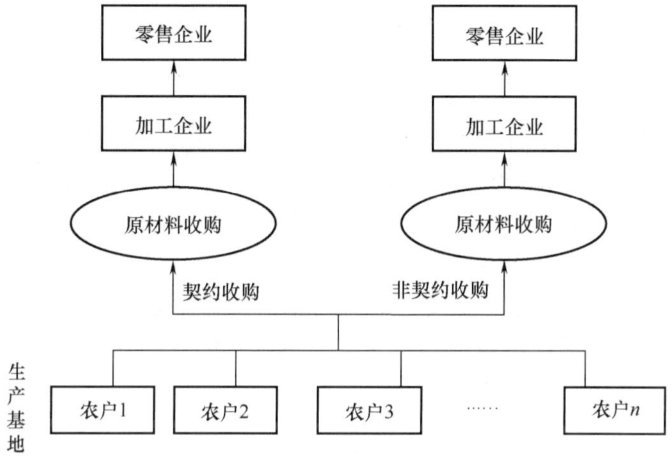

图 8.2　食品供应链分散网结构（传统的食品供应链模型）

食品供应链分散网结构在网络中分散资源，增强了网络抵御风险的能力，但是当网络延伸到最终客户时，就会发现这种生产方式延长了从订货到交货的时间，有可能降低客户满意度。食品供应链成员为了满足不确定性需求、提高客户服务水平以及保障生产能力，需要大量的库存（占用了大量的资金）作为缓冲。因此食品供应链分散网结构的应用，一方面增加了食品供应链运营成本，延长了客户反应时间；另一方面增强了食品供应链抵御风险的能力，降低了食品供应链中断风险发生的可能性。

（2）集聚网结构模型　由于食品供应链分散网结构具有较大的时滞，无法真正实现订单和客户驱动。但是面向最终客户的食品供应链成员的生产活动是受订单和客户驱动的，他们在种植/养殖、生产和加工食品时，会遇到与 V 形结构相反的问题，即为了满足少数客户的需求和订单，需要从大量的供应商手中采购大量的原材料。食品供应链成员形成的 A 形食品供应链系统即集聚网结构（图 8.3）。例如，乳制品供应链是受服务驱动的。食品供应链集聚网突出的特点是，生产和加工过程集中完成，在一处作业地点将许多独立的原料加工成少量的最终食品。食品供应链集聚网结构提高了食品供应链对客户需求的反应能力，但是增加了食品供应链发生中断风险的可能性。

当然所谓的最终客户都是相对的,在图 8.3 中乳业公司是最终客户,它与供应商一起构成了 A 形食品供应链网络,但是如果以乳粉的最终消费者为最终客户,乳业公司的销售系统就是一种 V 形结构(图 8.4)。

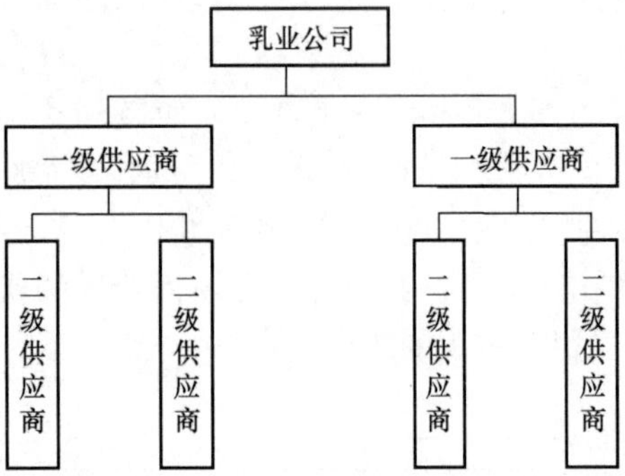

图 8.3　食品供应链集聚网结构(从组织方面描述)

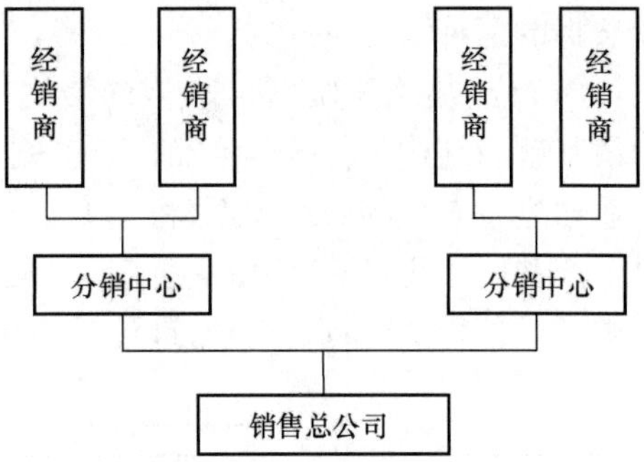

图 8.4　食品供应链 V 形结构

(3)T 形结构模型　如果将图 8.3 和图 8.4 中乳粉的生产和销售考虑为一个整体,那么这个整体的食品供应链网络结构就是 X 结构。在接近最终客户的企业(如保健品、食品和饮料等)中,通常集成了这两种模式,即这些企业在采购大量的物料或给大量的最终客户和合作伙伴提供原料时,遇到 A 形和 V 形两方面的困难。在图 8.2 的原有食品供应链中加入信息代理,这样就形成了最具挑战性的 T 形结构(图 8.5)。信息代理不仅承担着保证企业与农户契约履行的责任,而且还扮演信息中介的角色,即整个食品供应链的信息流、物流由信息代理统一协调,以保障信息的通畅。

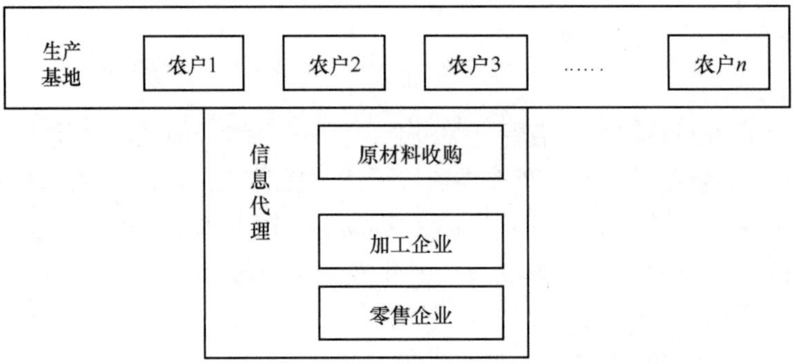

图 8.5　食品供应链 T 形结构(新型的食品供应链模型)

8.2.2.2　食品供应链分散网与集聚网的风险控制

面对复杂的食品供应链风险,食品供应链分散网与集聚网具有不同的特性。在具有不同网络拓扑结构的食品供应链系统中,可以从更为宏观的角度规避和控制食品供应链风险。从另一个角度看,面对不同的食品供应链风险,为了增加食品供应链网络的灵活性、弹性和稳定性,增强对食品供应链风险的抵御能力,应该设计不同的食品供应链网络结构,以便更有效地规避风险，不能仅通过市场力量和选择性控制策略解决食品供应链管理中遇到的问题。

(1)食品供应链分散网风险控制　食品供应链分散网成员主要依赖于对关键流程、关键环节的有效控制来规避食品供应链风险。由于食品供应链分散网中的内部因素主宰着食品供应链的关键流程——生产，它们可以面向订单生产或者面向预测生产，所以食品供应链成员很少关注食品供应链系统之外的因素。无论情况如何变化，通过对关键流程的瓶颈环节、生产提前期、产品缓冲和同步作业等控制，有助于成功控制食品供应链风险。总之对于食品供应链分散网的风险控制主要依赖于对内部关键流程和瓶颈环节的合理安排，缩短从订货到交货的时间，提高客户满意度。

(2)食品供应链集聚网风险控制　在需求量预测的基础上，食品供应链集聚网成员可以拥有临时性的原料库存，产生了常见的原料是否同步和库存成本风险。在食品供应链集聚网中，成员完成将原料加工成最终食品的生产过程。由于食品原料成本较高，食品供应链成员建立的原料库存引发了库存成本。因此，当市场的需求不确定时，成品库存成为主要的库存。

为了实现对食品供应链集聚网的风险控制，在下达订单时，食品供应链集聚网成员考虑供应商的供应提前期及其按期完成的能力，需要精确地计划该订单所需要的原料和生产能力；在考虑供应商的报价时，食品供应链集聚网成员应当考虑供应商真实可用的能力及原料和库存中短缺的关键性原料的供应时间等。食品供应链集聚网成员必须紧密合作，为降低食品供应链原料库存，采用JIT技术和较近的空间距离，为控制最终产品的库存，制定小批量生产目标。

食品供应链复杂的网络结构直接孕育着食品供应链风险，也应该成为食品供应链风险管理的焦点。因此充分了解食品供应链网络，正确选择食品供应链网络结构，有助于深入理解食品供应链风险的内涵和外延，从宏观和微观两个层次上正确认识食品供应链风险管理的本质。食品供应链网络特征分析有助于食品供应链成员制定恰当的食品供应链风险控制战略。例如，可以将食品供应链网络划分成主干网和分支网两个层次，或根据食品供应链的多级性特征进行细分，从而建立具有竞争力的食品供应链网络。

实践证明食品供应链网络的分层和分级管理是十分重要的。食品供应链网络结构的动态性有助于建立食品供应链适时修正战略，跨地区性特点提醒食品供应链成员密切注意国际惯例和各国文化、法律的差异，密切注意食品供应链风险的威胁。

食品供应链分散与集聚控制是相对的，食品供应链分散会降低食品供应链协调性，食品供应链集聚会降低食品供应链柔性，因此在实际的食品供应链管理体系中，需要有效地协调分散与集聚的关系，并进一步实施食品供应链网络协同控制。

8.2.3　食品供应链网络协同控制

食品供应链网络协同管理已经成为食品供应链风险控制的一个新视角，它致力于培育保障食品供应链网络正常运营的土壤。在信息共享的基础上，食品供应链成员之间相互沟通、协同决策，决策时能够站在食品供应链全局的角度综合考虑整个食品供应链的利益和风险。这种决策分散的食品供应链协同决策方式尽管无法实现每一个食品供应链成员的局部优化，也无法实现食品供应链的整体优化，但是整个食品供应链的风险是较低的。

8.2.3.1 食品供应链网络协同的概念

食品供应链集成管理会遇到许多无法克服的障碍,例如,食品供应链成员是那些独立或半独立的经济实体,它们具有不同的经济地位、不一致的激励目标机制和不对称的信息结构,因此无法真正实现食品供应链集成决策,即使食品供应链核心企业具有超级自然人的地位和影响力,能够控制所有的食品供应链成员,但是仍然无法真正实现食品供应链集成决策。此时食品供应链管理决策者将目光转向食品供应链网络协同控制。

网络协同技术是在网络环境下产生的一种理念,它将协同的概念应用于网络环境中,将数据、信息、资源按照一定的规则与协议实现共享,从而实现高质量、高效率、实时的信息传递与数据处理。在食品供应链管理体系中引入网络协同技术构成了食品供应链网络协同控制体系。

食品供应链网络协同控制的思想,就是为了提高食品供应链的整体竞争力,管理和控制食品供应链网络成员之间的协调与合作。围绕着一个共同的发展目标,食品供应链成员通过契约或联盟等方式在一个协同网络中,动态地共享信息、紧密协作,有助于进一步优化食品供应链,增加食品供应链风险控制能力。

食品供应链网络协同控制反映了食品供应链成员为了满足共同客户群的需求,协同决策、协同采购、协同生产、协同销售,实现了从食品供应链决策行为到食品供应链运营活动的协同,包含了食品供应链风险的协同决策和管理过程,从而增强了食品供应链成员把握全局、规避风险的能力。

由此可见,食品供应链网络协同管理思想就是以协同技术为支撑,以信息共享为基础,站在全局的高度采取共赢的原则,使整个食品供应链成员之间更加紧密、相互信任地协同决策和运营,有助于提高整个食品供应链的柔性、竞争力和抵御风险的能力。

8.2.3.2 食品供应链网络协同管理的优势

为了有效管理和控制复杂的食品供应链风险,食品供应链成员之间协同控制,增强了食品供应链的风险规避能力。食品供应链网络协同管理与食品供应链管理相比主要具有以下优势。

(1)食品供应链网络协同管理能够站在全局的高度,将整个食品供应链视为一个有机的整体,不再孤立的看待每一个成员,综合考虑他们之间的内在联系,实现彼此的相互融合。

(2)在信息共享的基础上,以实现整体最优为目标,食品供应链成员协同决策。不仅摆脱了单纯以自身利益最大化为目标的分散决策所造成的食品供应链整体绩效低下的问题,也克服了食品供应链集成管理单一决策者进行决策会带来较大风险等诸多障碍。

(3)食品供应链网络协同管理改变了食品供应链成员之间的合作理念和合作方式,面向共同的客户群,在紧密的合作关系中协同运营,追求共赢。

(4)食品供应链网络协同关系是在外部市场环境和内部演化发展共同驱动下形成的,主要围绕着核心企业的核心竞争力,以最大限度地提升客户满意度。

因此食品供应链网络协同管理可以使整个食品供应链创造的价值最大化,可以使食品供应链成员的构成框架和运行规则始终面向客户需求。

8.2.3.3 食品供应链网络协同控制的模式

食品供应链网络协同控制是一种组织形态的创新，也是食品供应链发展的一个新阶段，它本身就是一个食品供应链持续优化的过程。食品供应链网络协同控制不仅有利于降低食品供应链总成本，有利于提高食品供应链整体竞争力，而且能够缩短食品供应链的响应时间，更快更好地满足客户的个性化需求。

(1)食品供应链网络信息协同控制　来自不同的食品供应链成员的风险信息，必须进行信息资源整合，才能交换数据、共享信息，支持食品供应链风险管理活动，由于食品供应链成员之间的沟通与交流存在一定程度的不确定性，必须建立统一的信息平台，才能实现食品供应链网络信息协同控制。整合的信息平台涉及信息共享与交流平台和食品供应链风险管理决策支持平台等方面。

①信息共享与交流平台：信息共享与交流平台是信息传输、共享和交流的平台，是整个食品供应链管理系统的基础，没有坚实的信息共享与交流平台就无法实现信息资源的共享、食品供应链风险信息和食品供应链风险管理信息的发送，它包括有线通信系统、无线通信系统、计算机网络系统等。食品供应链管理系统以信息共享与交流平台为依托，建立起与食品供应链成员的网络连接，实现信息数据的交换与共享、全网的视频会议与视频点播服务、远程视频监控接入等功能。

②食品供应链风险管理决策支持平台：决策支持平台能够集思广益、形成决策，它是食品供应链管理系统的高级平台，从数据库中抽取数据，运用数学模型，生成所需要的风险管理决策帮助决策者利用数据和数学模型解决半结构化问题，实现风险辨识、风险评估、风险响应和风险控制。数据仓库、联机分析和数据挖掘是三大决策支持技术，既相互独立又相互关联，是决策支持系统的基础(徐国虎,2002)。

食品供应链网络信息协同控制系统有两个方面：一是协同信息来自于各个食品供应链成员，可以通过信息共享与交流平台与食品供应链风险管理决策支持平台的建立，使食品供应链成员能够及时了解各种风险信息，迅速做出决策，实现信息协同控制；二是加强食品供应链成员之间的沟通、交流与协调，可以通过定期交流、定期会议、专家咨询、项目合作等方式提高协同的有效性。

(2)食品供应链网络资源协同控制　在食品供应链风险管理中，资源是指可被食品供应链成员用以掌握、缓解和消除危机的基础设施、风险监控与救援物资、人才等。这些资源的使用时间、地点、调度方法等都需要科学地规划与协同。食品供应链网络资源协同控制能够整合食品供应链成员的所有资源(包括物资、资金、人才等)，为整合食品供应链所用，实现资源的最大化利用，资源协同对于扩大食品供应链风险管理资源协调能力，有效避免资源冲突具有重要意义。

①食品供应链成员协同：在食品供应链运营过程中，总会有一些模棱两可的问题暴露出来，如责任归属问题等。食品供应链成员协同提供了一个可选择的解决争端方法，为了实现资源协同控制的目标，需要在食品供应链成员交流过程中建立起一种互动的人际关系网，沟通与信息交流是在合作关系中建立相互信任的先决条件，食品供应链成员通过及时沟通与反馈达成共识，实现食品供应链管理的愿景。

②食品供应链网络资源的调度协同：对食品供应链风险的预防和救援、危机的处理都

需要资源的投入。甚至花时间和精力去分析潜在的隐患都需要有成本投入,这样就有一个成本和收益的问题。优化的资源管理调度系统就是要通过对安全投入产出比和经济损失等方面的分析,研究食品供应链如何用最少的安全投入实现尽可能高的食品供应链稳定性。

如果食品供应链突发事件爆发后损失相对较小,紧急救援物资可以储备得相对少些。当事件发生时,可以调用食品供应链成员的紧急救援物资,从而避免各成员投入同样的资源所造成的浪费,通过资源协同实现资源的有效利用。

③食品供应链网络流程协同控制:在食品供应链网络协同控制过程中,往往会涉及多个食品供应链成员,需要协调一致才能有效改进与提高,流程协同的重要目的就是要优化不合理的食品供应链流程,从而提高食品供应链运营效率和资源利用率。在流程协同的过程中,应从不同的维度来观察同一个流程。

面对食品供应链风险,食品供应链网络流程协同具体体现在风险辨识、风险评估、风险响应和风险控制四个方面。当突发事件爆发时,能迅速、有序、高效地实施流程协同,将风险危害程度降到最低;资源是食品供应链网络流程协同工作的重要保障,要通过食品供应链成员资源共享实现资源的有效利用,用尽可能少的资源储备通过合理地调度达到食品供应链网络流程协同的目的;食品供应链网络流程协同往往涉及多个成员,因此对救援行动的指挥和协调是流程协同有效开展的关键;流程协同的成果主要体现在反应速度上,突发事件发生后,一个有效的流程协同机制能够迅速进行决策,调度资源,组织食品供应链成员共同开展救援。

食品供应链网络协同控制强调从整个食品供应链角度辨识、评估、响应和控制食品供应链风险,突出了有效降低或规避风险的食品供应链管理的目的。

食品供应链网络协同控制不仅需要提高效率,而且需要快速反应客户需求的变化,在充分考虑客观可能性和客户群承受能力的基础上,循序渐进的持续优化食品供应链网络协同体系,不断提升食品供应链的整体竞争力。

8.3 食品供应链安全诚信风险管理

食品供应链企业的不诚信行为是目前食品安全问题发生的重要诱因,也是食品供应链风险管理的重要管控对象,因此,本节将重点介绍食品供应链安全诚信风险的概念、识别、评估等内容。

8.3.1 食品供应链安全诚信风险的概念

食品供应链安全诚信风险是指由于食品供应链核心企业、非核心企业以及利益相关者的失信行为造成的食品安全风险,食品安全诚信风险主要是聚焦在食品安全的角度来发现与食品安全相关的不诚信行为所带来的诚信风险。

首先,从企业内部采购、加工制造、仓储、自营物流这几个方面来分析对食品安全造成损害的诚信风险,例如,在原材料的采购过程中,以次充好、以假乱真的行为,对食品安全造成威胁;在食品加工环节,在利益的驱使下,原料缩水,滥用添加剂、防腐剂,包装材料不安全,设备陈旧、脏、乱,管理不科学等,这些行为都会造成诚信风险。

第二，从整条供应链的角度来看，从上游的供应商到下游的分销商零售商以及第三方物流公司，分析可能有的对食品安全造成影响的不诚信行为。食品供应链中各个利益相关者的不诚信和机会主义频频出现，以及企业内部的很多不诚信因素，这些环节以及这些环节中的利益相关者任何一个环节出现问题，都有可能对企业食品安全造成损害，产生各种能够预期或者不能够预期的结果，这就是企业食品安全诚信风险的内涵。

食品安全诚信风险管理是在风险分析和风险评估的基础上，选择和实施适当的事前防范和事后补救的管理措施，尽可能有效地控制食品风险，保护公众健康。食品安全诚信风险管理可以分为四个部分：风险分析、风险评估、风险预测和风险防范。

食品安全诚信风险管理的特点如下。

（1）完备的问责机制是食品安全诚信风险管理得以发挥功能的有效手段　建立健全食品安全诚信体系的首要目的就在于为消费者提供安全的食品，如果出现了食品安全问题，就应该找出食品安全责任人，应该有人对食品安全问题负责任。因此政府有关部门还应建立食品的追溯源头制度，完善食品的登记制度，严格食品的信息采集制度，从而有效改变政出多门、多头管理、交叉管理的局面。

（2）食品安全诚信风险管理是一个完整的、动态的、可操作性强的系统　由于食品企业生产的特殊性，使得食品安全问题始终存在，具有食品安全良好记录的企业并不意味着将来也一定能够保持这种良好的记录。所以说食品安全监管是一个动态的、长期的、持续的过程。食品安全诚信风险管理应能迅速将食品企业的不诚信行为进行诚信的累加或流失的记录，使食品企业不诚信行为能够立刻得到各方反馈。另外，食品安全诚信风险管理应覆盖所有与食品相关的行业，包括养殖、种植、运输、加工以及销售等行业，确保消费者食用的产品从农田到餐桌的整个过程是安全的。

8.3.2　食品供应链安全诚信风险识别

食品供应链有它自身的特征，在进行风险识别分析时，我们需要了解供应链涉及的范围和目标。例如，行业供应链的核心企业和上下游企业，供应链的战略目标，供应链的具体运作，导致整个供应链达不到预期目标甚至会导致供应链断裂的风险因素等。

8.3.2.1　核心企业食品安全诚信风险识别

（1）食品企业的采购环节　以猪肉供应链为例，核心企业对供应链源头的产品质量安全具有较高的防范意识，而对食品安全风险的识别也非常的重视。作为食品供应链的源头环节，必须能够很清晰地识别出影响食品安全的因素。从食品企业采购环节来看，这种主观的食品安全风险是最普遍、最严重的食品安全问题，也最为民众忌惮和诟病，民众对主观的食品安全零风险抱有越来越高的期望。

①主观风险：主观风险是人们心理意识造成的风险，由于经营者的自律、良心和诚信的缺失，监管者的失职渎职以及法律的空白、滞后等原因所造成的食品安全风险，包括食用农产品原料及其他投入品的质量安全控制可能出现的主观风险等。

a. 盲目选择供应商。由于企业缺乏有关供应商的相关信息或由于采购人员主观或客观因素而选择了经营不善、产品低质、缺乏诚信的供应商，采购不合格或不安全原料、产品等，形成生产环节的潜在危害。严重时引发食品安全恶性事件。

b. 采购人员偷懒或者企业为了降低成本采购腐烂变质、发霉、酸败、生虫、污秽不洁、掺杂掺假、混有异物或者其他感官性状异常的食品。

c. 采购人员采购没有检验合格证明的肉类食品、乳制品、调味品、饮料等，采购超过保质期及其他不符合食品标签的定型包装食品。

d. 原材料的采购过程中，以次充好以假乱真的行为，对食品安全造成威胁；为了“图便宜”，采购路边货或者其他无法溯源的食品原料辅料。

②客观风险：客观风险是不以人们意志为转移的实际发生的风险，如自然灾害、意外事故等一些不能克服、不能避免的客观因素，属于法律术语中的“不可抗力”。本文所说的客观风险是与主观风险相对应的，不是为了利益和某些目的而不可避免的发生的风险。

a. 自然环境风险。采购环节涉及方方面面，地域跨度一般都比较广，因而受到自然风险的影响也比较大。

b. 采购人员因某些操作失误、缺乏食品安全相关知识导致食品污染、交叉污染、损失等。

(2)食品企业的加工生产环节　食品加工环节的社会责任风险主要有两种。一是加工环境简陋，卫生标准不达标，中国食品业的小加工作坊较多，加工设备、管理水平和工艺落后，食品容易受到污染且难以达到安全标准。二是政府缺乏完善的监管机制，对食品原料和加工过程监控不力，加工企业为达到利益最大化，采用不符合安全标准的生产原料或违规使用食品添加剂或有害物质等。

①使用过期或不合格的食品或原料：加工过程中使用劣质、过期食品或过期原料，危害消费者身体健康，甚至导致食品中毒。

②假冒伪劣：食品生产加工领域假冒伪劣问题突出，使用非食品原料加工食品，掺杂掺假，生产假酒、劣质乳粉，用地沟油代替食用油进行加工等，缺乏对食品质量和卫生的严格控制，产品安全标志与实际状况不相符。用便宜原料生产出几乎没有营养的产品，使一些消费者深受其害，例如，安徽阜阳劣质乳粉事件，虽然不含有毒成分，也使众多婴儿失去生命。

③转基因食品：转基因食品是用生物技术将某些生物的基因转移到其他物种中改造生物的遗传特性，使其在性状、营养品质向人类所需的消费目标改变。转基因食品的安全性具有很多不确定性因素，消费者知情权、自主选择权、安全权得不到良好保证。

④违法使用添加剂：高科技技术运用于食品加工，新科技新产品(激素、抗生素等)的过度使用，在满足消费者需要的同时，也对人体产生潜在危害。在制作、加工处理过程中，滥用或超量使用抗生素、防腐剂、增白剂、保鲜剂、化学添加剂等，如馒头中的增白剂，餐饮中的增味剂、苏丹红、毒奶粉、瘦肉精等，严重威胁消费者的身体健康。一些企业通过对消费者的消费误导，使消费者对加工后的食品口味产生依赖，如可口可乐、肯德基等，肥胖症和富贵病不断增加。

⑤生产加工环境、设备、程序不规范：生产加工环境不符合卫生标准，加工设备简陋，消毒杀菌工艺和管理水平落后，生产车间肮脏，例如，水污染，灰烟污染等；缺乏或故意没有进行常规的设备维护保养，或者保养时不认真；未按正规程序进行加工，导致细菌多、微生物超标等。这些不规范行为会导致产品菌落数超标，影响产品质量，严重者可致食物中毒，甚至

引发大面积疾病或死亡,造成灾难性后果。

(3)食品企业的物流环节　核心企业自营物流诚信风险因素如下。

①减少运输次数,食品交叉放置:为了减少运输次数,将不同种类、不同风味的食品混放在一起,极易引起食品的交叉感染,造成食品交叉感染,严重时可致食物中毒。

②缺乏全程监控可追溯:企业运送人员在运输配送过程中不按规范操作,随意野蛮装卸等,可致食物中毒,引起身体不适。

③仓储运输条件不合格:仓储环境、运输工具等不符合规定,导致食物变质、菌落数超标等,可致食物中毒。

④废弃食品处置不当:过期或废弃肉类食品继续销售可致食物中毒,引起身体不适。

⑤包装不合格:使用虚假或有毒有害包装材料,导致食品受污染或误导消费者食用劣质或有毒食品基本无显性伤害,但受有毒有害包装污染的食品后会有损健康。

⑥使用劣质包装降低成本:将退回的包装材料掺杂到新生产的包装材料中再使用,存在不确定性安全隐患。

综合上述分析,我们建立了食品供应链核心企业安全诚信风险因素指标,如表 8.1 所示。

表 8.1　　食品供应链核心企业安全诚信风险因素

环节	风险因素	风险描述	风险后果
采购环节	盲目选择供应商	由于企业缺乏有关供应商的相关信息或由于采购人员主观故意或客观疏忽而选择了经营不善、产品低质、缺乏诚信供应商	采购不合格或不安全原料、产品等,形成生产的环节的潜在危害严重时引发食品安全恶性事件
	采购过程不规范	未持有卫生许可证或者未向供方索取产品合格证或质量检验报告单等材料	采购不合格或不安全原料、产品等,形成生产的环节的潜在危害
	企业为降低成本,采购不合格食品或原料辅料	为降低成本,采购腐烂变质、发霉、酸败、生虫、污秽不洁、掺杂掺假、混有异物或其他感官性状异常的食品;采购人员采购无检验合格证的肉类、乳制品等;采购路边货或者其他无法溯源的食品原辅料	导致产出危险食品,引起身体不适,严重者可致中毒
生产加工环节	使用过期或不合格的食品或原料	加工过程中使用劣质或过期食品或过期原料	存在很多不确定性,危害消费者身体健康,甚至导致食品中毒
	非法滥用添加剂	过量使用添加剂,使用违禁添加物或其他有毒有害物质,如瘦肉精等	导致一系列严重疾病,如癌症或生理上受到伤害

续表

环节	风险因素	风险描述	风险后果
生产加工环节	使用非食品原辅材料	使用非食品原辅材料，如添加非食品级的色素、香味剂、防腐剂、保脆剂、发色剂、护色剂等，或者矿物油抛光大米，用硫磺、双氧水、福尔马林等化学原料加工水发食品、面粉增白剂等非食品添加物	导致不合格产品，严重者可致食物中毒，引发致命疾病
	假冒伪劣问题	使用虚假或有毒有害原料，掺杂使假，如用地沟油代替食用油进行加工等	可引起身体不适，有损健康，甚至导致食物中毒
	转基因食品	使用生物技术改造生物遗传物质	存在很多不确定性，对人健康有隐患
	生产加工环境不符合卫生标准	加工设备简陋，消毒杀菌工艺和管理水平落后，生产车间肮脏，例如脏水污染，灰烟污染等	加工环境不符合卫生标准，会导致菌落数超标，影响产品质量，严重者可致食物中毒，甚至引发大面积疾病或死亡，造成灾难性后果
	未对设备进行定期的维护、保养，或保养不当	缺乏或故意没有进行常规的设备维护保养，或者保养时不认真，搪塞了事	产品发生变质，引起身体不适，严重者可致中毒
	加工程序不规范	未按正规程序进行加工，导致细菌多、微生物超标等	严重者可致食物中毒，引起身体不适
	加工故意不执行国家标准	不执行国家标准，降低标准生产产品	导致不合格产品
	产品安全标志与实际状况不相符	企业为增加销售量，蓄意错标、漏标包装标签等	存在很多不确定性，对消费者健康有隐患
物流环节	减少运输次数，食品交叉放置	将不同种类、不同风味的食品混放在一起，极易引起食品的交叉感染	造成食品交叉感染，可致食物中毒
	缺乏全程监控可追溯	企业运送人员在运输配送过程中不按规范操作，随意野蛮装卸等	引起食物变质，可致食物中毒，引起身体不适
	仓储运输条件不合格	仓储环境、运输工具等不符合规定，导致食物变质、菌落数超标等	可致食物中毒
	废弃食品处置不当	过期或废弃猪肉食品继续销售	可致食物中毒，引起身体不适
	包装不合格	使用虚假或有毒有害包装，导致食品受污染或误导消费者食用劣质或有毒食品	基本无显性伤害，但受有毒有害包装污染的食品后会有损健康
	使用劣质包装	降低成本，将退回的包装材料掺杂到新生产的包装材料中再使用	存在不确定性安全隐患

8.3.2.2 食品供应链节点企业的食品安全诚信风险识别

供应链节点企业的合作行为可以提高整个链条的效率,实现帕累托最优。食品供应链任一环节出现问题都会对整个供应链带来风险,因此,加强节点企业间的合作才能有效降低风险。

(1)供应商　食品供应链始于原材料的生产,包括饲养、种植、养殖等。供应环节风险可控性较低,会不可避免地传递给下游环节。一方面,生产过程缺少规范的产地环境和相关的农产品管理制度,种植养殖户得不到有效指导,食品安全意识缺乏,又以追求自身利益最大化为目标,在农产品供应过程中,容易发生农药、激素、抗生素以及化学残留、违禁药物等引发的问题。另一方面,农产品的收购商缺乏统一的采购标准和严格的惩罚力度,难以对种植养殖户形成强大的约束力。

(2)食品流通和包装风险　流通环节。食品流通环节主要包括运输和储存等环节。有些企业缺乏专用运输工具,在食品收购、贮藏和运输过程中,过量使用防腐剂和保鲜剂,许多原本出厂合格的产品因为流通环节出现问题而变成不合格,甚至成为腐烂变质的食品。冷链物流企业为了降低成本,在运输配送装卸搬运等过程中断链条等。

包装环节。很多中小食品企业使用不合格包装物,分级包装水平低、包装技术落后、安全标准不规范、安全监测水平低,包装上不准确标注生产日期和保质期,标注生产日期滞后于购买日期等。越来越奢华的食品包装(如月饼包装)不断加剧食品安全、环境污染和资源浪费等社会隐患。

(3)分销商、零售商　食品供应链销售环节中的食品安全诚信风险主要是在食品销售中的弄虚作假行为和售后对消费者等利益相关者的权益保障不完善。销售商故意抬高价格、虚假宣传、故意炒作、垄断、欺诈员工、偷税漏税、不正当竞争、做假证、排污超标,生产对环境造成极大污染;非法营业、售后服务、假冒品牌、权钱交易、商业贿赂、恶性竞标、地区歧视、强买强卖、恶意骗贷、哄抬物价、售后服务差、产品质量低劣等无一不刺激着广大消费者脆弱的神经。食品销售的主体多元化、手段多样性会使销售环节产生食品安全诚信风险:

一是由于交易双方信息不对称,部分食品零售商将正常食品中混杂过期或者临近过期的食品,或者利用消费者倾向购买廉价食品的心理打折出售临近过期的食品吸引消费者。

二是市场监管部门在销售终端监控不力,消费者无法获取产品在整个供应链上的信息,甚至出现"逆选择",符合安全标准的食品在市场上失去竞争力。

(4)第三方物流风险　食品企业食品安全诚信风险与食品的储存和运输有关:一是食品具有保质期,对贮藏的温度和湿度等指标有严格要求,若企业利用流通地域和时间上的矛盾,非法添加防腐剂、抗氧化剂或者采用化学物质调节动植物的生长的发育,都会带来隐患。二是物流的运输工具和运输方法专业化程度低,也会加大食品腐烂变质和受污染的概率。为节约运输成本,混放不同种类的食品,引发交叉污染或搬运装卸中带来污染风险等。

还有在物流运输和仓储环节的食品生产，特别是农产品生产具有广泛的地域性，为满足不同地区消费者的需求，各种食品在不同的区域相互频繁流通。这就对食品供应链物流提出很高的要求。大部分食品供应链物流系统都是采用低温环境运作，这不仅对物流中的冷链运输技术要求高，对仓库等储存场所的制冷技术要求也极为严格。目前，我国食品供应链整体的物流技术相对落后，致使食品在整个供应链的流通环节耗损严重。

因为乳制品和猪肉极易腐烂变质，具有一定的保质期，并对贮藏的环境包括温度、湿度等因素有着严格的要求，因此食品贮藏是食品供应商、批发商和经销商共同面临的一个难题。在食品贮藏过程中稍有不慎，就会出现食品受到污染、腐败变质等现象。

根据上述分析，我们建立了食品供应链节点企业诚信风险因素指标，如表8.2所示。

表8.2　食品供应链节点企业安全诚信风险因素

环节	风险因素	风险描述	风险后果
供应商	生产过程中农（兽）药残留	过量使用或非法使用高毒农药、兽药等	严重者可致重度或大面积中毒
	牲畜打过多的疫苗	为提高牲畜存活率，给牲畜打过多的疫苗，牲畜的休药期未结束就投向市场	造成货源污染、中毒等，人食之可致身体不适，并存在潜在致病风险
	饲料和兽药不合格、超标	非法使用违禁药品，添加的违禁药品，如激素类药品、镇定类药品等，超范围或过量使用饲料添加剂、不按规定使用药物饲料添加剂等	可致食物中毒，并存在潜在致病风险
	包装材料供应商提供不合格包装物	供应商提供的包装印刷技术落后、质量管理不规范，使得包装材料的安全性存在很大隐患	可造成食品污染，引发食品安全问题
分销、零售商	销售质量不合格的食品	产品以次充好，以假充真，销售不符合国家和行业标准的食品，销售失效、变质的食品等	严重者可致食物中毒，引起身体不适
	虚假宣传、故意炒作	销售商虚假宣传、故意炒作，向消费者传递虚假信息，强买强卖	存在很多不确定性，对人体健康有隐患
	用非法加工的劣质食品冒充品牌	用非法加工的劣质食品冒充品牌食品，逃避市场监管，直接进入市场	严重者可致食物中毒，引起身体不适
	质量欺诈	对消费者质量欺诈、对其他企业商标侵权和专利侵权	存在很多不确定性，对人体健康有隐患
	利用“品牌身份”欺骗消费者	利用其品牌优势，透支品牌信誉，置消费者利益于不顾，道德缺失	存在很多不确定性，对人体健康有隐患
	产品检验不当、保存不当、放置不当	销售时对产品检验不当保存不当，放置不当，导致产品出现问题	引起食物变质，可致食物中毒，引起身体不适

续表

环节	风险因素	风险描述	风险后果
第三方物流	缺乏或人为降低必要的运输配送的条件	如冷链运输中,为降低成本,随意开关冷柜,冷柜温度不恒定,又由于缺乏全程监控可追溯,难以监管这种行为	引起食物在保质期内变质,影响食品品牌声誉
	物流从业人员的不规范操作	企业运送人员未受到专业培训,在运输过程中随意野蛮装卸、或者将容易相互污染的食品混装等	导致食品受损变质或细菌超标等,带来安全隐患
	物流中心仓储条件不合格	仓储环境不符合规定,导致食物变质、菌落数超标等	严重时会导致食物中毒

8.3.2.3 其他利益相关者诚信风险识别

(1)消费者　近年来多次食品行业质量事故的发生深深地刺激着广大消费者追求健康和营养的敏感神经,严重损害着我们和下一代的身心健康。一旦发生质量事故很难重拾消费者的信心,从而对企业造成致命打击,甚至对整个行业造成巨大的影响。

(2)检查机构　检查机构可能与一些食品企业互相勾结降低甚至不对食品企业进行检查,或者检查机构本身检查的指标不够科学从而造成很大漏洞。

(3)政府监管部门　近年来,我国政府不断探索和完善食品监管方式,弥补食品安全多头管理的不足,即将建立从产品设计到原料进厂、生产加工再到出厂销售,以及售后服务的工业品全过程的监管链条。食品加工行业的准入门槛将被提高,低成本的小作坊将逐渐淘汰。

(4)新闻媒体　日益强大的媒体力量对食品安全问题过度敏感,引导民众出现一浪接一浪的"恐食症"。有些食品安全问题尚未经过科学评价,媒体就已经对该食品宣判了死刑。在政府和媒体的高强度监管之下,食品加工企业如履薄冰,企业运营风险越来越大。

(5)非政府组织　非政府组织虽然可以在一定程度上代表民意,但它们在民意代表方面有很多局限性。在现实生活中,非政府组织能否真正代表民意,以及在多大程度上能成为民意的代表,是很不确定的。非政府组织并没有选择最能服务公共利益的公共政策的最终义务。非政府组织关心的仅仅是更狭隘的利益, 如环境、经济、社会福利等。

(6)职业打假者　1994 年颁布的《消费者权益保护法》第四十九条规定:经营者提供商品或者服务有欺诈行为的,应当按照消费者的要求增加赔偿其受到的损失,增加赔偿的金额为消费者购买商品的价款或者接受服务的费用的一倍。这条"退一赔一"的规定很快造就了一大批职业打假人。但是有很多职业打假者购假之后,50% 以上的纠纷都会与商家"私了"解决。要求"私了"时,这些人往往会开出高于商品价格几倍的索赔额,有时还会抛出"让媒体曝光""诉诸法律影响不好"等带有威胁性的语言。而出于商业声誉考虑,如果商品真的存在瑕疵,商场也不愿意闹到法院,通常都会选择"私了"。

依据上述分析,我们建立了供应链企业其他相关者安全诚信风险因素指标,如表 8.3 所示。

表 8.3　其他利益相关者安全诚信风险因素

名称	风险因素	风险描述	风险后果
消费者	消费信心降低	食品企业诚信缺失事件导致消费者消费信心大大降低，对企业不再信任	企业造成致命打击，甚至对整个行业造成巨大的影响
检测机构	检测机构不实报告	检测机构报告不诚信，偏袒企业或与企业勾结	造成不合格产品进入市场，带来食品安全隐患
	降低标准或指标不科学	食品安全标准低甚至不对食品企业进行检查，或者检查机构自己本身检查的指标不够科学，检查出来的结果不够科学	对食品安全造成很大漏洞，存在安全隐患
	工作人员缺乏诚信意识，徇私舞弊	检查机构工作人员不认真履行监管职责，或超越职权，甚至徇私舞弊，为不合格食品出具合格证	造成产品不合格
政府监管部门	诚信法律法规不到位	对食品行业实施监管的法律法规不到位，不细致	导致企业钻漏洞，存在安全隐患
	监管不公平、不诚信	政府监管采取分级措施，甚至与企业相勾结	导致不合格产品
	执法偏软，处罚不公	执法过程中存在很多漏洞或手段偏软	对食品安全造成很大漏洞，存在安全隐患
新闻媒体	媒体不实、夸大报道	食品安全问题尚未经过科学评价，媒体就已经对该食品宣判了死刑	引发公众恐慌，对食品企业可能造成极大困扰，甚至破产
	盲目跟风，报道不科学、不准确	新闻媒体经常盲目跟风，未进行深入调查和核实信息就争先报道，缺乏准确性	引发公众恐慌，对食品企业可能造成极大困扰，甚至破产
非政府组织	利益驱使，缺乏诚信	追逐经济利益等，缺乏对公共利益的重视	存在很多不确定性，对食品企业有隐患
	自身腐败	维系组织自身的运转或组织自身的利益，可能出现自身的腐败现象	存在很多不确定性，对食品企业有隐患
职业打假者	谋求利益，采取不正当手段	打假者威胁企业或采取一些不诚信、不正当措施	造成企业损失，也使食品安全存在隐患
同行业竞争者	故意诋毁、诽谤陷害，捏造散布虚伪事实	故意诋毁同类产品，在背后“暗算”企业，商业诽谤，损害他人商誉	对企业造成很大损失，也使食品安全存在隐患

8.3.3　食品供应链安全诚信风险评估

目前国内外应用于风险评估的方法主要有风险矩阵法和模糊层次分析法，由于风险矩阵法能够将诚信风险清晰、直观地显示出来，同时识别出最为关键的风险，以使风险防范和控制更具有针对性，本项目将运用风险矩阵法对食品安全诚信风险评估。

8.3.3.1 应用于食品安全诚信风险评估的风险矩阵方法

（1）风险矩阵方法概述　根据国际食品法典委员会（CAC）对风险的定义，风险（risk）是将对人体健康或环境产生不良效果的可能性和严重性。这种不良效果是由食品中的一种危害所引起的。由定义可以看出，风险是风险因素发生的可能性与严重性的二元函数。用数学表达式可以表示为：

$$R = F(P,S)$$

式中　R——风险等级；

P——风险因素发生的可能性，即风险发生的概率；

S——风险因素的严重性，即风险造成的影响程度。

据此，美国空军电子系统中心（ESC，Electronic systems center）的采办工程小组于1995年4月提出了风险矩阵分析方法，通过综合考虑风险概率和风险影响两方面的因素，由专家通过较为直观的经验，判断出风险影响和风险概率所处的等级，通过应用Borda计数法对各风险因素的重要性进行排序，从而对项目的风险进行评估。此后在ESC的大量项目都采用风险矩阵方法对项目风险进行评估。

原始风险矩阵由风险栏、风险影响栏、风险发生概率栏、风险等级栏和风险管理栏等组成，如表8.4所示。

表8.4　风险矩阵样例

风险	风险概率	风险影响	风险等级	Borda序值	风险管理
……	……	……	……	……	……

其中，风险栏描述具体的风险，风险概率栏估计风险发生的可能性，风险影响栏评估风险对项目的影响，风险等级栏由风险概率栏和风险影响栏共同决定，Borda序值栏是按照Borda序值法测算出来各风险事件的Borda序值，风险管理栏为降低风险的具体措施。

（2）应用于食品安全诚信风险矩阵设计　我们将风险矩阵方法应用到食品安全诚信风险评估，将诚信风险清晰、直观地显示出来，同时识别出最为关键的风险。我们将表8.1、表8.2和表8.3所示的识别结果作为参考依据，请专家对风险发生概率和影响程度分别进行评级。通过反复咨询和修改，最终得出风险发生概率和影响程度的等级，将风险矩阵方法应用于食品安全诚信风险评估，将风险进行划分，如表8.5和表8.6所示。

表8.5　诚信风险因素发生概率的等级划分

等级	附值	描述词	可能性的量化衡量
较低	5	极少发生	样本中所占比重小于1%
低	4	低可能发生	样本中所占比重大于1%小于5%
中等	3	可能发生	样本中所占比重大于5%小于10%
高	2	很可能发生	样本中所占比重大于10%小于20%
极高	1	时常发生	样本中所占比重大于20%

表 8.6　　诚信风险因素的影响程度等级划分

等级	附值	描述词	具体描述
较小	5	无伤害	不会造成任何伤害或伤害程度可忽略
小	4	较小伤害	无显性伤害，但长期食用可危害健康
中等	3	中等伤害	导致轻度食物中毒，引发身体不适
大	2	严重伤害	可致重度或大面积食物中毒，引发严重疾病
极大	1	灾难性伤害	直接导致死亡，或导致大面积严重中毒和疾病

参照澳大利亚—新西兰风险管理标准（AS/Nzs 4360:2004）中的风险等级评定方法，结合专家意见，确定食品诚信风险等级对照表，如表 8.7 所示。

表 8.7　　风险等级对照表

风险概率	风险影响				
	5（较小）	4（小）	3（中等）	2（大）	1（极大）
5（较低）	L	L	M	H	H
4（低）	L	L	M	H	E
3（中等）	L	M	H	E	E
2（高）	M	H	H	E	E
1（极高）	H	H	E	E	E

注：E：极度风险，不可接受，需要立即采取防控措施的风险；

H：高风险，需要高层管理部门注意防控的风险；

M：中等风险，风险程度较轻，需规定管理责任的风险；

L：低风险，可接受的风险

（3）Borda 序值法　同一风险等级的多个风险因素，其重要程度可能并不相同，必须对多个风险因素进行重要性排序，以确定各级风险中最重要的风险因素。美国空军电子系统中心的研究人员将投票理论应用到风险矩阵中，提出了 Borda 序值方法，具体算法是：设 N 为风险总个数（与风险矩阵中的行数相同），设 i 为某个特定风险，k 表示某一准则。风险矩阵有两个准则：用 k = 1 表示风险概率 P，k = 2 表示风险影响程度 S。如果 r_{ik} 表示风险 i 在准则 k 下的风险等级（在风险矩阵方法中，将比风险 i 的风险影响程度大或风险发生概率大的因素的个数作为在准则 k 下的风险等级），则风险 i 的 Borda 数可由下式给出：

$$b_i = \sum(N - r_{ik})$$

风险等级由 Borda 数给出，某一风险因素的 Borda 序值表示其他关键风险因素的个数。将 Borda 值按从大到小的顺序排列就可以得到 Borda 序值，按照 Borda 序值由小到大排列，即可得出各风险因素的重要性排序。Borda 序值越小，代表风险因素的重要性水平越高。

8.3.3.2　基于风险矩阵方法的安全诚信风险因素等级评估

在具体企业的食品安全诚信风险评估中，可根据表 8.5 和表 8.6 中对于风险因素发生概率和影响程度的等级划分，综合评估各风险因素的发生概率和影响程度，代入表 8.7 风险等级对照表，得到总体评估表的形式如表 8.8 所示。

表 8.8　食品企业安全诚信风险因素等级评估表

名称	风险因素	风险概率	风险影响	风险等级	Borda 值	Borda 序值
采购环节	盲目选择供应商					
	采购过程不规范					
	企业为降低成本，采购不合格食品或原料辅料					
生产加工环节	使用过期或不合格的食品或原料					
	非法滥用添加剂					
	使用非食品原辅材料					
	假冒伪劣问题					
	转基因食品					
	生产加工环境不符合卫生标准					
	未对设备进行定期的维护、保养，或保养不当					
	加工程序不规范					
	加工故意不执行国家标准					
	产品安全标志与实际状况不相符					
物流环节	减少运输次数，食品交叉放置					
	缺乏全程监控可追溯					
	仓储运输条件不合格					
	废弃食品处置不当					
	包装不合格					
	使用劣质包装					
供应商	生产过程中农（兽）药残留					
	牲畜打过多的疫苗					
	饲料和兽药不合格、超标					
	包装材料供应商提供不合格包装物					
分销、零售环节	销售质量不合格的食品					
	虚假宣传、故意炒作					
	用非法加工的劣质食品冒充品牌					
	质量欺诈					
	利用“品牌身份”欺骗消费者					
	产品检验不当、保存不当、放置不当					

续表

名称	风险因素	风险概率	风险影响	风险等级	Borda 值	Borda 序值
第三方物流	缺乏或人为降低必要的运输配送的条件					
	物流从业人员的不规范操作					
	物流中心仓储条件不合格					
消费者	消费信心降低					
检测机构	检测机构不实报告					
	降低标准或指标不科学					
	工作人员缺乏诚信意识,徇私舞弊					
政府监管部门	诚信法律法规不到位					
	监管不公平、不诚信					
	执法偏软,处罚不公					
新闻媒体	媒体不实、夸大报道					
	盲目跟风,报道不科学、不准确					
非政府组织	利益驱使,缺乏诚信					
	自身腐败					
职业打假者	谋求利益,采取不正当手段					
同行业竞争者	故意诋毁、诽谤陷害,捏造散布虚伪事实					

对于不同的食品企业,食品安全诚信风险的因素会有所不同,可以适当减少或增加相应的环节。在食品安全诚信风险因素识别的基础上,用 Borda 序值法改进的风险矩阵法进行食品安全诚信风险评估和分级,得到的风险因素分级排序更为明确,对食品企业有效地采取食品安全诚信风险防范措施以及制定合理的诚信奖惩机制具有重要意义。

8.3.4 食品供应链安全诚信风险的防范与控制

8.3.4.1 全过程的 HACCP 管理体系的建设和认证

目前,国际上公认最为有效的针对传统食品安全问题的安全保证体系是以危害分析和预防控制措施为核心的食品安全卫生控制体系——HACCP(危害分析和关键控制点)体系。该体系能够发挥作用的必要条件包括:

(1)企业主遵纪守法,愿意为食品安全投入资金和努力、愿意为之付出所需的管理成本;

(2)全体员工的个人利益与企业利益一致,实现食品安全是企业生存的基础,是全体员工的共同目标;

(3)管理体系中所有的人员均受过必要的培训,按照 HACCP 体系文件的规定从事生产经营活动;

(4)生产经营处于受控状态下,生产秩序正常、生产活动受控,所有的偏离均能够通过监控措施及时发现并得到纠正；

(5)企业内部没有激化的矛盾，没有内部的或外部的仇视者，没有内部人员或外部人员故意违规违法等问题。

8.3.4.2 不断提高检测技术水平，推进企业生产标准化进程

加强标准化生产水平，是预防客观风险发生的主要手段之一。改善生产条件方面，主要包括卫生状况、生产设施设备等。通过促进生产及产品认证，推进企业生产标准化进程。

建立食品质量安全检测平台，提高检测技术水平，能够为安全生产提供必要的技术保障，进而及时发现风险的发生。

推进子公司或企业检验部门的能力建设，提高检测技术水平；发挥第三方检测机构的优势和作用，为企业提供质量安全检测服务。

构建产品标准规范数据库，及时跟踪收录国际、国家、行业、地方等各级标准，为提高产品检测水平提供依据。

8.3.4.3 建立食品安全诚信风险预警系统

从食品供应链层面看，从源头供应、食品加工、物流分销和消费等对食品安全诚信风险有显著影响。因此，在食品供应链协调和信息共享的基础上，通过组织模式优化、技术投入、过程管理、员工培训等方式，实行对供应链各环节的食品安全诚信风险控制。

对食品供应链整个过程同时进行重点控制，必须以各环节之间的协调及各环节控制主体之间的合作为前提，以供应链范围共享的信息平台为基础，因此，食品供应链的协同和信息共享平台是控制食品安全诚信风险的关键。

建设食品企业诚信信息平台，及时、准确、完整地记录食品工业企业信用信息。利用诚信信息管理平台，依法披露企业诚信体系建设信息，实现与全国食品工业企业诚信信息管理平台的对接，这相当于一个食品安全预警系统。平台建设具备三个特点：一是覆盖广，具有一定规模的食品企业全部单独建档；二是信息全，包括企业基础信息、良好信息和警示信息，涵盖所有食品监管部门的日常监管信息、质量检验报告以及相关社会信息；三是更新快，省、市信息联网运行，可实现信息实时交换与更新。提升企业的食品安全档案意识，加强服务理念，真正做到与政府合作，为民众获得更多企业信息提供方便。关于企业信用档案的收集，需要多方面收集关于企业档案的信息。然后把这些信息都放到这个网络平台上让人们更好地了解到。

8.3.4.4 建立和完善食品供应链可追溯体系

食品安全追溯机制可以把生产环节、加工环节、流通环节和消费环节等联系起来，使社会大众对食品的生产环节、加工环节、流通环节和消费环节都有所了解，这样可以加大社会大众的购买意愿。这类机制的追溯因素是社会大众最为关心的生产环节、加工环节、流通环节和消费环节的各类食品安全要素。建立食品安全追溯信息数据中心，如果发现了食品安全隐患就会依据食品安全追溯信息数据中心的显示找出问题环节，进而有效控制食品安全。这样就从根本上保护了社会大众购买食品的利益。这样的食品安全追溯机制就要求对“从农田到餐桌”的全程安全信息进行管理，任何一个环节的松懈都可能导致整个追溯体系的失灵，食品安全可追溯系统的构建必须以信息技术为基础。食品行业相关部门和国家有关部门可以依据国外先进的食品安全追溯机制，构建起可以为本市服务的食品安全追溯机制。

可以建立从生产环节、加工环节、流通环节和消费环节的食品安全的数字信息，有效的追踪食品安全。这样可以使消费者及时获取食品企业的食品安全信息，也可以及时追究食品企业不诚信行为的责任。

案例 内蒙古伊利实业集团股份有限公司的乳品供应链风险控制策略

伊利集团从乳源到终端客户，数量众多，分布面广，如何有效地缩短与终端客户、最终消费者的距离以及更多更好地控制各类终端客户与消费者，这是液态乳企业取得成功的关键。

随着伊利产品的畅销，上市初期形成的以伊利集团为核心的农业产业化经营供应链不适应发展的需要，暴露出诸多风险问题。

中国乳品消费主要集中在东南经济发达的大城市，以伊利集团为核心的农业产业化经营上游链条则位于北方且经济不发达的呼和浩特市，不仅在信息、地域上处于相对劣势，而且其产品经过长途跋涉到达中国东南地区的目标市场运输成本高，产品竞争力弱。

由于产销地距离远，伊利产品的交货期难以保证，供应链下游单元断货、压货和窜货现象严重，不能有效满足消费者的需求。

随着消费者对乳品认识的提高，乳品中保鲜乳、酸乳市场发展较快速，这种保质期短的产品需要快速到达消费者，而以伊利集团为供应链由于乳源基地、生产地与目标市场距离远，以生产为中心的分销网络的设计已不能适应市场的变化。

随着产品进入现代零售业发达的地区，以批发价做零售的现代零售业要求厂家提供低廉的供货价，而伊利集团原有供应链由经销商去做大卖场和连锁超市的营销已不合适。

为了对以上存在的风险问题进行有效控制，伊利集团对其供应链进行了不断地优化。

为了缩短产销地距离、降低成本、有效满足消费者的需求，伊利集团在上海、北京、天津、陕西、湖北、辽宁、山西、吉林、黑龙江、河北等地收购建厂，将自己的生产基地建到全国主要消费城市，并与当地奶农、政府共同投资建设奶源基地，最大限度缩短产品投放上的空间距离，减少乳制品运输周转时间，为满足消费者更高的需求奠定了基础。

伊利集团内部进行了组织革新。公司内部实行事业部制，将过去相互独立但生产同一类产品的若干个企业划为一个事业部，统一管理，统一营销。

缩短产品的通路，提高了整条供应链对市场快速反应的能力。2003 年在北京地区，伊利产品已有 70% 通过直销销售；在上海，伊利冰激凌销售已经全部由直销替代了代理制，并且正在筹建牛乳的直销网络。

引进 MRP Ⅱ系统，实施 ERP，加强信息技术建设。

2008 年发生了全国范围性的三聚氰胺事件，伊利也被卷入其中，伊利股份其第三季度净亏 2.26 亿元，这个数额是其上半年净利润 1.17 亿元的近两倍。一个更惊人的数字是，伊利三季度的净利润竟然比上年同期减少 1622%。更为严重的是，企业面临严重的信任危机。

此次乳业风波表明，乳品安全涉及产业链条从奶源基地、到生产销售的每一环节。由此，伊利在整个生产、销售的每一环节都实现全面监控和检测。检测项目包括原料乳、原辅料、乳品包装、包装材料等 899 项检测内容，仅原料乳的检测就有 117 道指标。为确保产品监控的有效性。伊利集团特别对产品生产过程中四道程序进行了严格的把关：第一是原、辅材料的“入场关”，对原料乳和其他一些辅料要进行严格的检验和检测，符合标准的，才能进入工厂加工；第二是“生产关”，对生产的每一个环节，都要加大监管和监控的力度，保证在生产过程当中，严格按照国家标准，和伊利的认证标准来进行生产；第三是“出厂关”，对于伊利的半成品和成品，进行严格、反复地检验，产品合格后才能走进市场；第四是产品的“追踪关”，产品到达销售终端，超市卖场以后，如果出现相关问题，伊利能够回溯、召回。通过连续、多重的把关监控，伊利集团不但能在最大程度上确保产品安全，而且有效的实现了产品全流程的信息的控制与追溯，一旦出现问题，则能够以最快速度发现问题出现的环节，加以弥补和纠正。

9　食品供应链运行绩效评价

9.1　供应链绩效评价概述

9.1.1　供应链绩效评价的基本概念和特点

绩效是对个人和组织行为产生结果的一个考评指标的系统。绩是指成绩，效是指效果，绩效就是一个行为最后产生的成绩和效果的总评。

绩效评价（Performance Evaluation）是指运用一定的技术方法，采用特定的指标体系，依据统一的评价标准，按照一定的程序，通过定量、定性对比分析，对业绩和效益做出客观、标准的综合判断，真实反映现实状况，预测未来发展前景的管理控制系统。

一般而言，绩效评价的目的可以分为三个层次：第一，绩效评价是为了评定价值的有无和大小。第二，通过绩效评价使评价客体对评价主体的价值尽量达到优化或满意，这一点在对多个评价客体中更为明显。第三，绩效评价为评价主体或决策者提供决策依据和必要的决策管理程序，以利于其更好地决策。

供应链的绩效评价是建立在单个企业绩效评价基础上的，是供应链各成员通过信息协调和共享，对供应链整体、各环节运营状况以及各环节之间的运营关系，通过建立供应链的评价指标体系，运用数量统计和运筹学方法，通过定量和定性分析，对供应链在一定时期内的绩效做出客观、公正和准确的综合评判。

根据供应链管理运行机制的基本特征和要达到的目的，供应链绩效评价指标应该能够恰当地反映供应链整体运营状况以及上下节点企业之间的运营关系，而不是孤立地评价某一供应商的运营情况。例如，对于供应链上的某一供应商来说该供应商所提供的某种原材料价格很低，如果孤立地对这一供应商进行评价就会认为该供应商的运行绩效较好。若其下游节点企业仅仅考虑原材料价格这一指标，而不考虑原材料的加工性能，就会选择该供应商所提供的原材料，而该供应商提供的这种价格较低的原材料的加工性能若不能满足该节点企业生产工艺要求势必增加生产成本，从而使这种低价格原材料所节约的成本被增加的生产成本所抵消。所以，评价供应链运行绩效的指标，不仅要评价该节点企业（或供应商）的运营绩效，而且还要考虑该节点企业（或供应商）的运营绩效对其上层节点企业或整个供应链的影响。

供应链绩效评价指标是基于业务流程的绩效评价指标（图 9.1）。

9.1.2　供应链绩效评价应遵循的原则

随着供应链管理理论的不断发展和供应链实践的不断深入，为了科学客观地反映供应

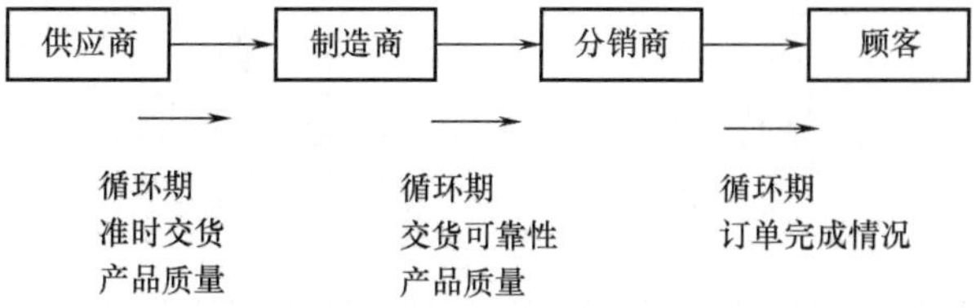

图 9.1　基于供应链业务流程的绩效评价指标

链的运营情况应该考虑建立与之相适应的供应链绩效评价方法，并确定相应的绩效评价指标体系。反映供应链绩效的评价指标有其自身的特点，其内容比现行的企业评价指标更为广泛它不仅仅代替全计数据，同时还提出一些方法来测定供应链的上游企业是否有能力及时满足下游企业或市场的需求。在实际操作上，为了建立能有效评价供应链绩效的指标体系，应遵循以下原则。

(1)应突出重点，要对关键绩效指标进行重点分析；

(2)应采用能反映供应链业务流程的绩效指标体系；

(3)评价指标要能反映整个供应链的运营情况，而不是仅仅反映单个节点企业的运营情况；

(4)应尽可能采用实时分析与评价的方法，要把绩效度量范围扩大到能反映供应链实时运营的信息上去，因为这要比先做事后分析有价值得多；

(5)在衡量供应链绩效时要采用能反映供应商、制造商及用户之间关系的绩效评价指标，把评价的对象扩大到供应链上的相关企业。

9.1.3　供应链绩效评价的作用

为了能评价供应链的实施给企业群体带来的效益，方法之一就是对供应链的运行状况进行必要的度量，并根据度量结果对供应链的运行绩效进行评价。因此，供应链绩效评价主要有以下三方面的作用。

(1)用于对整个供应链的运行效果做出评价　主要考虑供应链与供应链间的竞争，为供应链在市场中的存在(生存)组建运行和撤消的决策提供必要的客观依据。目的是通过绩效评价获得对整个供应链的运行状况的了解，找出供应链运作方面的不足并及时采取措施予以纠正。

(2)用于对供应链上各个成员企业做出评价　主要考虑供应链对其成员企业的激励，吸引企业加盟，剔除不良企业。

(3)用于对供应链内企业与企业之间的合作关系做出评价　主要考察供应链的上游企业(如供应商)对下游企业(如制造商)提供的产品和服务的质量，从用户满意度的角度评价上、下游企业之间的合作伙伴关系的好坏。

除对供应链企业运作绩效的评价外，这些指标还可起到对企业的激励的作用。包括核心企业对非核心企业的激励。也包括供应商制造商和销售商之间的相互激励。

关于供应链绩效评价的一般性统计指标如表 9.1 所示。

表 9.1 供应链绩效评价的一般性统计指标

客户服务	生产与质量	资产管理	成本
饱和率	人均发运系统	库存周转	全部成本/单位成本
脱销率	人工费系统	负担成本	销售百分比成本
准时交货率	生产指数	废弃的库存	进出货运输费
补充订单	破损率	库存成本	仓库成本
循环时间	退货数	供应天数	管理成本
发运错误	信用要求数	净资产回报	直接人工费
订单准确率	破损物价值	投资回报	退费成本

除了以上一般性统计指标外，供应链的绩效还辅以一些综合性的指标，如用供应链生产效率来度量，也可由某些由定性指标组成的评价体系来反映，例如，用户满意度、企业核心竞争力、核心能力等。

9.1.4 供应链绩效评价的内容

进行供应链绩效评价时，以企业为分界点，通常将具体评价内容分为以下三方面：内部绩效评价、外部绩效评价和供应链整体绩效评价。

（1）内部绩效评价　内部绩效的评价主要是对供应链上的企业内部绩效进行评价，主要评价内容包括：①成本。绩效评价考虑的成本是指完成特定运营目标所发生的成本。②消费者服务。考察供应链内部企业满足用户或下游企业需要的相对能力。由于难以定量地衡量，一般通过订单处理、服务反馈周期等指标作为补充指标。③生产率。评价供应链内部企业的组织绩效，一般用于评价生产某种产品的投入与产出之间的相对关系。④资产。评价为实现供应链目标对企业设施和设备的资产及流动资本的使用情况。设施、设备、存货是一个企业资产的重要组成部分，主要注重对注入存货等流动资本的流转、固定资产的投资回报率，对于人力资源的评价目前受限于成本，收益的货币化评价仍很少被纳入考虑范围。⑤质量。质量是内部绩效衡量的最主要内容，主要用以确定供应链企业所发生物流活动的效率。由于质量的范围非常大。因此对质量的衡量很难，目前作为折中的处理方法，通常根据“完美订货”来衡量物流运作的质量。完美订货关注的是整体的物流绩效，而非单一功能，它代表着理想的绩效。

（2）外部绩效评价　外部绩效评价主要是对供应链上的企业之间运营状况的评价。主要包括：①用户满意程度。主要通过企业和行业组织调查或者系统的订货跟踪实现，由于难以精确地定量衡量，一般以询问关于供应链企业与竞争者的绩效入手，如可靠性、订发货周期、信息的可用性、问题的解决和产品的支撑等指标作为补充。②最佳实施基准。主要用于衡量综合绩效评价。最佳的实施基准集中在对比组织指标上的实施和程序。越来越多的供应链企业应用最佳实施基准，将它作为企业运行与相关行业或者非相关行业的竞争对手或最佳企业比较的一种技术，特别是一些核心企业通常在重要的战略领域将基准作为检验供应链运营的工具。

(3)供应链整体绩效评价　供应链之间的竞争日益激烈引起人们对供应链整体绩效的日益重视,要求能够提供总体的评价方法,并且这种方法必须是可以比较的,既能适应于机构的功能部门,又适用于分销渠道,如果缺乏整体的绩效评价,就可能出现制造商对用户服务的看法和决策与零售商的想法背道而驰的现象。供应链整体绩效评价主要包括以下几个方面:①成本。与内部绩效评价中以完成特定运营目标所发生的成本不同,供应链整体绩效评价中的成本是总成本,显然供应链整体所发生的成本均应纳入考虑范围,一般包括订货完成成本、原材料取得成本、总的库存运输成本,以及与物流有关的财务、管理和信息系统成本、制造劳动力和库存的间接成本等。②消费者服务。评价供应链企业所能提供的总的客户满意程度,主要包括完美订货、用户满意程度和产品质量,而此处的完美订货、用户满意程度、产品质量等指标都是对供应链整体而言,对各企业此类指标的衡量都是相对于供应链整体而言,因此对各企业此类指标的衡量是实现整体评价的基础。③时间。评价企业对用户要求的反应能力,即从消费者订货开始时间到消费者用到产品为止所需的时间,一般包括装运时间、送达消费者的运输时间和消费者接受时间。一般认为,时间和成本、消费者服务的关系密切,时间与这两类评价内容的目标通常矛盾,因此为保证供应链系统的绩效,需要实现的是各类指标的综合最优。④资产。评价为实现供应链目标对企业设施和设备的资产及流动资本的使用情况,主要包括库存、设施及设备等相当大的资产负债,资产评价基本集中于在特定资产水平支持下的水平,一般测量资金周转时间、库存周转天数、销售额与总资产比率等资产绩效。

9.2　食品供应链绩效评价指标体系的构建

9.2.1　食品供应链绩效评价指标体系构建的原则

由于食品供应链需要注重质量安全和流通效率,同时尽量减少损耗,是一个特殊的、复杂的供应链,应当结合一般供应链的共性和食品的特性建立绩效评价指标体系,除了遵循客观性、科学性、目的性和可比性等基本原则外,本文认为在构建指标体系时还应遵循以下几个原则。

(1)共性与个性相结合的原则　供应链都存在着普遍的共性,即围绕核心企业,通过对物流、商流、资金流、信息流的控制,从原材料开始进而制成半成品或产成品,最后将产品销售到需求者手中,将供应商、制造商、分销商、零售商直到最终用户连成一个具有一定功能的链状或网状系统。任何领域的任何一条供应链都包括所有参与生产、运输、储存、销售等活动的企业成员,其在组织结构上具有共性,但同时在不同领域的供应链又具有某些特殊的个性,例如,食品是易腐产品,为保证食品的质量,在供应链的各个环节都要保证处于规定的温度范围,因而对储藏流通温度、产品安全性等方面比一般供应链系统要求高,相对而言供应链系统也较为复杂。所以,应当采用共性与个性相结合的原则构建绩效评价指标体系,在保证评价普遍性的同时要兼顾特殊性。

(2)定性与定量相结合的原则　与定性指标相比,定量指标比较客观,因此对能够实现量化的指标尽量采用定量指标。但很多要评价的信息不能够量化,只采用定量指标反映的信息是不全面的,因而定性指标同样应当重视。定性分析是绩效评价的基础,定量分析是绩效评价的目标。为了保证评价结果更加客观与合理,应采取定量与定性相结合的原则来确定评价指标,定量指标为主,定性指标为辅。

(3)短期目标与长期目标相结合的原则　短期目标是指在相对较短时间内能够达到的结果,目标长期是为了可持续发展的需要,采用最有效率的方式来实现目标,以最低的成本最大限度地提高竞争力。为了避免供应链决策者及供应链内各成员只关注眼前和局部利益,忽略长远和全局利益,应将短期目标与长期目标相结合,更好地实现供应链的战略目标。

(4)经济性与效果性相结合的原则　经济性和效果性是实现绩效评价目的的两个基本要素。经济性简而言之就是节省的程度,即以最低的资源投入或耗费,获得一定数量或质量的产出。效果性指的是所选取的指标能否反映绩效评价的目的及反映程度如何。所以在确定评价指标时,应遵循经济性与效果性相结合的原则。

(5)简明、科学性原则　建立大小适宜的绩效评价指标体系,即使得指标体系的设置具有一定的科学性。如果指标体系过大,指标层次过多、指标过细,一定会将评价者的注意力吸引到一些细小的问题上,影响对整体的判断;可一旦指标体系太小,而指标层次过少、指标又过粗,又不能如实反映食品供应链的绩效水平。

9.2.2　食品供应链绩效评价指标体系构建的思路

食品供应链运作管理中存在的数据信息量很大,进行绩效评价时应当选取哪些数据信息、选取多少信息以及如何对信息进行分类、加工和组织,这需要遵循一定的思路对这些问题一一解决,下面针对食品供应链运作管理特点,提出构建指标体系的最基本的两点思路。

(1)选取指标时要注重权衡绩效评价的成本与收益　选取关键指标进行绩效评价必然可以带来一定的收益,但却要耗费一定的成本,如果对绩效评价要求过于苛刻,期望做到全面、准确,必将导致成本的上升,有时甚至成本超过收益,这便失去了绩效评价的意义。当然,只顾减少成本而构建太过简单的绩效评价体系也无法做到供应链的反馈信息及问题修正,也达不到绩效管理的目的。所以,必须通过权衡绩效评价的成本和收益来选取关键指标,构建一个简单且适用的体系来反映供应链最真实的绩效状况。

(2)同时关注结果绩效和过程绩效　食品供应链的绩效包括结果绩效和过程绩效。结果绩效侧重于评价已经发生的事情,过程绩效侧重于评价供应链当前的运作状况和能力。运作产生结果,结果又反馈于运作,这种划分不仅将事后评价和事中控制包含在整个评价体系中,同时还兼顾了供应链的长期发展。

9.2.3　食品供应链绩效评价的主要内容

综合供应链绩效评价和物流系统绩效评价的一般思想,可将食品供应链的绩效分为外部绩效和内部绩效。下文将从外部绩效和内部绩效两方面分析食品供应链绩效评价的主要内容。

9.2.3.1　外部绩效评价主要内容

外部绩效即是外部主体(消费者)对食品供应链的物流服务及其服务能力的综合评价,主要是通过度量供应链提供给外部主体的各种物流服务价值。对外部企业与内部企业之间的供求关系的评价是外部绩效的主要评价内容,评价时主要考虑的是物流服务所达到的服务水平和满足消费者需求的能力,即物流服务作为整个供应链的产出产品能否达到消费者的服务水平和消费者需求的能力的要求。对该内容的评价可以综合体现供应链的物流市场认可度和物流整体运作水平。因此,对食品供应链外部绩效的评价要综合考虑市场层面的消费者满意度和供应链体系运作层面的物流服务柔性。外部绩效评价可以从以下两方面考虑。

(1)消费者服务绩效　一般供应链用可靠性和消费者满意度这两个方面的指标反应消费者服务绩效,用它们来衡量供应链中物流为消费者创造的时间和空间效用以及满足用户需求的能力。但是食品作为一种特殊产品,在评价消费者服务方面还应当注意考虑与质量安全相关指标。由于消费者服务绩效很难直接、精确地定量衡量,一般从供应链内成员企业与竞争者的绩效调查入手,选择一些关键的定性指标来衡量。

(2)柔性绩效　柔性指的是供应链对市场变化的反应能力。柔性绩效好能够保障供应链可靠地运作和提高供应链物流服务水平。柔性对生鲜食品供应链来说尤其重要,要保证生鲜食品物流需求的快速响应必须具有很高的物流柔性。通常从时间柔性、数量柔性和产品柔性三方面来评价柔性绩效。

9.2.3.2　内部绩效评价的主要内容

内部绩效评价的主要内容包含供应链各个企业的经营效果及企业合作关系,即对供应链内部主体通过合作经营所创造和获得的价值的度量。内部绩效既具备一般的企业绩效评价的特点,又有企业作为供应链的一部分所具备的特性。食品供应链的内部主体包括供应商、销售商和物流服务商,基于平衡计分法模型主要考虑供应链内部各企业资产投入、成本与收益、学习与发展等方面的绩效。与企业绩效评价相似,供应链绩效也不能脱离企业绩效的范畴,只是内部绩效关注的焦点并非是单纯的以货币计算的净损益,而主要考虑超越企业层面的信息沟通、一体化运作流程、组织管理制度等方面的绩效,侧重于企业绩效对供应链绩效的净提升。食品供应链的内部绩效评价就是要实现食品供应链企业间的一体化运作,这需要各企业的协调与合作。因此,供应链内各企业合作关系的评价是绩效评价必不可缺的一部分。在一般企业绩效评价和供应链绩效评价思路的基础上,结合食品供应链的特点,可从以下五个维度对于食品供应链进行内部绩效的评价。

(1)成本绩效　低成本永远是企业追求的目标,对企业如此,对由不同企业构成的供应链也是如此,成本的重要战略地位不可动摇。供应链成本绩效评价主要指完成消费者所需求的供应链物流服务所发生的成本,主要包括运输、仓储、包装等费用。成本绩效通过反映对成本控制的总体情况为管理者提供成本管理依据,有利于制定改善和控制成本的针对性措施。

(2)时间和效率绩效　对于一般供应链,时间和效率二者之间存在一定程度的联系,但由于食品的特性,在供应链中二者的联系被加强,基本上可以等同看待。

(3)质量和安全绩效　质量和安全性在食品供应链的绩效评价中意义重大且密不可分。质量绩效体现了食品供应链的运作结果。

(4)资产绩效　资产绩效用来评价资源的利用效率,主要包括设施设备等固定资产的使用效率和流动、固定资产的投资回报率。至于对人力资源的衡量,由于很难准确合理量化,目前较少考虑。

(5)收益绩效　作为企业经营活动的原动力,收益也是供应链运作所追求的目标。食品供应链的收益主要体现在成员企业的货币收益和发展能力两个方面。从财务的角度衡量企业经营所得的货币收益和从市场发展与竞争的角度衡量的发展能力是能够反映供应链的综合绩效和发展潜力。

9.2.4　食品供应链绩效评价指标体系的构建

9.2.4.1　外部绩效指标体系的构建

食品供应链外部绩效评价指标体系主要是对供应链提供给外部主体的物流服务质量和物流服务能力进行评价。根据上节所阐述的食品供应链外部绩效评价的主要内容,构建外部绩效评价指标体系,如图9.2所示。

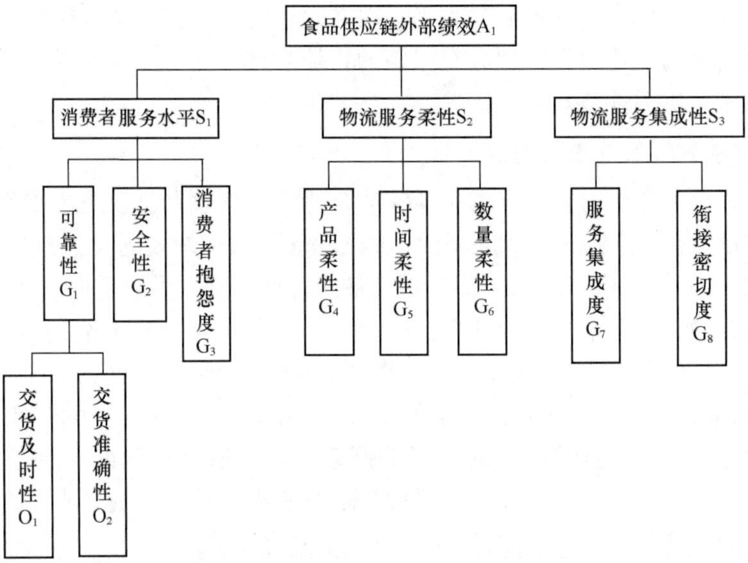

图9.2　食品供应链外部绩效评价指标体系

(1)消费者服务水平　消费者服务水平是是从消费者的角度对物流服务的结果进行评价,本文从物流服务的可靠性、安全性及消费者满意度三方面来反映。

①可靠性。可靠性的高低直接影响消费者对物流的信赖,体现了供应链物流对用户需求的保障能力。通常供应链物流可靠性高可以让消费者对其产品产生较高忠诚度。一般用交货准时率和交货准确率体现供应链可靠性。

②安全性。安全性是食品供应链特有的绩效评价指标。食品供应链的安全性不仅包括一般的交通安全事故和数量安全以及不发生盗货、丢失等方面的安全性,还包括保障食品质量的安全性,要防止食品因环境温度、湿度过高或污染等原因引起食品变质等损耗。

③消费者满意度。消费者满意度是评价供应链的一个总体性指标,用来综合评价供应链物流服务环节中的所有表现。通常用消费者抱怨率来衡量满意度。

(2)物流服务的柔性　柔性是指对环境变化的适应能力,其存在的主要原因在于需求和环境的不确定性。随着全球市场环境竞争的不断加剧,学者对柔性,尤其是物流与供应链柔性的研究不断深入。物流作为供应链的重要环节,其主要功能是把合适的产品(或服务)在正确的时间以正确的数量送到消费者手中。因此,可以从产品柔性、时间柔性和数量柔性三方面来理解食品供应链物流服务的柔性。

①产品柔性:产品柔性反映了物流所能提供的物流服务的种类及各种组合服务的数量。

②时间柔性:时间柔性反映了物流对消费者需求的响应速度,体现了物流在交货条件发生变更时的应变能力。

③数量柔性:数量柔性反映了集成化物流对消费者需求数量变化的应变能力。主要是由消费者需求的不确定性引起的。

9.2.4.2 内部绩效指标体系的构建

食品供应链的内部绩效评价是对供应链各个企业的经营效果及企业合作关系,即对供应链内部主体通过合作经营所创造和获得的价值的度量。根据系统论思想,同时结合上节所阐述的食品供应链内部绩效评价的主要内容,本文从系统的投入、转化和产出三方面进行评价。构建食品供应链内部绩效评价指标体系如图 9.3 所示。

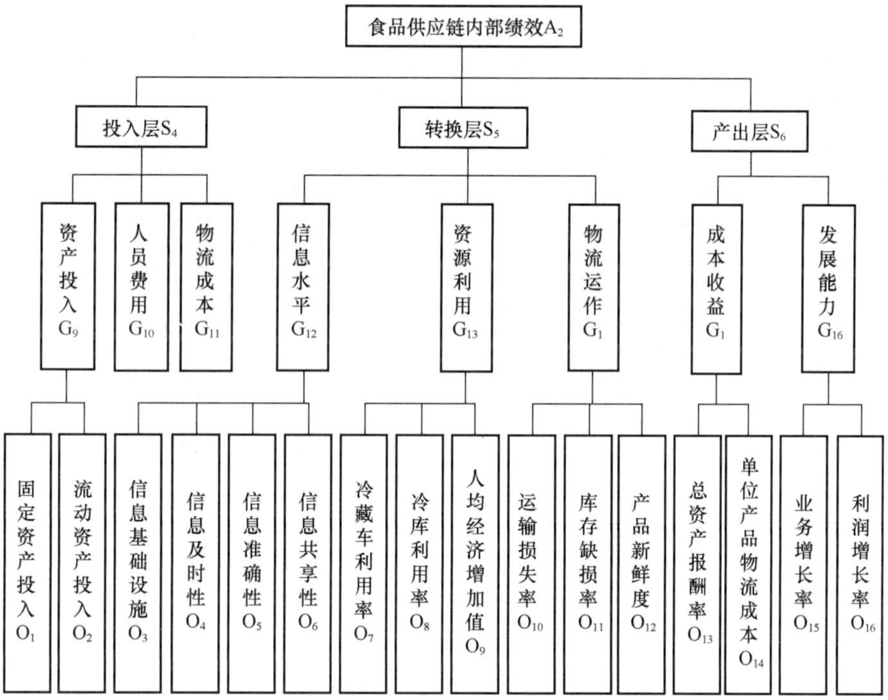

图 9.3　食品供应链内部绩效评价指标体系

(1)投入层　食品供应链的投入层是食品供应链在运作过程中产生的物流成本和费用的总和以及固定资产和流动资产的投入。考虑到指标的代表性及成本统计的可行性,本文主要从资产投入、人员费用和物流成本三个方面来衡量投入层的状况。其中,物流成本包含运输费用、仓库费用、信息成本、缺货损失、订单处理、采购费用、包装费用以及其他管理费用等。

（2）转换层　食品供应链的转换层是指将对食品供应链的物流投入转化为食品物流服务的生产过程。结合食品供应链特点，本文从信息水平、资源利用、物流运作三方面考虑选取了十个关键绩效评价指标来衡量转换层的运作。各指标选取的思路如下。

①信息水平：信息是食品供应链物流运作过程中不可或缺的因素，对食品供应链起重要支撑作用。本文从信息基础设施、信息传递的及时性、信息的准确度以及共享的程度四个指标体现供应链运作中的信息水平。

②资源利用：资源利用率的高低会直接影响供应链绩效的好坏。供应链运作过程中会用到各种各样的资源，不同的资源对供应链运作的影响不同，应选取对其运作影响较重要的资源指标来衡量。食品供应链的运作流程是一体化运作过程，是以食品物流服务商为主体，通过整合上游的农产品供应商（或农户）和下游的食品零售企业（超市或农贸市场）而实现的。与传统的企业物流相比，运输、仓储是食品供应链物流的主要流程，仍然是物流的最主要功能要素。所以，本文以运输资源和仓储资源为主来反映资源利用情况。但是食品供应链物流的仓储还包含整个物流的库存控制流程，而不仅是传统的仓库管理内容，这一点需要特别注意。因此，结合食品供应链特点，分别选取冷藏车利用率和冷库利用率来衡量运输资源和仓储资源的利用状况。同时，供应链从投入到转换的过程中要用到大量的物流人员，因此人力资源的利用也必须考虑，选取人均经济增加值可以很好地体现人力资源利用状况。

③物流运作。由于食品易腐易变质的特点，同传统物流相比，食品尤其是生鲜食品物流在运输和仓储等物流环节中损失率较大，损失率成为影响绩效的重要因素。综合考虑后，选取运输损失率、库存缺损率以及产品新鲜度来体现物流运作结果比较合理。

（3）产出层　食品供应链物流运作的产出是对外部客体的高质量一体化物流服务，同时也给内部主体各企业带来收益和更大的发展空间。因此，本文对食品供应链内部产出层的绩效评价将从成本收益和发展能力来衡量。

①成本收益：成本收益是每个企业都关心的绩效指标，从财务方面评价已发生的各项活动，是食品供应链经过一系列运作过程获得的回报，反映了整个物流活动流程实践的结果。本文选取物流收入指标衡量成本收益值的绝对数量，选取总资产报酬率指标衡量相对成本收益值。

②发展能力：发展能力即发展潜能，是一个面向未来的指标，指食品供应链通过自身的良好经营，不断发展壮大供应链规模，这也是企业十分关心的绩效指标。本文选取业务量增长率和利润增长率两个指标体现发展能力。

9.3　食品供应链绩效评价方法及应用实例

9.3.1　供应链绩效评价方法

9.3.1.1　平衡计分卡

平衡计分卡又称为综合计分卡，是 20 世纪 70 年代美国学者罗伯特. S. 和大卫. P. 诺顿为了克服传统绩效评价方法中财务指标的局限性而提出的业绩考核设想。从企业战略目标与业绩指标相结合的角度出发，平衡计分卡的设计在注重财务指标的同时，兼顾促进了财务指标实现的驱动因素，其绩效指标体从财务、客户服务、内部流程、学习与发展这四个方面展开。

平衡计分卡的特点是：把企业的战略目标、远景和使命转变为具体的目标和评测指标，并且将企业发展战略具体落实到行动上，即实现战略和绩效地有机结合，最终达到财务回报。

9.3.1.2 模糊综合评价法

控制论专家查德（L. A. Sade，加利福尼亚大学）于1965年根据科学技术发展的客观需要，发表了《模糊集》，第一次成功地运用数学方法描述了模糊概念，这是第一次提出模糊数学理论。模糊综合评价是以模糊数学为基础，使用模糊关系合成原理，将那些不易量化及边界不清的影响因素定量，再对其进行综合评价的一种方法。这种方法弥补了其他方法在这方面的不足。

模糊综合评价法的特点是：对那些判断具有不确定性或者模糊性的问题，使定性与定量有效地结合。但是，在模糊判断指标的选取及指标权重的确定上，带有一定的主观性，并且当各个评价指标相关时，不能解决评价信息重复的问题。

9.3.1.3 层次分析法

1973年，美国著名运筹学家T. L. Saaty（教授，匹兹堡大学）提出了层次分析法（Analytic Hierarchy Process，AHP），这是一种多准则、多目标、将定量分析和定性分析相结合、将定性问题定量化的实用决策方法。

在现实生活当中，人们通常面临的是一个复杂的系统，它可能是由众多相互制约、相互联系的因素构成而又缺少定量数据，并且往往需要对这种系统中众多事物所表现出来的某一性质在程度上的差异加以描述。对于这类问题的排序及决策，传统的分析方法将会导致问题变得极其复杂，并且结果往往不尽人意，这样就需要一种新型的、简单实用的建模方法来解决这一难题，而AHP就具有把复杂问题简单化的优点。它首先把复杂问题分解成若干个组成因素，以因素间的约束关系为基础，形成层次结构；然后以决策主体的定性分析和逻辑判断为主要依据，用两两比较的方法确定多个因素的相对重要性，建立判断矩阵；最后计算出各个方案的权重，选择最优。

AHP误差小、可靠性高，适用于缺乏必要数据，且各因素相互关联的复杂问题。目前，在指标权重的确定方面，它被广泛应用于优先级评价、质量控制系统，企业发展规划的选择及评价中。层次分析法也有不足，表现在：①专家用两两比较的方法确定相对重要性时，往往根据个人的偏好和认识，因此具有主观性，而且评价过程本身也具有随机性；②当同一层次的元素很多时，判断矩阵易出现严重的不一致现象。

9.3.1.4 灰色关联度分析法

1982年，华中理工大学邓聚龙教授于1982年针对人们对事物认识的灰色性——信息不完全、不确定而提出灰色系统的概念，并且建立了灰色系统理论。

灰色关联度分析就是灰色系统理论应用的主要方面之一。该方法的基本思想是通过计算各待评价项目与一系列最优指标组成的参考序列之间的关联程度，运用最大关联度原则，选择最优方案。因为关联分析技术概念明确、计算简单，所以在评价实践中也经常采用灰色关联度分析法。

灰色关联度分析法需要更进一步研究的方面包括:①对事物的判定具有很大的模糊性,精确度很低;②可以按照测定结果排序,但是并不可靠。因此,在综合评价中,灰色关联度分析法可以结合其他的数学算法共同确定指标权重,用以弥补作为评价方法其可靠性不是很强的缺陷。

9.3.1.5 主成分分析法

1901 年,皮卡尔(Karl)和皮尔逊(Pearson)提出了主成分分析法(Principal Component Analysis),只是当时应用于非随机变量。主成分分析法主要是把很多的、相互之间有一定相关性的指标,利用降维的思想,将其综合成若干个不相关的指标。这样,不仅使问题变得简单,而且得到的信息也较多。

主成分分析法的特点是:评价结果跟样本量的规模相关联,且计算过程很烦琐。但是,它克服了某些评价方法如模糊综合评价法中确定权重的缺陷,并进一步解决了评价指标体系中指标的信息重叠问题。

9.3.1.6 数据包络分析法

数据包络分析方法(DEA)是 1978 年由著名的运筹学家 A. Chames、W. W. Cooper 及 E. Rhodes 共同提出来的。经过几十年的实践以及完善,这种方法已经在众多领域的效益及效率评价中得以成功应用。DEA 方法基于相对效率理论,针对多指标投入、多指标产出决策单元的相对有效性评价特别适用。

DEA 方法的优点如下:①该模型将多指标投入与多指标产出的权重系数作为决策变量,以最优化为工具,提出在最优化意义上进行评价的新理论,避免了在统计平均意义上确定权重系数的狭隘性,使评价具有内在客观性。②实际上投入、产出之间相互制约、相互联系,但此方法不需要拟出任何表达式来确定其相互关系,这就具有关于黑箱类型问题的处理方法的特色。

9.3.1.7 人工神经网络

人工神经网络(ANN)是一门出现于 20 世纪 80 年代末期,且发展迅速的新兴学科,它极具智慧,能够模拟人脑才具备的某些智能行为(如形象思维、灵感及知觉等),具备自适应、自学以及动态非线性处理等特征。

人工神经网络是一种比较接近人类思维模式的评价方法。它通过对给定样本模式的学习,在对供应链管理环境下企业的绩效综合评价中,可以模拟评价专家的经验、知识,甚至是评价专家的主观判断及目标倾向,实现定性分析与定量分析的有效结合,使企业绩效综合评价结果具有较好的客观性。

9.3.2 食品供应链绩效评价应用实例

食品供应链绩效评价系统是一个灰色的系统。首先,绩效的评价因素数量多且较为复杂,评价时只能选取有限的关键指标来分析。其次,所选取的评价指标数据有些是已知的,可以从现有的统计资料中获得,有些指标的数据却是未知的,无法从统计资料中获得。因此,食品供应链绩效系统具有信息不完全或者“灰色”的特征。基于以上特征,食品供应链较多采用灰色系统理论、模糊评判和层次分析法相结合来对供应链绩效进行评价。

9.3.2.1 实例背景

某蔬菜生产基地蔬菜物流运输涉及世界10多个国家以及全国30多个省、市。其蔬菜供应链物流运作过程大致如下。

(1)采摘和收购　农户通常在晚上12:00以后采摘蔬菜,因为此时的蔬菜温度较低,能够减少水分蒸发,延长保存时间。大约凌晨蔬菜公司会到农户家收购蔬菜。

(2)包装　收购后,为防止水分散失,蔬菜公司通常立即对蔬菜进行包装。

(3)运输与储存　对于易腐烂变质的蔬菜采用冷藏车运输,例如,菠菜、油菜等绿叶类蔬菜,对圆葱、大蒜等较易储存的蔬菜采取常温物流或内置冰瓶对其降温。

(4)销售　销售商以超市为主,通过超市冷柜使蔬菜保持在低温状态。

目前该蔬菜生产基地已实现了安全可追溯性信息系统研究与应用示范工程,一旦蔬菜出现质量安全问题,可迅速追溯到源头。为蔬菜种植者发放表示身份的条码卡,对蔬菜供应链运作的全过程进行逐级编码,使数据从起点到终点具有一致性,确保了每一包装单元蔬菜都能唯一标识,实现了全面的质量控制。现对该蔬菜供应链进行绩效分析,该供应链以提供物流和信息服务的第三方物流企业为核心,该企业与农户及零售商结成战略联盟,形成了自己的核心竞争力,供应链内各成员之间协调合作,不断提高供应链绩效。

在该蔬菜供应链实例中,将采用以下评价步骤对供应链进行绩效评价:首先采用层次分析法确定构建的绩效评价指标体系的权重。定性评价指标采用灰色系统理论处理专家评分,得出灰色评估权值;定量评价指标经过线性差值法标准化后采用模糊数学的方法得出隶属度;同时采用专家咨询法统一评价标准,确定评价等级。然后综合定性评价指标的灰色评估权值和定量评价指标的模糊隶属度得出底层指标的单因素评价矩阵,最后通过模糊综合评判得出评价结果,具体计算步骤在此省略。

9.3.2.2 评价结果分析

由模糊综合评价的结果可知,该供应链运作的总体绩效评价指标分值为4.887,隶属度是0.532,评价等级属于一般水平。在外部绩效评价指标中,消费者服务水平绩效、物流服务柔性绩效和物流服务集成性绩效评价等级为一般。在内部绩效评价指标投入层和转换层评价等级为一般,产出层的评价等级较差,但转换层的产品缺损率指标等级为差。根据评价结果,针对该蔬菜供应链绩效评价等级为差的指标,供应链内各企业通过有关资料的收集和实际的追踪调查,发现了一些导致绩效差的原因,总结原因如下。

(1)蔬菜损失率高是绩效差的主要原因　从绩效评价的结果可以看出在整个供应链运作过程中的蔬菜运输和仓储的缺损率太高,这严重阻碍了供应链绩效的提升。通过实际的追踪调查发现蔬菜的缺损主要是在物流活动各环节造成的:①仓储环节。蔬菜存储位置不当导致的交叉污染和串味;货架破损等设备故障以及遭受盗窃;操作人员安全意识薄弱,在对蔬菜进行上架、盘点和拣货时,操作失误或没有轻拿轻放造成蔬菜损害;仓库内温度及湿度不适,空气质量差。②运输环节。车辆或设备出现故障致使在途时间过长;运输途中由于监管不到位而发生盗窃、抢劫;运输工具选取不当;出现意外事故;车厢内温度或湿度的不合适、自然灾害和暴风雪等恶劣天气。③装卸搬运环节。叉车及托盘等设备出现故障和装载生鲜农产品供应链绩效评价研究加固不当;装卸搬运机械行走过程中碰翻蔬菜;装卸搬运过程中取、送蔬菜时造成的跌落;装卸搬运过程耗时太长。④包装环节。设备出现故障,如包装机在切割包装材料时切到蔬菜;包装材料选取不当;包装过程中因人为操作不当使蔬菜从包装台跌落;包装过程温度不适。⑤配送环节。配载不合理,如抗压差的蔬菜上放有较重蔬菜;设备出现故障;分货和配货过程中因人为操作不当引起蔬菜碰撞。⑥流通加工环节。加工过程中温度不适;设备出现故障;人为操作不当。

(2)缺少专业人才　通过绩效评价可以看出转换层中的人均经济增加值不高,这主要是因为各企业中物流人员的学历基本上是高中或中专,不具有与蔬菜供应链相关的基础知识。蔬菜供应链物流技术人才对冷库存储、蔬菜的生理特性、运输配送路线、气调技能等方面有很高要求,目前各企业物流队伍的素质还难以达到这些要求,高素质的物流人才极其缺乏。

(3)通过企业的追踪调查还发现蔬菜的加工程度低,使得整个供应链的价值增加量较少。目前该供应链蔬菜产后商品化处理仅占蔬菜产量的1%,没有充分利用供应链的运作来增加蔬菜的附加值。

9.3.2.3　改进绩效的措施

针对以上分析结果,为提高该蔬菜供应链绩效,提出以下几方面的整改措施。

(1)发展先进的蔬菜供应链物流设备　影响蔬菜供应链绩效的重要原因之一就是没有采用先进的设备和技术。因而要加大通风、气调、保温、冷板等冷藏集装箱的使用,并采用先进蔬菜预冷等设备以满足不同种类蔬菜冷链流通的需要。

(2)制定出合理的蔬菜冷链物流操作标准和规范　应对蔬菜冷链物流的每个环节的温度控制、运输工具及包装材料的选择有明确规定,物流标准制定的相关部门完善这些方面的标准,监督物流环节的各部门实施这些标准,加强物流从业人员的标准教育,使他们有规范化的操作,从而减少蔬菜流通过程中的损失。

(3)加强管理人员的综合服务意识　社会上虽有众多的物流公司,但真正能进行科学物流管理的企业却极少,很多冷链物流公司仅从传统的运输、仓储公司转型而来,对冷链物流安全管理不重视。对物流从业人员加强这些方面知识的综合培训,使其在进行蔬菜物流操作时能够加入安全的思想,减少蔬菜在冷链物流上的损失,从根本上认识到蔬菜冷链物流的安全性,减少损失,降低成本。

(4)采摘后实行蔬菜分级　蔬菜分级主要是根据果形、新鲜度、颜色、品质、病虫害和机械伤分级。蔬菜根据坚实度、清洁度、大小、质量、形状、鲜嫩度以及病虫害和机械伤分级。蔬菜分级有利于物流的标准化,从而有利于蔬菜供应链绩效的提高。

(5)加强生鲜农产品供应链物流人才培养　对企业人员进行人才培养有多种方式。可以聘请物流专业人士到企业传授相关物流知识;结合网络远程教学与自学达到普及相关物流知识的目的;依托高等院校的物流专业培训班或研讨会培养。总之,必须尽快提高从事生鲜农产品供应链相关业务活动人员的素质。

(6)运输车辆的定期安全检查　有些运输车辆存在安全隐患或者过了使用年限却仍在使用,这就导致很多意外事故的发生,如翻车,不仅危害到人身安全,也危害货物的安全,所以有必要对运输车辆做定期安全检查来保证实现蔬菜供应链物流的安全运输。

10　冷链管理

随着社会经济的发展和人们生活水平的提高，消费者对食品也提出了更为严格的要求。消费者在购买蔬菜、水果、肉、鱼等生鲜食品时最为看重的是商品的新鲜度，而生鲜食品能否保持新鲜在很大程度上取决于商品本身的温度。运用冷链设备进行生鲜食品的运输、储存主要就是为了使商品能够保持一个适宜的温度，从而达到保鲜的目的，由此物流系统的一个分支——冷链物流得到了越来越多的重视。

冷链是保持食品原有色、香、味的重要手段，而且成本较低，保鲜时间较长。因此，冷链为世界各国普遍采用，并成为保障食品安全的一项重要措施。这是由美国人阿尔贝特·巴尔里尔(Albert Barrier)和英国人 J. A 莱迪齐(J. A. ruddich)于 1894 年先后提出的。但是，直到 1945 年冷链才得以迅速发展。

10.1　冷链的概念和内涵

10.1.1　冷链的概念

冷链是一种特殊形式的食品供应链，目前理论界将冷链(Cold Chain)定义为易腐、生鲜食品在生产、贮藏、运输、销售直到最终消费前的各个环节中始终处于规定的低温环境下，以最佳物流手段保证食品质量，减少食品损耗的一项系统工程。它是随着科学技术的进步、制冷技术的发展而建立起来，是以冷冻工艺学为基础，以制冷技术为手段，在低温条件实施的物流运作模式。冷链要求把所涉及的生产、运输、销售、经济和技术性等各种问题集中起来考虑，协调相互间的关系，以确保易腐、生鲜食品的加工、运输和销售过程的保值增值。

目前冷链适用的食品范围包括：

初级农产品：蔬菜、水果；肉、禽、蛋；水产品；花卉产品。

加工食品：速冻食品；禽、肉、水产等包装熟食；冰淇淋和乳制品；快餐原料。

特殊商品：药品。

冷链物流应遵循“3T 原则”：产品最终质量取决于冷链的储藏与流通的时间(Time)、温度(Temperature)和产品耐藏性(Tolerance)。“3T 原则”指出了冷藏食品品质保持所允许的时间和产品温度之间存在的关系。由于冷藏食品在流通中因温度的变化而引起品质降低的累积和不可逆性，因此对不同的产品品种和不同的产品品质要求都有相应的产品控制和储藏时间的技术经济指标。

冷链由低温加工、低温运输与配送、低温储存、低温销售四个方面组成。食品在产地收集后，经预冷、加工、储存、包装后，运到销售终端，最后卖给终端消费者。典型的冷链供应链流程如图 10.1 所示。

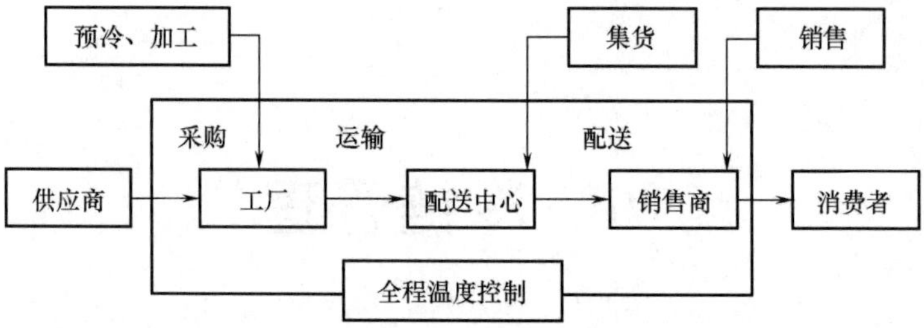

图 10.1　冷链供应链流程

10.1.2　冷链系统构成要素

食品冷链由冷冻加工、冷冻贮藏、冷藏运输及配送、冷冻销售四个方面构成，如图 10.2 所示，在相关设备的支持下(图 10.3)，构成了易腐食品的安全保障体系。

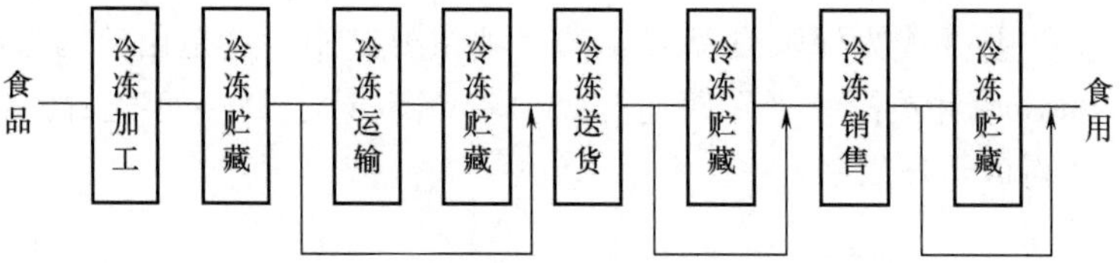

图 10.2　食品冷链构成图

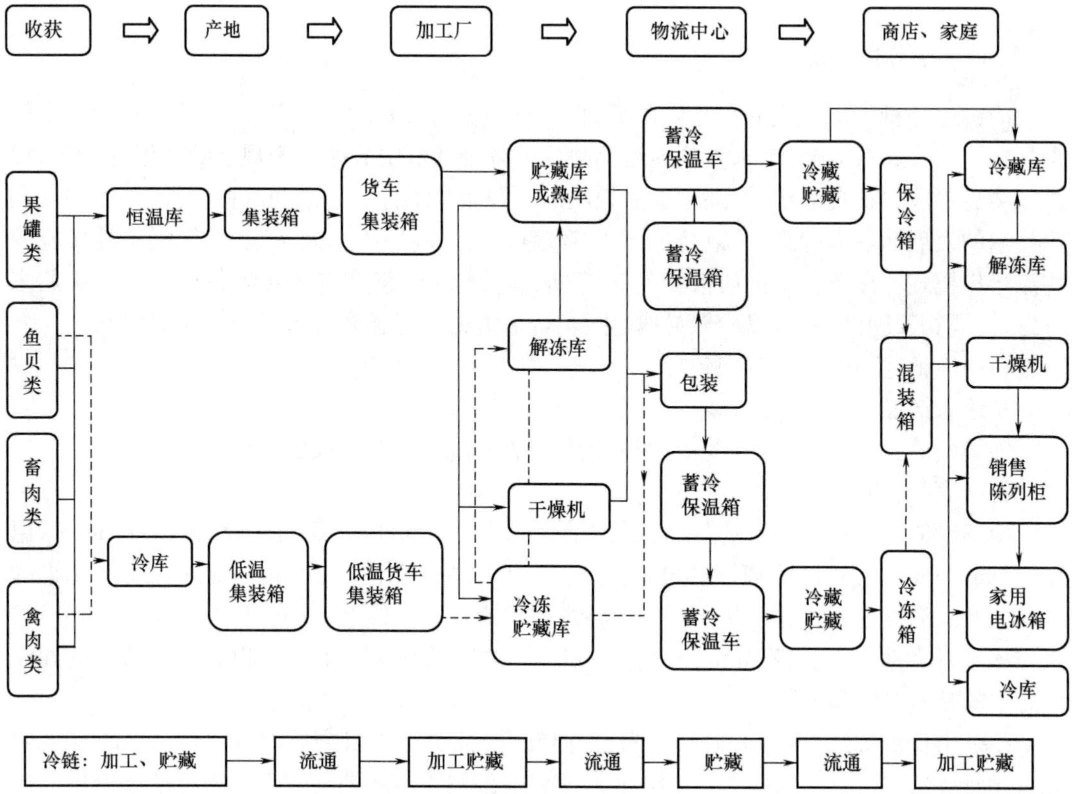

图 10.3　冷藏链使用的相关设备

（1）冷冻加工　包括肉禽类、鱼类和蛋类的冷却与冻结，以及在低温状态下的加工作业过程；也包括果蔬的预冷、各种速冻食品和乳制品的低温加工等。在这个环节上主要涉及的冷链装备是冷却、冻结装置和速冻装置。

（2）冷冻贮藏　包括食品的冷却贮藏和冻结贮藏，以及水果蔬菜等食品的气调贮藏，它是保证食品在储存和加工过程中的低温保鲜环境。在此环节主要涉及各类冷藏库/加工间、冷藏柜、冻结柜及家用冰箱等。

（3）冷藏运输　包括食品的中、长途运输及短途配送等物流环节的低温状态。它主要涉及铁路冷藏车、冷藏汽车、冷藏船、冷藏集装箱等低温运输工具。在冷藏运输过程中，温度波动是引起食品品质下降的主要原因之一，所以运输工具应具有良好的性能，在保持规定低温的同时，更要保持稳定的温度，远途运输尤其重要。

（4）冷冻销售　包括各种冷链食品进入批发零售环节的冷冻贮藏和销售，它由生产厂家、批发商和零售商共同完成。随着大中城市各类连锁超市的快速发展，各种连锁超市正在成为冷链食品的主要销售渠道，在这些零售终端中，大量使用了冷藏/冷冻陈列柜和储藏库，它们成为完整的食品冷链中不可或缺的重要环节。

冷链所涉及的技术领域如表10.1所示。

表10.1　冷链使用的相关技术

内容	关键技术	相关技术	核心技术	相关设备
食品贮藏	食品贮藏工艺 制冷技术（设备、系统设计） 隔热层（保温板）技术 空气幕设计技术	机械设计、制造 自动控制技术 传感器技术 外观设计 制冷剂、发泡剂替代技术	制冷技术 隔热层技术 食品贮藏技术 空气幕技术	大中小型冷藏、冷冻、冰温库 陈列、展示柜 零售冷藏柜
流通设备	制冷技术 蓄冷技术 隔热层（保温板）技术	汽车技术 加工技术 新材料技术	制冷技术 蓄冷技术	冷藏保温车 集装箱 冷藏保温箱 保温盒（袋）

10.1.3　冷链的温度要求

对冷链的温度要求，国外称之为“不高于规则”（THENEVER WARMER THAN RULE），即从生产者到消费者之间各环节的温度都不得高于设定温度。可以将冷链的实现条件归纳为“3P”“3C”“3T”条件，即要求易腐食品原料（Product）的品质好、处理工艺（Processing）好、包装（Package）符合货物的特性；并且在流通与加工的整个过程中对易腐食品要爱护（Care）、注意清洁卫生（Clean）以及低温环境（Cool）；同时还要满足时间（Time）、温度（Temperature）、容许变质（Tolerance）条件。

根据不同食物对冷藏温度的要求，冷链大致可以分为以下几类。

（1）冷却食品冷链　将食品的温度降低到指定的温度，但不低于食品汁液的冻结点。通常其流通过程的温度上限是7℃，下限为0～4℃。食品经冷却后可延长贮藏期，并能保持其新鲜状态。经过预冷的蔬菜、水果、冷却肉、禽、水产品和乳制品等都会采用这种温度的冷链，发展前景良好，但由于在冷却温度下，细菌、霉菌等微生物仍能生长繁殖，故食品只能作短期保存。

(2)冻结食品冷链(低温冷链)　对各类冻结食品和冰淇淋等是将温度降低到冻结点以下，并要求整个流通过程保持在 -18℃以下(对冰淇淋要求为 -25 ~ -22℃)，使食品中的大部分水分冻结成冰。这就使维持微生物生命活动的酶的生化作用均受到抑制，因此，冻结食品可作长期贮藏，是目前各种冷链的主体。

冻结是指将食品温度降低到食品中冰晶最初形成时的温度，当温度降低到 -20 ~ -10℃，引起食品变质的正常反应，就能被降低到最低程度，甚至可以忽略不计。就食品货架期而言，在这样的温度下，会限制大多数微生物菌群数的增加，抑制微生物的生长繁殖。冷冻食品的货架期是温度的函数，温度越低，货架期越长。

冷却和冷冻食品配送系统的特性在于保特产品质量，不同程度地依赖于冷链贮藏和运输设施的运输时间和温度。冷却和冻结食品的配送过程，开始于车间冷库，经过中心冷库、配送冷库直至零售商冷柜，冷链在保持食品质量的过程中发挥了重要作用。生产完成后，将冷却或冻结食品贮藏在工厂的冷库，产品质量得到控制并运送到中心冷库，季节性产品可以贮藏6 ~ 12 个月，对于非季节性产品，中心冷库用于保证向配送冷库的持续供应，配送冷库是为快速满足市场需求而设计的。

(3)冰鲜冷链　将某些畜肉产品或水产品贮藏在 0℃以下至各自冰点的范围内称之为冰鲜贮藏或冰温贮藏，属于非冻结保存，食品新鲜度较高，且可延长食品贮藏期，但流通过程要求控制的温度范围较狭小，一般为 -2 ~ 0℃，故技术难度较高。

(4)超低温冷链　对部分水产品(如金枪鱼等)贮藏温度低达 -45℃以下，整个流通过程要求保持在 -30℃以下，称为超低温冷链，其品质的保持明显优于 -18℃低温冷链，货架期较长，并能满足生鱼片食用的要求。

10.2　国内外冷链的发展状况

目前，食品冷链存在两种发展模式。一是以追求高品质、完善服务为目的的品质与服务模式，发达国家主要采用这种模式；二是以保证大批量食品的一般质量、减少食品损失为主的价格与品质模式，发展中国家主要采用这种模式。

10.2.1　国外冷链发展状况

冷链起源于 19 世纪上半叶冷冻机的发明，到电冰箱的出现，各种保鲜和冷冻食品开始进入市场和消费者家庭。到 20 世纪 30 年代，欧洲和美国的食品冷链体系已经初步建立。现在美国、欧洲等发达国家和地区已形成了完整的食品冷链体系。美国、日本、德国等发达国家在运输过程中全部试用冷藏车或者冷藏箱，并配以 EDI 系统等先进的信息技术，采用铁路、公路、水路等多式联运，建立了包括生产、加工、贮藏、运输、销售等在内的新鲜食品的冷冻冷藏链，使新鲜食品的冷冻冷藏运输率及运输质量完好率都得到极大提高。美国的水果、蔬菜等农产品在采摘、运输、储存等物流环节的损耗率仅有 2% ~5%(我国损耗率在 25% ~ 30%，大约 1/4 的农产品在物流环节中被白白消耗掉了)，其农产品生鲜供应链已经形成一种成熟的模式。在意大利，其果品采后的商品化处理形成了由采收预冷—气调贮藏—分等级商品包装—保温车运输—销售(超市冷柜)—家庭冷柜(少量贮藏)—高质量最终消费几个环节组成的完整的“冷链”系统。同样，在日本，果蔬在流通过程中有98%是通过带有制冷系统的运输设施完成的。1975年，日本为了进一步提高生鲜食品的温度与品质的关系、适宜的温度管理方法和适宜的低温流通设施以及冷链机械的开发等与冷链相关的问题的研究水平，成立了食品低温流通推进协议会，研究整理出《低温管理食品品质的管理方法及低温流通设施完善方向》。制定了食品低温流通温度带，即生鲜食品的流通温度为 -4 ~ 5℃，并发行了《低温链指南》，使生鲜食品冷链保鲜技术进入了基本完善的阶段。在发达国家，冷链保鲜技术已达到了十分先进的水平，生鲜食品在冷链系统中运行，保证了品质，减少了损耗，提高了产品附加值，产生了巨大的经济效益和社会效益。

10.2.1.1 国外冷链技术的发展现状

发达国家冷藏食品的销售量(以价值论)占食品销售总量的50%，并呈继续增长的趋势。食品生产、供应及销售部门正不断改进技术与设备，以满足消费者的需求。当前采取的措施包括使用易于清洁、更为灵活的设备，采用更为合理和先进的生产工艺，使生产与外部环境更加协调，以及更好的接口管理，更令人满意的贮运温度和更及时的消费者信息反馈。冷链技术的发展主要表现在以下几方面。

(1)气调技术与微生物控制技术取得较大进展　超市设立冷藏陈列柜，减少热空气和水蒸气接触冷冻食品。在果蔬保存中，广泛应用气调技术。在海洋运输中，气调技术已经成为一门艺术。考虑到细菌污染会严重损害食品工业品牌形象，微生物控制已在肉制品、乳制品及方便食品等领域不断取得进展。

(2)食品的可追溯性得到提高　食品供应中的可追溯性和温度追踪法已取得很大进展。对易腐食物有效期内全过程实行时间—温度监控的益处已得到广泛认同，并普遍采用测量与监控仪器。

(3)消费者信息建设得到加强　冷藏展示柜上贴有产品标签，标签上有保质期、最短持续时间、最大贮藏温度等数据。在冻食店，隔热袋可随需随取，隔热袋上还印有相关信息，因此，建立了消费者对产品的信赖关系。

(4)标准化管理得到加强　政府管理部门在冷藏领域标准化方面已取得很大进步。冷链可以援引的标准有关于独立冷库、控温汽车(容器)、冷藏展示柜、速冻设备及冷藏食物、温度记录等方面的标准。标准的作用在于它的应用和贯彻实施，即公司在食品制造过程中，要有有关组织授予的认可证件，以保证设备、标准一致且公司在制造设备时也应遵守质量标准。

10.2.1.2 国外对冷链建设的新要求

(1)冷藏食品需求日益增加　消费者要求食品易于准备、可长期贮藏，卫生安全、味美多样，有民族传统风格和地方特色及营养均衡。

(2)产品应有统一标准和可靠的质量，且全年供应　食品应多样化以适应各种消费对象的需求，如年龄不同、胖瘦不均、患者及运动员等。

(3)增加各种信息及其透明度　消费者越来越想知道食品的原料成分、制作方法、热量、贮藏温度、食用截止日期(最好是各种原料的食用截止日期)。由于关注贮藏温度，许多消费者倾向于购买名牌产品(它们在生产、运输和销售全过程受到冷链保护)。

(4)有优越的感官特性(色、香、味)　消费者比较喜欢的熟食一般要在相当低的温度下烹制而成,这样不会因烹制而改变食品的品质(当然更需要注重保存它们的品质)。而仅冷藏不能永远保持食品的品质,因此食品安全必然要求冷藏及其他保护措施相联合。

(5)设备的清洁度　人们越来越重视设备的清洁度,以防止产生食品污染。

(6)节能　能耗是一个非常重要的问题,因为它影响决策者的抉择,并对冷链质量也有影响。冷贮藏有大容量、降温快的趋势,但必须具有能耗低的特点。

(7)接口的协调　冷链各环节接口的温度控制与作业的协调是保证整体质量与效率的关键。

(8)温度控制　温度控制是决定许多食品安全运输的根本因素。在很多情况下,温度控制也是决定食品的最佳食用质量与经济效益的关键。在英国发生的几起食物中毒事件都是因为食品在生产、运输与销售过程中没有控制好温度造成的。温度是影响微生物生长的关键因素,了解温度如何影响微生物的生长对于了解温度控制很有必要。

(9)温度立法　消费者对食品质量要求越来越高,因温度控制不好而引起食物中毒事件引起了人们的关注,温度控制成为一个很重要的问题。因此,温度立法也就十分必要。美国、欧洲等发达国家和地区对冷冻冷藏食品从生产到消费各环节的温度控制都进行了立法。

(10)制冷剂的替代　世界各国认识到 CFCS(氯氟烃类)对环境的影响,一致同意停止使用这些制冷剂,取而代之的则是长期可用的新型制冷剂。许多不含 CFCS 的制冷剂,如氨、丙烷、丁烷、二氧化碳、水及空气都可在食品冷链系统中得到应用。

10.2.2　国内冷链发展状况及存在问题

中国的冷链最早产生于 20 世纪 50 年代的肉制品外贸出口,并改装了一部分保温车辆。1982 年,中国颁布《食品卫生法》,从而推动了食品冷链的发展起步。近几年来,中国的食品冷链不断发展,以一些食品加工行业的龙头企业为先导,已经不同程度地建立了以自身产品为核心的食品冷链体系,包括速冻食品行业,肉制品加工企业,冰淇淋和乳制品企业以及大型快餐连锁企业,还有一些食品类外贸出口企业。但总体来说,我国目前尚未形成完整的冷链物流体系,从起始点到消费点的流动储存效率和效益无法得到控制和整合,对于连锁零售业的生鲜食品经营者来说,其上游始终是处于运作不顺畅、不稳定的状态,并且在生鲜经营管理流程中会更多地考虑生鲜冷冻加工和经营过程本身,而对生鲜冷冻供应链上游的冷冻冷藏商品采购环境和对物流配送的影响却疏于认真考虑,由此而引发的损失数目是巨大的。我国农副产品流通量很大,其中 80% 以上的生鲜食品是采取常温保存、流通和初加工手段。据统计,常温流通中果蔬约损失 20% ~30%、粮油 15%、蛋 15%、肉干 3%,加上食品的等级间隔、运输及加工损耗,每年造成经济损失约上千亿元。

具体分析我国冷链发展中存在的问题,主要表现在以下四个方面。

10.2.2.1　完整独立的食品冷链体系尚未形成

就整体冷链体系而言,中国的食品冷链还未形成体系,无论是从中国经济发展的消费内需来看,还是与发达国家相比,差距都十分明显。目前大约 90% 肉类、80% 水产品、大量的牛乳和豆制品基本上还是在没有冷链保证的情况下运销。冷冻食品产销冷链情况稍好,但由于部分产品流入集贸市场拆零散卖,冷链存在中断现象。由此,我们可以得出这样的结论,冷链发展的滞后在相当程度上影响着食品产业的发展。

10.2.2.2 食品冷链的市场化程度很低,第三方介入很少

中国易腐食品除了外贸出口的部分以外,大部分在国内流通的易腐食品的物流配送业务是由生产商和经销商完成的,食品冷链的第三方物流发展十分滞后,服务网络和信息系统不够健全,大大影响了食品物流的在途质量、准确性和及时性,同时食品冷链的成本和商品损耗很高。

10.2.2.3 食品冷链的硬件设施陈旧落后

中国冷链设施装备状况如下。

(1)汽车冷藏车辆　目前,中国保温车辆约有 3 万辆,而美国拥有 20 多万辆,日本拥有 12 万辆左右。中国冷藏保温汽车占货运汽车的比例仅为 0.3% 左右,美国为 0.8% ~1%,英国为 2.5% ~2.8%,德国为 2% ~3%。欧洲各国汽车冷藏运量占比为 60% ~80%,中国汽车冷藏运输占比约为 20%。

(2)铁路冷藏车辆　在全国总运行车辆 33.8 万辆中,冷藏车只有 6970 辆,占 2%,而且大多是陈旧的机械式速冻车皮,规范的保温式保鲜冷藏车较缺乏,冷藏运量仅占易腐货物运量的 25%,不到铁路货运总量的 1%。

(3)食品冷藏运输率　食品冷藏运输率是指易腐食品采用冷藏运输所占的比例。欧洲、美国、日本等地区和国家均达到 80% ~90%,前苏联和东欧国家约 50%。目前我国每年需调运的易腐食品约 4000 万 t,中国的食品冷藏运输率约 10% 左右。目前,我国易腐物品装车大多在露天而非在冷库和保温场所操作,80% ~90% 的水果、蔬菜、禽肉、水产品都是用普通卡车运输,至多在上面盖一块帆布或塑料布。有时候,棉被成了最好的保温材料。

(4)冷库容量　中国目前的冷库总容量为 700 多万 m^3,很多冷库只限于肉类、鱼类的冷冻贮藏,而当处于生产淡季和原料资源不足时,冷库往往处于闲置耗能状态。据了解,自 20 世纪 80 年代以来,我国也曾投资数亿元人民币先后修建了 100 多座气调贮藏库,并从国外引进了一批较先进的具有一定规模的农产品加工生产线,主要用于农副产品加工贮藏。但由于不适应我国国情,引进的机械设备利用率不高,绝大多数企业规模小,水平低,加工产品质量不稳定,加工废弃物未得到综合利用,企业成本高、效益差。

从上述情况来看,中国目前的冷链设施和冷链物流装备不足,原有设施设备陈旧,发展和分布不均衡,无法为易腐食品流通系统地提供低温保障。由此产生两个直接后果,一是易腐食品特别是初级农产品的大量损耗,由于运输过程中损耗高,整个物流费用占到易腐物品成本的 70%,而按照国际标准,易腐物品物流成本最高不超过其总成本的 50%;二是食品安全方面存在巨大隐患。

10.2.2.4 食品冷链缺乏上下游的整体规划和整合

由于中国农业的产业化程度和产供销一体化水平不高,从农业的初级产品来看,虽然产销量巨大,但在初级农产品和易腐食品供应链上,既缺乏食品冷链的综合性专业人才,也缺乏供应链上下游之间的整体规划与协调,因此在一些局部发展中存在严重的失衡和无法配套的现象,例如,在冷库建设中就存在着重视肉类冷库建设,轻视果蔬冷库建设;重视城市经

营型冷库建设，轻视产地加工型冷库建设；重视大中型冷库建设，轻视批发零售冷库建设。整体发展规划的欠缺影响了食品冷链的资源整合，以及行业的推动。

10.2.3 我国冷链未来的发展方向和趋势

10.2.3.1 冷冻冷藏产品市场容量将进一步扩大

下列五个因素将促进冷冻冷藏产品市场容量扩大：①卖场、连锁超市、便利店等新型商业业态的持续发展，使得生鲜冷冻区在各业态中的比重也在不断地增加，并且这些商业业态把冷冻产品作为重要的经营品类，成为冷冻冷藏产品销售不可替代的主渠道，从而扩大冷冻冷藏产品的市场容量；②随着人们受教育程度的不断提高和市场竞争的日益激烈，人们逐渐倾向于通过节省"厨房时间"来增加自己的学习、工作或休息时间，这也使冷冻冷藏产品的销售量不断增加；③年轻消费者在消费者群中所占的比重不断扩大，加上消费理念的更新，对冷冻冷藏产品的认知度在不断提高，这同样促进了冷冻冷藏消费市场的不断扩容；④市场的激烈竞争促使冷冻冷藏产品加工企业不得不提高产品质量、服务质量，无论是在产品上还是在包装上都竭力吸引消费者消费，相应地也就提高了冷冻冷藏产品的质量、品种，使更多的消费者倾向于冷冻冷藏产品的消费；⑤冷冻冷藏食品品种的不断增加，传统的水饺、汤圆、包子等速冻点心产品已发展到了极致，企业必须不断地寻找新的产品。而菜肴作为新型的冷冻冷藏品将会受到企业的注重，使中华传统美食延伸到冷冻冷藏产品中。

10.2.3.2 冷链物流将重新整合，形成完善的冷链物流系统

冷冻冷藏品为达到保鲜的目的，要求快速、及时进入消费环节，流通环节越少越好，以确保冷冻冷藏品的新鲜度和食用安全性。但农产品生产和消费上的分散性又使生鲜商品在流通中不可避免地要进行一次或多次集散。因而需要建立冷链物流系统，使易腐、生鲜食品从产地收购、加工、贮藏、运输、销售，直到消费的各个环节都处于适当的低温环境之中。因此，冷链物流转向多品种、小批量的运输已成为必然趋势。冷链物流的重新整合有两种形式：一是通过生鲜加工配送中心的建设和运作，对连锁企业内部的销售能力和库存进行重组，可以提高门店冷冻冷藏产品的质量控制水平，加强采购谈判能力，有效地建立起统一的冷冻冷藏品采购验收标准并在经营中统一执行，减轻单店生鲜冷冻区的管理压力。二是以冷冻冷藏品加工配送中心为核心，向冷冻冷藏供应链的上游延伸，使卖场、连锁超市、便利店等与供应链上游的沟通更加顺畅，商品采购供应更有保障。

由于冷冻冷藏产品的特性，对于物流配送的要求较高，从单个企业来讲要实现多方位、门到门的通路配送服务则是不现实和不经济的，同时企业的产品想要辐射全国，就必须借助于提供完整服务的第三方物流，使冷冻冷藏产品配送服务更大限度地适应企业的发展需求，解决企业冷冻冷藏物流的发展瓶颈。因此，第三方物流在冷链物流中占有一席之地。

10.2.3.3 冷链物流基础设施将进一步完善

冷库作为冷链物流的中枢，近年来在我国得到了显著发展，不仅建库的规格和容量急剧增长，冷库管理与控制也日趋完善。这主要表现在以下方面：①过去冷库大部分集中在大中城市，而目前在小城镇也建了不少冷库；②过去冷库为国家公建，现在一些私营、集体企业也开始建立，并且有小型化的趋势；③冷库的隔热材料由软木、稻壳、聚苯乙烯发展为聚氨酯；④过去冷库往往建在销售地，目前在产地也开始建造；⑤装配冷库的快速发展。因为装配式

冷库重量轻，结构紧凑，安装快，美观卫生，越来越受到用户的青睐。

国外冷冻冷藏物流之所以迅速发展，冷藏运输装备的发展也起到了极为关键的作用。发达国家已逐步淘汰了冰冷车和机冷车，在20世纪80年代后，逐年递增地推广使用冷藏集装箱，目前已广泛采用机冷式冷藏集装箱，并有通风、气调、液氨、保温、冷板等多种类的冷藏箱，极大地促进了冷藏运输的发展。针对当前冷冻冷藏物流的发展，我国冷藏运输应积极发展适应多品种小批量的小编组机冷车，满足市场对多品种小批量货源运送的需要，同时应积极发展机械冷板冷藏车和冷藏集装箱。冷藏集装箱改变了易腐货物依靠冷藏车的状况。冷藏集装箱单独供电制冷，可以使用集装箱平车和敞车装运，既有冷藏车制冷作用，又有集装箱的灵活、安全，便于实现计算机管理，便于多种运输方式交接等特点，这是未来冷藏运输的发展方向。

10.2.3.4 广泛采用信息技术

发达国家在冷链物流中广泛采用先进的信息技术，对生鲜食品的生产、贮藏、运输、销售实施全过程控制，如美国、日本的计算机联网管理系统和欧洲的电子数据交换系统，都在冷链物流中发挥了很好的作用。我国也应积极建立有统一标准数据的计算机管理信息系统和电子交换系统，为冷链有关方面提供准确的市场动态和信息沟通，通过计算机系统可及时了解生鲜食品的生产、加工、贮藏信息；掌握供应链中冷冻冷藏产品的数量及位置，及时提货和补货，从而提高冷链物流的作业效率与管理水平。同时也对各种冷藏车的运输进行全面的动态监控，为食品安全审查提供可溯源性信息支持，对于问题食品可以追查到底。

10.3 冷链的物流规划

冷链由于其特殊性、专业性、技术性，其物流系统设计也存在众多独特之处。与常温供应链相比，冷链对时间的高度重视必然要求货物周转速度更快、信息传递更及时、供应链节点间协调更加紧密，低温设备等额外投资又使冷链供应链的运营成本更高、资产利用率相对较低。相应地，在物流系统规划的各个环节，包括运输系统、仓储系统、网络结构、成本结构、库存和供应系统等都必须考虑其独特之处。

10.3.1 冷链物流的特点与规划内容

由于低温食品对外界条件和时间的严格要求，使得冷链物流具有以下三个特点。

(1)低温食品的最终质量取决于冷链的贮藏温度(Temperature)、流通时间(Time)以及产品本身的耐藏性(Tolerance)，所以物流服务水平对低温食品的质量乃至销售起到决定性影响。

(2)由于易腐食品的时效性必然要求及时稳定的周转，这就对物流服务水平及整体运作效率提出了很高的要求。

(3)为确保易腐食品在流通的各个环节始终处于产品所必需的低温环境下，必须安装温控设施、采购冷藏车或低温仓库，为提高物流运作效率又需要使用先进的信息系统等，这些额外投资导致低温食品的物流成本偏高。

冷链物流是一项复杂的系统工程，为达到以较低成本满足较高服务水平、进而促进销售的目的,需要供应链各环节之间的高度协调、通畅的信息流通、高效的运作、资源的优化管理等。物流规划对物流系统的成本支出和运营效率起着决定性作用,物流规划主要包括四个方面内容:物流服务水平、运输系统、仓储与仓库选址、库存与供应系统,如图 10.4 所示。其中物流服务水平是其他三部分决策制定的前提。

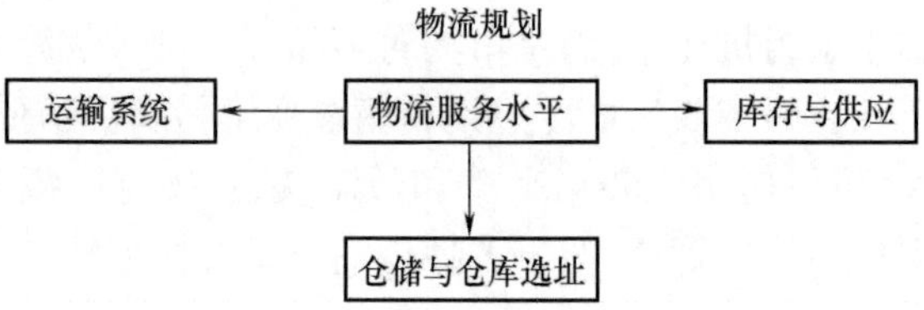

图 10.4　冷链物流规划的内容

以下就四个方面具体论述冷链物流在规划时的独特之处。由于生鲜产品是所有低温食品中对时效性要求最高、冷链物流系统最复杂的产品,因此下文将主要以生鲜产品为例来介绍冷链物流系统的整体规划。

10.3.2　物流服务水平的规划

物流服务水平源自客户服务需求,客户服务水平的高低决定了物流成本的大致水平,需求的分布极大影响着物流网络的结构,产品的特性对物流包装、运输、仓储方式及其成本影响巨大。市场需求和产品特性是物流系统规划的基础,只有紧扣“商流”要求的物流才能成为真正的利润源。低温食品独特的产品特性及需求特征决定了冷链物流体系的一些基本特征。

以生鲜产品为例,生鲜产品属于日常必需消费品,需求比较稳定(尤指乳制品及加工食品);产品风险大,易变质且腐败后食用对健康危害大,质量容易通过色泽或生产日期判断;产品的可替代性较强,消费者对价格比较敏感,对品质要求高。

易腐食品的产品特性首先决定了周转速度是冷链物流服务水平的重要指标,除此以外,生鲜食品的需求特征也对冷链物流体系提出一系列要求(表 10.2)。

表 10.2　　生鲜产品的物流服务要求

产品特性及需求特征	对冷链物流体系的要求
日常消费品	广泛的分销渠道,众多销售网点
可替代性较强	保证产品可得性,现货供应率高
需求较稳定	销量可测性强,理论上可控制缺货率和过期率
易变质	库存量低,周转迅速,快速铺货
价格弹性大	快过期产品价格促销,物流成本不能太高

从表 10.2 可以看出,生鲜食品对物流的首要要求是快速周转,这要求冷链必须短、平、快;其次众多分销网点的快速铺货,一方面要保证较高的产品可得性,同时库存持有量必须很低,这就意味着低温物流中心必须在准确预测销量的基础上少量多次送货;最后,物流体

系必须以较低的成本运营，企业必须通过持续的物流体系优化提高资产利用率、减少资产投资，同时保证一定的物流服务水平。控制物流成本与冷链物流运作密不可分，冷链物流的运作成本主要由运输成本、仓储成本、库存成本、管理成本组成，其中运输成本与仓储成本所占比例较大，库存成本相对较小。保质期越短的产品，库存量越小，仓库规模越小，仓储成本所占比例也越小，运输成本相对越高。图 10.5 是某乳业公司物流成本比例。

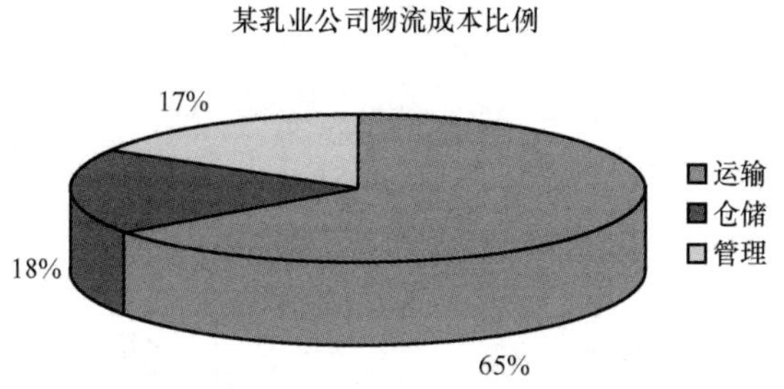

图 10.5　某乳业公司物流成本比例

10.3.3　运输系统的规划

运输系统是冷链物流成本中比例较大的部分，也是易腐食品流通中时间耗费较长的环节，是保证易腐食品时效的重要实现手段。还是以冷链中比较典型的生鲜产品冷链为例，生鲜产品运输的复杂性不仅表现在运输过程中温度、湿度监控和质量控制等技术方面，更表现在物流方面的独特要求。由于生鲜产品的零售终端（主要是超市、便利店）众多并分布广泛，多数客户单次订货量小，需要频繁配送，并且为满足销售高峰时间段内客户的需求，零售终端常常要求配送车辆在一定时间段内到达（即时间窗）。大量的小订单、众多的配送网点、严格的时间窗加剧了线路规划和车辆调度的复杂性，极易导致不合理的运输成本和客户的抱怨。优化的运输体系（在其他物流体系的配合下）不但可以提高客户满意度，还可以减少资产投资、降低物流成本。

某乳业公司在物流上面临两大矛盾：庞大的客户群和差异化客户服务水平之间的矛盾，物流成本与客户服务水平之间的矛盾。矛盾一方面导致运输成本居高不下，另一方面客户投诉不断。在知名供应链咨询公司的帮助下，通过建立运输成本模型、重新规划物流体系，成功解决了上述矛盾，并提高了客户服务水平、降低了物流总成本。其具体改善措施如下。

首先，分析订单模型后发现大量小订单占销售比例小，但占用大部分物流资源，如图 10.6 所示。于是建议合并小订单，建立小冷库配送小订单客户，冷藏车队仅负责将乳品从配送中心送到小冷库以及大客户，小冷库到小客户的超短距离配送则由配备冷库的小型车辆（如三轮车等）完成，具体如图 10.7 所示。这样，冷藏车队的配送网点大大减少，既提高了冷藏车辆的利用率，又降低了车辆总投资。

其次，针对复杂的送货时间窗的问题，建议与部分客户沟通调整时间窗、使不同产品线的时间窗密集段错开，以提高车辆整合程度。错开的时间窗可以使车队增加每天运输数次、提高车辆的利用率。

再次，通过建立运输成本模型，寻找物流成本优化空间。运输成本分为固定成本与变动

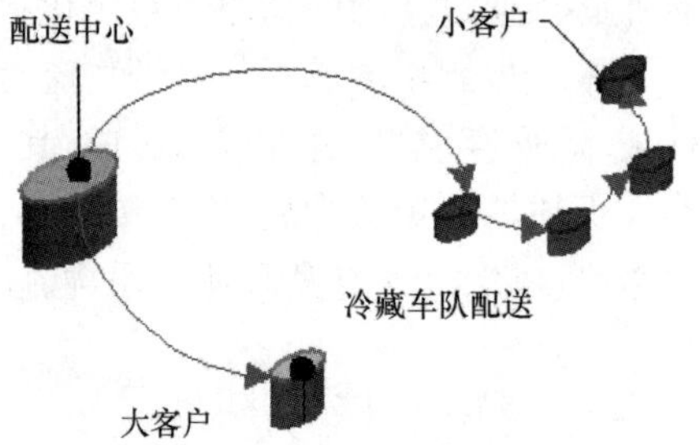

图 10.6　乳业公司以前的配送模式

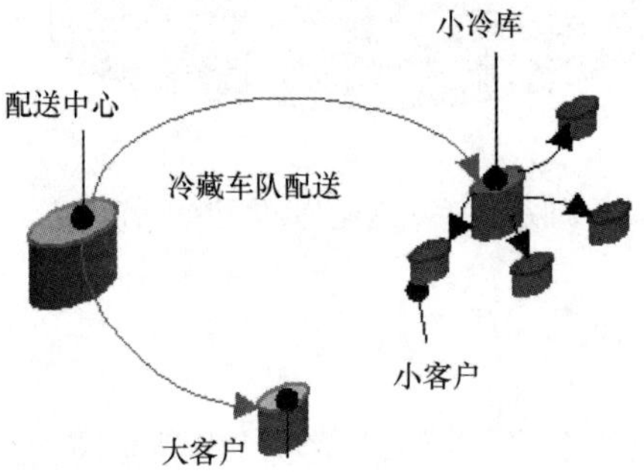

图 10.7　乳业公司建立小冷库后的配送模式

成本两部分。其中固定成本主要包括固定资产折旧、保险费、养路费、管理费、固定工资。变动成本包括计件工资、油耗、维修保养、路桥费。固定成本衡量物流管理是否合理，变动成本则衡量运输运作是否优化。运输成本的优化可以通过分析其影响因素实现。

车辆选型是固定成本中最重要的影响因素，直接关系到固定成本折旧、养路费、维修保养及其他直接消耗，它决定了未来几年里将近一半的运输成本。订单规模基本决定车辆数目，订单的分布基本决定了车辆运行的公里数。同时，网络布局和调度方式也对车辆运行路程和车辆需求数目有较大影响，通过优化网络布局、合理化调度可以提高车辆利用率，降低物流总成本。上述建立小冷库的措施就是通过改变网络布局，适度提高仓储成本、大幅降低固定运输成本，达到减少资产投资、降低物流总成本的目的。而整合不同产品的时间窗为优化调度创造了条件，有助于减少车辆投资、提高资产利用率。运输成本的主要构成及影响因素如图 10.8 所示。

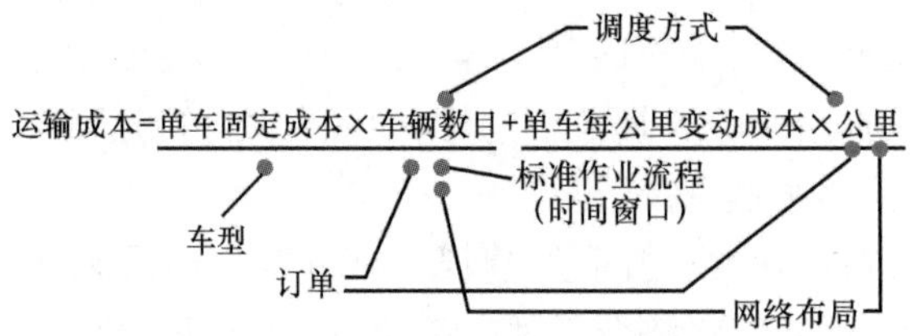

图 10.8　运输成本的构成及影响因素

另外，加强和承运商的联系，建立长期合作关系，共同帮助承运人改进服务和降低成本，也是实现自身物流服务目标的重要途径。

综上所述，针对保质期极短的生鲜产品运输体系面临的大量小订单、众多配送网点、复杂时间窗等问题，可以采取合并小订单、整合配送网点、调整并合并不同产品的时间窗的方法提高客户服务水平、降低运输成本，另外选择合适的车型、合理进行网络规划、优化调度方式也对减少资产投资、提高物流效率起到重要作用。

10.3.4 仓储与仓库选址

仓库选址是网络规划的主要部分，不仅决定部分运输成本和仓库租金的大致范围，而且对物流服务水平起到重要影响。合理的仓库选址通过权衡运输成本和仓储成本，达到一定服务水平下总体物流成本最低点。低温物流中心的投资金额非常庞大，资金回收相当漫长。低温物流中心的投资成本中除了构建常温物流中心必备的存储搬运设备、库房建造、人员、办公设备、保险等几项之外，还有两项大额投资：冷冻、冷藏及空调系统投资以及保冷隔热相关设施费用。如图 10.9 所示为台湾一座面积为 $3000m^2$、高 24m、9400 个储位、5 台高架存取机的低温仓库的总投资预算比例，总投资额为 260500000 台币，其中低温设备及相关工程为 28000000 台币，占总投资额的 11%，为仅次于物料设备投资的第二大项投资。

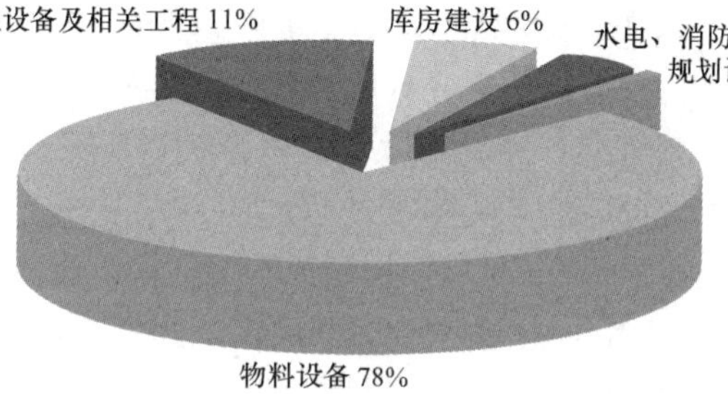

图 10.9　台湾一家低温物流中心的投资预算比例

由于低温物流中心投资巨大，企业必须形成一定销售规模才有能力建立低温物流中心。在国内生鲜产品的市场现状下，主要有两大类企业建有大型低温物流中心。一类是在市场比较成熟、已形成较大规模品牌企业的行业，如啤酒业、乳业、加工肉食业等；另一类是大型连锁超市。因为在众多小企业（或个人）参与、市场整合度低的行业，如鲜蔬、水果、水产等，尚未形成较大规模的供应商或中间商，所以只有销售末端的连锁超市集团向供应链上游延伸、自建生鲜配送中心、构建生鲜配送体系，才能迅速提供满足消费者需要的生鲜产品。因此连锁超市的生鲜配送中心是连接供应链上下游的重要枢纽。生鲜配送中心可以调控大宗农产品和构建各连锁超市生鲜区之间的物流联系；连锁超市可以以生鲜配送中心为核心，向生鲜供应链的上游延伸，最终重新整合生鲜产品供求双方的各种资源，包括资金、设备、原料、人员、专业化管理、信息等，使投入更为合理。

由于要求少量多次、多品种配送，超市的低温配送中心通常库存少、规模较小、响应时间短；同时超市为了扩大利润空间，经常实行多样化投资，自己加工产品或定牌制作，多种操作模式并存，使得配送中心功能更加复杂。低温配送中心对灵活性和柔性要求都很高。为满足快速周转的需要，低温配送中心需要针对不同物流类型的商品规划仓储操作程序和规范，并辅以细致有序的管理、配备先进的设备及技术，如图 10.10 所示。

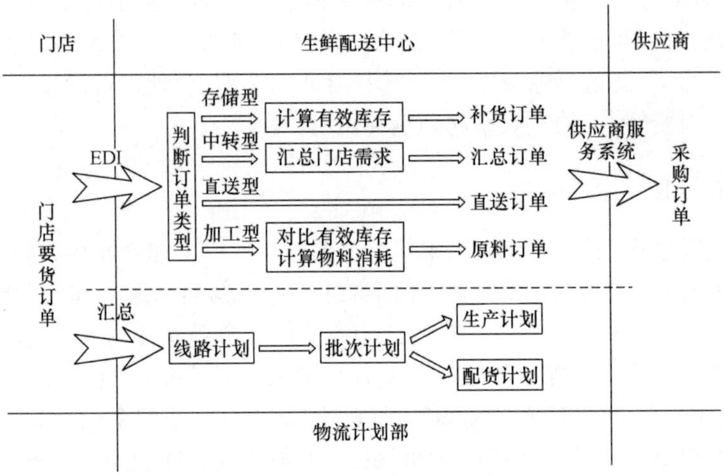

图 10.10　联华超市的物流中心订单处理及物流计划制定流程

上海联华超市生鲜食品配送中心是我国设备最先进、规模最大的生鲜食品加工配送中心之一。总投资约 6000 万元，建筑面积 35000m^2，拥有 12000 多个储位。生鲜商品按运输属性分为常温、低温和冷冻品；按商品用途分为原料、辅料、半成品、产成品等；按物流类型分为储存型、中转型、加工型与直送型。为了高效管理复杂的产品系列，联华超市针对不同物流类型制定相应的流程和操作规范。

订单处理：当门店将要货订单信息通过数据通信平台传输到配送中心后，配送中心马上生成门店要货订单，并按不同商品的物流类型进行不同的处理。

物流计划：汇总门店订单后根据第二天的收货、配送、生产任务编制物流计划，包括线路计划、批次计划、生产计划、配货计划。

物流运作：各物流类型的商品依照各自的进货、拣货、配货操作程序如图 10.11 所示。

	进货	拣货	配货
储存型商品	品质检验、通过条码与称重等检验品种与数量	播种方式，汇总取货后系统预扣库存	根据线路与门店进行播种配货，并用手持终端确认配货总量
中转型商品	在中转配货区验货，同上	使用中转配货系统按商品、路线、门店的顺序配货并贴物料标签，最后统计配货总量生产进货单	
直送型商品		无库存	
加工型商品	区分最终产品、半成品、配送产品，根据生产计划和加工指令分配产品		

图 10.11　联华超市各物流类型商品的物流操作

综上所述，低温物流中心的建设需要投入大量资金，目前国内相当一部分低温物流中心由零售终端建立，连锁超市的低温物流中心功能复杂、对灵活性和柔性的要求很高。为满足生鲜产品迅速周转的需要，低温物流中心除了合理择址、配备先进的物流设施和信息系统以外，还应针对各种物流类型建立适宜的订单处理流程和仓库操作规范。

10.3.5 库存与供应

生鲜产品的产品特性与需求特点决定其库存和供应方面具有以下几个特点。

(1)时效性要求安全库存及平均库存持有量低，且保质期越短，库存量越低。

(2)采购量过大将导致过期成本高(过期成本 = 到货成本)，采购量太小将引发高缺货成本(缺货成本 = 净利润)。

(3)生鲜产品大多属于日常必需品，需求大体比较稳定(尤其是加工食品)，需求变化便于追踪，理论上可准确预测需求。

生鲜产品的需求比较短暂，如鲜乳的需求高峰在早上上班时间，过了这段时间需求量就会显著下降，销售高峰期缺货难以迅速补货、过期无法销售。所以某些生鲜产品的采购属于一次性订货，这与常温产品的多次订货是迥然不同的。根据边际经济分析法可知，当售出下一单位产品的边际利润等于下一单位产品售不出去的边际损失时，达到最佳订货量。将一定量产品销售概率考虑进来，则最佳订货量处于预期边际收益曲线与预期边际成本曲线相交的点上，如图10.12所示。若设 Pn 为至多售出 n 单位的累计概率，则预期边际收益为 $Pn * MC$，预期边际成本为 $(1-Pn) * MP$，当 $Pn * MC = (1-Pn) * MP$ 时，即 $Pn = MP/(MP+MC)$，当销售 n 单位产品的预测累计概率恰好等于边际利润除以边际利润与边际成本之和时，订货量最优。在确定最佳订货点时，企业常常需要借助库存管理信息系统。

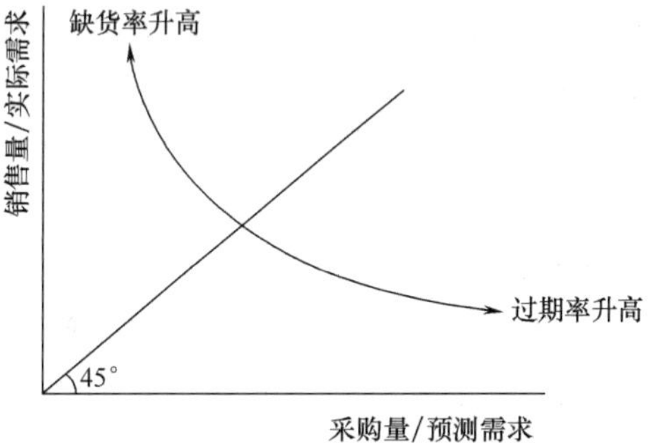

图10.12　生鲜产品最佳定货点

例如，某乳业公司的信息系统记录了准确的库存数据，结合门店系统的销售汇总数据后，提供合理采购量和门店补货量的参考值，这样大大减少了缺货率和过期率。另外，系统还提供各种预警，如临近保质期、过保质期产品的报警，在库产品的库龄分析等，使库管人员能及时采取有效措施，减少在库品的损耗。综上所述，生鲜产品的库存压力很大，但是缺货引起的销售丧失也是非常严重的，在平衡过期和缺货时，销售预测起到了决定性作用。基于销售预测的一次订货理论为企业确定最佳订货点提供了理论依据，在实践中，企业常常需要借助库存信息系统，信息系统中独特的保质期预警等机制将为企业控制库存和缺货起到重要作用。

10.4 冷链物流的质量管理

10.4.1 冷链物流质量管理的内容

对于冷链物流来说,质量问题非常重要。因为冷链物流储运的是易腐、易变质的生鲜食品。它们对储运的环境、温度、湿度、作业的速度和时间要求非常高,冷链质量问题轻则导致经济损失,重则危及人们的生命安全。

物流质量包含以下几个内容。

10.4.1.1 商品的质量保证

物流的对象是具有一定质量的实体,即具有一定等级、尺寸、规格、性质、外观的生鲜食品。这些质量是在生产过程中形成的,物流过程在于转移和保护这些质量,最后实现对用户的质量保证。因此,对用户的质量保证不仅依赖于生产,而且也依赖于流通。

10.4.1.2 商品的质量改善

物流过程不单是消极地保护和转移质量。现代物流由于采用流通加工等手段,还可以改善和提高生鲜食品的质量。由此,物流过程在一定意义上说也是质量“形成过程”。

10.4.1.3 物流服务质量

物流业有极强的服务性质,属于第三产业范围,其性质主要在于提供服务,满足用户要求。所以,整个物流的质量目标就是其服务质量。服务质量因不同用户而要求各异。这就需要掌握和了解用户要求,如生鲜食品质量的保持程度、流通加工对生鲜食品质量提高程度、批量及数量的满足程度、配送额度、间隔期及交货期的保证程度、配送和运输方式的满足程度、成本水平及物流费用的满足程度、相关服务(如信息提供、索赔及纠纷处理)的满足程度等。衡量物流服务的具体指标主要是:时间、成本、数量和质量。

10.4.1.4 物流工作质量

物流工作质量指的是物流各环节、各工种、各岗位具体工作的质量。为实现总的服务质量,要确定具体的工作要求,以质量指标形式确定下来就为工作质量目标。也就是将物流服务总的目标质量分解成各个工作岗位可以具体实现的质量,是提高服务质量所做的技术、管理、操作等方面的努力。

10.4.1.5 物流工程质量

与产品生产的情况类似,物流质量不但取决于工作质量,而且取决于工程质量,受制于物流技术水平、管理水平、技术装备等因素。要想提高物流质量,必须对影响物流质量的设备、工艺方法、计量与测试、环境等因素进行有效控制。

10.4.2 HACCP 在冷链物流中的应用

10.4.2.1 冷链物流危害分析和关键控制点确定

危害分析(HA)是鉴别有害物质或引起产品腐败的致病菌及任何病原体,掌握产生危害的机制，根据危害特征将食品分类，确定其风险类别程度，并制定出减少食品在生产和批发过程引起危险的相关措施。冷链物流作业环节可能产生的危害主要有原料产地污染、货物遗失、货物损坏（腐烂变质）、数据错误、作业时间过长等。具体危害分析见表10.3。

表10.3 冷链物流的危害分析

作业环节	可能发生的危害
接受订单	订单处理错误，货物数量、品类不符，货物储存条件混淆，接受有毒有害、易燃易爆物品等
商品验收	原料被农药污染、水源污染、环境污染，选择的原料来自疫区，商品不具有“三证”（商品检疫合格证、来自非疫区证明、运载工具消毒证明）
运输	不同质地易腐食品集中产生交叉感染；运输工具不能使装载的食品保持在适当低温，货物发生腐蚀；在卸车时操作不当导致货物损坏作业时间过长，运输路线不合理，行车时间长，运输效率低下在途运输时因盗窃、交通事故等导致货物遗失
储存	储存操作不当导致货物损坏不同质地易腐食品集中产生交叉感染：储存区温度、湿度、微生物数量没有达到储存标准，作业时间过长，货物储位不利于拣货，影响工作效率
流通加工	作业时间过长，货物数量多，系统和工作人员不能及时处理货物分拣工作区的温度、储存区温度、湿度、微生物数量没有达到标准

确定关键控制点（CCP）是根据所控制危害的风险与严重性，分析影响食品质量的关键因素，从而确定质量控制的关键点。冷链物流中流通的食品容易腐烂，应当在冷冻工艺、防止细菌污染和繁殖方面有严格控制。如水产品从开始就要进行预冷，预冷的温度、预冷的方法都是关键控制点。运输过程中，一辆冷藏车中存放的食品是不同种类的，每个存储区的温度也是不相同的，同时还要避免不同类食品间的交叉感染。加工、存储、装卸过程中的操作温度同样需要控制。

物流作业环节中的作业时间、货物损失、货物遗失、数据错误的关键控制点有货物配送流程、订单处理、验货、搬运、装车、分拣、信息系统等。

关键点的控制在于确定安全与不安全产品的界限，只要所有的关键控制点控制在各自特定的临界范围，产品将是安全的。临界范围的类型有：化学范围、物理范围、微生物范围。冷冻冷藏食品加工、流通的温度控制如表10.4所示。

按照我国对食品冷藏库的分类，贮藏冷冻食品的低温冷藏库，其使用期间的温度应稳定在-18℃左右；上下偏差应控制在2℃以内，不能波动太大。

物流作业的危害控制指标是：标准作业时间的下限是96%；货损率上限是2%；作业准确率下限是98%；货物遗失率上限是0.3%。

表10.4 冷冻冷藏食品加工、流通的温度控制

温度	对象
20℃	不耐低温果蔬低温贮藏、流通，大米低温贮藏
0~10℃	果蔬预冷，生鲜水产品、畜禽产品的加工、流通
-5~0℃	过冷或微冻食品加工、流通

续表

温度	对象
-18 ~ -10℃	慢冻食品冻结，一般冷冻食品贮藏
-30 ~ -23℃	冷冻水产品、冰激凌贮藏、流通
-50 ~ -30℃	速冻食品冻结，金枪鱼、肉糜冷冻贮藏

10.4.2.2 冷链物流关键控制点的控制措施

(1)接受订单　接受订单环节要有专人负责。这一环节的控制措施主要是正确确定储存商品的品名、数量和贮藏的环境要求，以及储存商品是否有害、有毒，是否是易燃、易爆品、是否有特殊气味等。

(2)预冷　生鲜食品在商品验收和流通加工过程中，应严格控制温度：挑选、分级、分割时，温度控制在2℃左右，相对湿度98%；加工部分，车间温度1℃，相对湿度65%。

(3)商品验收　这一环节的控制措施包括：对于鱼肉类产品，应检查“三证”（商品检疫合格证、来自非疫区证明、运载工具消毒证明）。对于低温库存商品（-18℃以下保存），其外表应呈冻结状态，中心温度达到-8℃以下；未经冻结的常温、回温已化冻的商品，必须经冻结处理后方可入库。对于用盐腌或盐水浸泡过的商品、液体商品、有特殊气味、有化学腐蚀作用的商品必须有严密的包装。

(4)速冻　为保持冷冻食品的良好食感，食品冷冻宜采用快速冻结和深度冻结的方法。要求冻结温度为-45 ~ -35℃，在30s内使食品中心温度达到-18℃。

(5)冷藏　为确保生鲜食品安全，各种生鲜食品都规定有合适的贮藏时间、贮藏温度、贮藏湿度。并应尽量减少温度波动，波动范围应控制在±2℃。不同贮藏温度和不同类型的生鲜食品之间应相互隔离，避免不同食品之间的相互影响和交叉污染。在贮藏过程中每隔一定时间就需通风换气，以保持适宜的湿度和适宜氧气和二氧化碳的浓度比。定期进行库内商品检查，发现商品有变质、酸败、脂肪发黄现象时，应迅速处理。

(6)搬运及装卸、配送、销售　在搬运及装卸、配送、销售过程中要求做到以下几点。

①冷冻食品温度必须控制在-18℃以下，才能进入冷藏库，交接双方要有温度的认定制度。

②在运输过程中必须使食品温度始终控制在-18℃以下，为此，要有制冷设备和制冷手段，并且要有测温工具或温度自动记录仪。

③要按操作规范进行搬运及装卸。搬运及装卸速度要快、时间要短，一次搬运及装卸的时间不宜超过15min。

④销售冷冻食品的商店，必须具备冷藏设备。较大的超级市场和冷冻食品专营店除具备冷藏销售柜外，还应具备冷藏库，使温度控制在-18℃以下。

10.4.2.3 记录保持与审核

对已批准的HACCP计划方案和有关记录、文件都要建档备查。企业建立的HACCP体系需提供给有关认证或监督机构审批，送审包括所有的关键控制点和监测的记录。HACCP的确认活动包括确认关键控制点的正确性、关键控制点的控制界限是否符合标准、企业HACCP系统是否有效运行。企业本身也需定期对HACCP做出评估并不断改进。

冷链物流将易腐、生鲜食品的生产、运输、销售、经济和技术等各种问题集中起来考虑,因而是一项具有高科技含量的系统工程。这决定了冷链物流的质量体系是多层次,由多种因素相互依赖、相互作用的结果。对冷链物流来说,最终的质量管理目标是物流服务质量。为消费者提供满意的服务,为消费者创造价值,从而达成长期的、良好的合作关系。冷链物流服务质量依赖于商品的质量保证,也就是在冷链商品流通过程中必须注意物流各项作业的速度和质量以及温度控制,将易腐、生鲜食品从产地收购、加工、贮藏、运输、销售,直到消费的各个环节都处于适当的低温环境之中,以保证食品的质量,减少食品的损耗,防止食品的变质和污染。因此,商品的质量保证是冷链物流质量体系的基本目标,而商品质量的保证依赖于物流工作质量、物流工程质量和商品质量改善,因此,它们是冷链物流质量体系的基础目标。冷链物流五种质量之间关系如图 10.13 所示。

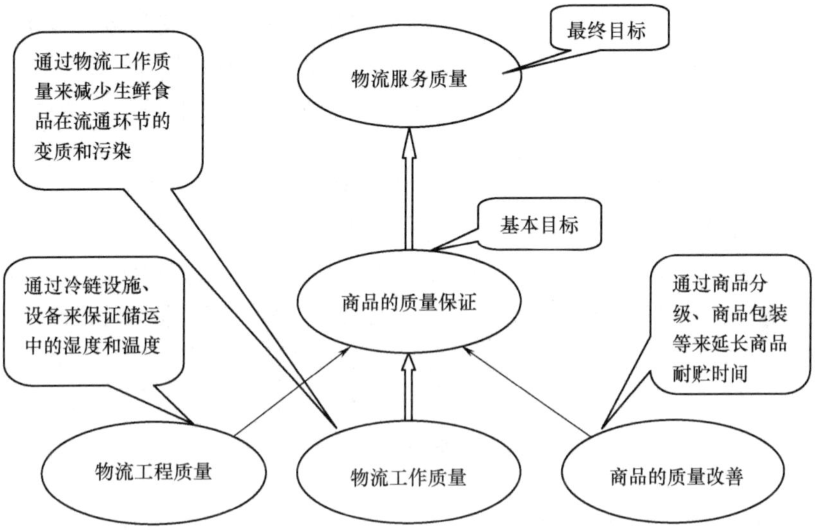

图 10.13　冷链物流五种质量关系图

为了达到上述目标,需涉及体制、人、设施和设备、物流流程、计量与测试手段、环境六个因素。

(1)体制　我国需建立低温食品产业健康发展的标准体系和标准监督实施体系,加强行业的管理和调控。一般发达国家都有低温食品安全标准。2004 年,国际冷链协会发布了冷链绩效衡量标准(CCQI)。这是冷链的第一个产业标准,它涉及对环境条件敏感的易腐货物的搬运、运输和储存等全过程的各个环节,对技术设备、运作流程和员工作业熟练程度都有了定量的标杆指标。日本冷冻食品协会发放"认证"的标准有:①按规范进行前处理;②必须速冻;③必须包装;④保藏温度必须控制在 -18℃以下。4 条标准中,难度最大且影响食品品质最大的是速冻工序。要求以尽快的速度通过 -5 ~ -1℃温度区间生成冰晶,此时有 80% 的水分冻结,要求在 30s 之内使产品中心温度达到 -18℃以下。而国内的冷链系统还只是一个早期的冷冻设备市场,远未达到完善的程度,相对于国际先进水平差距很大。冷链的实施没有国家或行业的专项标准制约,只有一些大型食品生产加工企业自己制定了一些标准,因此在监管上也是空白。为保障低温食品的质量和安全,有关部门应制定一系列行业标准和产品标准（包括从包装物到销售环节的明确操作标准），使冷链的实施走上法制化轨道。

（2）人　冷链物流工作人员必须进行卫生知识培训，考核合格后放可上岗，冷链物流工作人员须有良好的个人卫生习惯，定期检查身体，并按要求取得健康证。冷链物流工作人员除了卫生知识培训以外，还需做好从业人员职业技能培训工作，使从业人员的知识结构、能力结构、技术熟练程度、质量意识、责任心等符合冷链物流工作的需要。

（3）设施和设备　国外冷冻冷藏物流之所以迅速发展，冷藏装备的发展起到了极为关键的作用。发达国家已逐步淘汰了冰冷车和机冷车，在20世纪80年代后以年均递增15%的速度推广使用冷藏集装箱，目前已广泛采用机冷式冷藏集装箱，并有通风、气调、液氨、保温、冷板等多种类的冷藏箱，极大地促进了冷藏运输的发展。目前，国内冷冻冷藏企业的制冷技术仍处于一个较为落后的阶段，保留着老一套制冷工艺和技术，相当于国外20世纪80年代的水平，冷冻冷藏质量监控、车间环境温度和洁净度控制、卫生管理和包装技术仍与国际标准有较大的差距，另外冷藏仓储基础设施滞后，现代化的冷冻冷藏车数量严重不足，而目前运营中的冷藏运输设施陈旧，大多是机械式的速冻车皮，制冷技术和工艺落后，缺乏规范式的保鲜冷藏运输车厢和温度控制设施。

为了确保冷冻食品的质量和安全，我国应大力发展先进的冷冻冷藏装备。

①建设现代化冷库：目前，冷冻冷藏产品的品种在不断增加。这要求现代化冷库应有较宽的温度调节范围，能够贮藏多种冷冻冷藏产品。因此，现代化冷库可采用分散式制冷系统，使库温能在 $-20\sim20$℃选择，增强贮藏商品的品种多样性，以适应现代冷链物流的发展趋势。另外，随着自动化技术的发展，现代化的冷库制冷设备均实行全自动控制。制冷设备控制出库温控制自动开停和运转。库房现场设有库温、设备管制和显示装置。同时，库房温度、压缩机、冷凝风机、冷风机的运转信号都引至中央控制室显示屏上。机房值班人员能在中央控制室观察到各机组运行情况。

②在现有冷藏运输设施的条件下，大力发展公路冷藏运输和“三栖”冷藏集装箱运输：采用现代化技术和管理，使货物运输质量有明显改善，提高鲜活易腐货物冷藏运输率，逐步完善易腐食品冷藏链。同时，应加大对现有冷藏运输管理体制的改革力度，为冷藏运输行业的大发展创造宽松的外部环境，建立由铁路、公路、水路齐聚的多渠道、多层次的冷藏运输格局。

③做好超市门店中冷藏柜的选型、设计以及规范管理工作：冷藏陈列柜的形式多样、功能齐全和运行节能是我们今后选型的主要标准。低温食品发展中突出的一个主题即新鲜、安全、营养、卫生。因此，除了严格控制从产地到生鲜加工厂的商品品质及良好的生产操作条件外，还应改善超市冷藏设施的贮藏条件和卫生环境，以减少生鲜食品在此环节中因不良外界条件而导致品质老化所造成的损耗，从而降低成本。

④开发制造用抗菌材料生产的新一代环保无菌和节能化的冷藏设施：无菌冰箱及冷柜的普及意味着冷链的进一步完善，对保持食品高品质将起到巨大的作用。

（4）冷链物流流程　各物流公司应根据自己的经营范围和客户的要求设立自己的流程和操作规范。冷链流程的关键是标准化和跟踪。标准化是指对冷链物流的每个环节的温度、湿度、操作方法、操作时间、设备要求都设立可量化的指标。跟踪是对冷链物流运行的各个环节进行全程监控，确保上述指标按要求完成。通过上述两项措施，将易腐、生鲜食品从产地收购、加工、贮藏、运输、销售，直到消费的各个环节都处于适当的低温环境之中，以保证食品的质量，减少食品的损耗，防止食品的变质和污染。

(5)计量与测试手段　冷链物流企业应装备全套检测和自动控制设备，包括商品有害菌检测设备、农产品农药残留检测设备、温度自控和遥测装置以及温度自动记录装置。

(6)环境因素　冷链物流作业对象是生鲜和冷冻食品，因此，保持环境卫生是冷链物流质量保证的重要前提。库房周围和库内外走廊、汽车、火车月台、电梯等地必须坚持每天清扫，保持卫生；物流中心进出人员禁止随地吐痰、抽烟、乱扔杂物；使用的工具、器具要勤洗、勤擦，定期消毒；冷库库内商品出清后，必须彻底清扫、检查、消毒、堵塞鼠洞、杀灭霉菌。

案例1　麦当劳的冷链管理

谈到麦当劳的冷链物流，不能不说到夏晖公司，夏晖几乎是麦当劳的御用3PL的物流公司，麦当劳之所以选择夏晖，在于后者为其提供了优质的服务。为了满足麦当劳冷链物流的要求，夏晖公司在北京地区投资5500多万元人民币，建立了一个占地面积达12000m^2、拥有世界领先的多温度食品分发物流中心。其中冻库容量为1100t，设定温度为-18℃，储存派、薯条、肉饼等冷冻食品；冷藏库容量超过300t，设定温度为1~4℃，储存生菜、鸡蛋等需要冷藏的食品。冷藏和常温仓库设备都是从美国进口的设备，设计细致而精心，目的是为了最大限度地保鲜。在干库和冷藏库、冷藏库和冷冻库之间，均有一个隔离带，用自动门控制，以防止干库的热气和冷库的冷气互相干扰。该物流中心配有先进的装卸、储存、冷藏设施，5~20t多种温度控制运输车40余辆，中心还配有电脑调控设施用以控制所规定的温度，检查每一批进货的温度。从设立至今，夏晖设在北京的物流中心已向麦当劳餐厅运送货物近1000万箱。

餐厅与物流中心之间的精细对接，只是麦当劳冷链物流顺畅流转的前提，要在操作中保证一切不出纰漏，标准化和跟踪技术至关重要。

在食品供应链管理中，安全性和稳定性日益受到企业的关注。供应链的链条越来越长，安全体系则越来越薄弱，在29000多家麦当劳餐厅组成的大家族中，任何一家餐厅发生食品安全问题，对全球的麦当劳都会造成无可挽回的伤害。冷链物流中的标准化正是麦当劳如履薄冰、力图将危机扼杀在萌芽之中而采取的手段。

麦当劳的冷链物流标准涵盖了温度记录与跟踪、温度设备控制、商品验收、温度监控点设定、运作系统的建立等领域，即便是在手工劳动的微小环节也有标准把关。例如，一台8t标准冷冻车，装车和卸车的时间被严格限制在5min之内，根据货品的需要，还会使用一些专用的搬运器械，以避免在装卸过程中出现意外的损失。在中国，麦当劳还在考虑应用一些国家制定的物流业服务标准和技术标准，以便把工作细化到MRP或者VMI系统的各个节点，进而对整个流程实施控制和跟踪。

有了这些标准，麦当劳的下一项工作就是对所有产品实施在途跟踪。一台8t标准冷冻车的冷机价值48万元，经过500h之后就必须进行一次大修，不少企业在这种情况下选择了“偷工”，货车从北京出发到上海，只有一头一尾冷机是开放的，中间则被关闭。由于唯一的证据就是油耗，几乎没人能知道中间发生的事。可有了温度跟踪和货物跟踪的帮助，一切便变得完全透明。夏晖公司在中国并没有使用昂贵的跟踪手段，而是选择了一种类似于民航飞机上黑匣子(BLACKBAG)的技术。借助这些工具和技术不仅可以记录车的位置,也可记录车的状态。只要在事后打开记录,有关车的发停时刻、温度变化等数据就会尽收眼底。在不少企业还把标准化和跟踪系统当作一种技术来处理时,麦当劳已经利用它们构建起了一套有效的食品安全管理系统。在麦当劳看来,凡是在生产、储存中有要求的地方,不论普通食品还是冷冻食品,都应该设置这种标准。目前,麦当劳正在积极引入一套由美国食品物流协会开发的认证体系,并希望把这种适用于美国航天员的食品标准,逐步扩展到整个食品行业。

麦当劳餐厅使用的鸡蛋由专业养鸡场提供,经过特殊的消毒工序,杀灭鸡蛋表面对人体有害的沙门氏菌。麦当劳的供应商必须在鸡蛋产下来3d内运到工厂,按标准检测鸡蛋的大小、新鲜度,然后清洗,消毒、打油(起保护膜的作用),冷藏保存。麦当劳还要求餐厅鸡蛋在冷藏条件下,必须在45d内用完,以保持新鲜美味。

麦当劳对于质量的敏感,源于其对市场走向的判断。消费者对食品安全的要求越来越高,低价竞争只能对供应链产生伤害,价格竞争将被质量竞争所取代。为此,麦当劳愿意在别人无暇顾及的领域付出额外的努力。麦当劳要求,运输鸡块的冷冻车内温度需要达到-22℃,并为此统一配备价值53万元的8t标准冷冻车,全程开机。同样的过程,用5t的平板车盖上棉被一样可以操作,成本可以节省一半以上。但是,麦当劳对于这种可能影响最终产品质量的行为坚决禁止。在麦当劳看来,冰淇淋化了之后再冻上,就不是冰淇淋了,只能算是牛乳和冰晶的混合体。

正如餐厅并不是麦当劳的全部,运输中的质量控制只是麦当劳冷链物流的冰山一角,在它的背后,有技术先进的食品加工制造商、包装供应商及分销商等构成的采购网络支撑,更有遍及世界各地的运销系统承载,还有准确快速的财务统计及分析软件助阵。

案例2 光明乳业股份有限公司全程冷链物流管理

牛乳"冷链"物流,就是指在生产、运输、销售、储存的全过程中,将牛乳温度控制在0~4℃范围内,最大限度地保持牛乳的新鲜和口味。

1992年,光明从法国引入了牛乳保鲜概念,并着手冷链物流的建设。光明执行的温度标准严格控制在0~4℃。

2003年由光明物流事业部单独成立上海领鲜物流有限公司,并成为中国最大的冷藏物流企业之一,为众多第三方提供物流服务。

光明是全机械化挤乳,牛乳一挤出来马上就被冷却,装入冷藏奶槽车送到工厂;到达工厂后,奶槽车直接与管道连接,进入加工程序;产品生产出来后都被放在物流配送中心的冷库里,商超销售的产品由冷藏车直接配送到商超。值得一提的是,光明的设计思想是"门对门",冷库有门廊,温度保持在0~10℃,冷藏车到冷库接货时,车先进入冷库门廊里的,从而保证这条链条永不中断。

光明的鲜乳在社区小冷库里放置的时候温度更低,这样等送到千家万户时,鲜乳就会达到一个合理的温度。光明有2700多人的送奶大军,他们是用三轮车来完成最后配送的。这些三轮车也都有保温层和冰袋,此次"冷链"工程,不但在送奶车中安装了隔热内胆,在送奶途中安放冰袋,加装了用聚胺酯隔热材料及PUC塑面制成的隔热内胆,让消费者喝到的牛乳真正实现全程低温冷藏。经测试,保温奶箱质量可靠,在37℃的高温下经4h,箱内的温度也不会超过4℃,真正是“不怕热”的奶箱。即时的信息处理系统为光明冷链物流提供了一个快速高效的信息平台,它让光明物流配送的误差控制在个位数的水平,让光明上柜(架)的产品尽可能保持最新鲜的水平。

每天下午,150名光明业务员按照各自的区划,来到上海8800家便利店、超市和大卖场,察看光明产品的销售情况,并将结果通过手中的PDA(“个人数字助理”,这种手持设备集中了计算、电话、传真和网络等多种功能)即时上传到光明物流中心。

物流中心的计算机根据这些数据生成每一家门店所需产品的品种与数量工单,并指定具体的配送中心发货。

在数据生成汇总的时候,所有的光明工厂则根据物流公司计算机中心出具的工单中的相应内容进行紧锣密鼓地生产。

从前一天21时30分到第二天11时,光明的冷藏车都按照既定线路,根据光明物流中心电脑出具的工单,将货品送至上述8800家门店。

参考文献

[1]赵娜．食品安全中的信息不对称问题研究[D]．河北大学,2010.5

[2]曾佑新,刘海燕．食品物流管理[M]．北京:化学工业出版社,2007.7

[3]赵林度．零售企业食品供应链管理[M]．北京:中国轻工业出版社, 2006.4

[4]赵林度．食品安全与风险管理[M]．北京:科学出版社, 2009.11

[5]赵林度．食品溯源与召回[M]．北京:科学出版社, 2009.11

[6]魏国辰,肖为群．基于供应链管理的农产品流通模式研究[M]．北京:中国物资出版社,2009.9

[7]周洁红,姜励卿.农产品质量安全追溯体系中的农户行为分析——以蔬菜种植户为例[J].浙江大学学报(人文社科版),2007(2)

[8]施晟,周德翼,汪普庆.食品安全可追踪系统的信息传递效率及政府治理策略研究[J].农业经济问题,2008(5)

[9]杨秋红,吴秀敏.食品加工企业建立可追溯系统的成本收益分析[J].四川农业大学学报,2008(1)

[10]张仕都.蔬菜质量安全可追溯体系建设研究——基于批发市场和政府相关部门的二维视角[D].浙江大学,2009

[11]赵荣,乔娟.农户参与食品追溯体系激励机制实证研究[J].华南农业大学学报(社会科学版),2011(1)

[12]元成斌.食用农产品企业实行质量可追溯体系的行为研究一以四川家企业为例[D].四川农业大学,2009

[13]山丽杰,吴林海,徐玲玲．企业实施食品可追溯体系的投资意愿与投入水平研究[J]．华南农业大学学报(社会科学版),2011(4)

[14]叶俊焘．猪肉加工企业质量安全可追溯行为及绩效研究——来自浙江、江西两省的实证[D]．浙江大学, 2013

[15]John Gattorna,王海军等译．供应链管理手册(第5版)[M]．电子工业出版社,2004(4)

[16]John Gattorna,宋华等译．战略供应链联盟[M]．经济管理出版社,2003(10)

[17]苏尼尔．乔普瑞、彼得．梅因德尔．供应链管理——战略、规划与运营[M]．中国人民大学出版社,2010(12)

[18]柴跃廷、刘义．敏捷供需链管理[M]．北京:清华大学出版社、施普林格出版社,2001(9)

[19](美)戴夫·纳尔逊(Dave Nelson)等著,刘祥亚等译．供应链管理最佳实践[M]．北京:机械工业出版社,2003(2)

[20](加)米歇尔·R·利恩德斯(Michiel R. Leenders)、(美)哈罗德·E·费伦(Harold E. Fearon)等著,赵树峰译．采购与供应管理[M]．北京:机械工业出版社,2003/08

[21]王耀球、施先亮．供应链管理[M]．北京:机械工业出版社,2005(4)

[22]邵晓峰、张存禄．供应链管理[M]．北京:机械工业出版社,2006(2)

[23]邹辉霞．供应链物流管理[M]．北京:清华大学出版社,2004

[24]阎子刚、赵继新．供应链管理[M]．北京:机械工业出版社,2005

[25]马士华、林勇．供应链管理[M]．北京:机械出版社,2005

[26]林国龙译．物流管理－供应链过程的一体化[M]．北京:机械工业出版社,2004

[27]克里斯托弗．物流与供应链管理·创造增值网络(第3版)[M]．北京:电子工业出版社,2006

[28]大卫·辛奇－利维等．供应链设计与管理:概念、战略与案例研究[M]．北京:中国人民大学出版社,2010

[29][美]唐纳德J. 鲍尔索克斯、戴维J. 克劳斯．物流管理－供应链过程一体化[M]．北京:机械工业出版社,2000(3)

[30][英]道格拉斯．K. 麦克贝斯、尼尔．弗格森．开发供应商伙伴关系－供应链一体化方案[M]．上海:上海远东出版社,2001(1)

[31]宋远方．供应链管理与信息技术[M]．北京:北京出版社,2000(5)

[32]赵林度．供应链与物流管理理论与实务[M]．北京:机械工业出版社,2003(4)

[33]霍佳震．企业评价创新——集成化供应链绩效及其评价[M]．石家庄:河北人民出版社,2001(8)

[34]卡利斯．Y. 鲍德温、金．B. 克拉克．价值链管理,中国人民大学出版社,2001(4)

[35][英]安德鲁．伯杰［澳大利亚］约翰．加托纳．网际时代的供应链管理[M]．北京:电子工业出版社, 2002(3)

[36]王焰．一体化的供应链－战略设计与管理[M]．北京:中国物资出版社,2002(1)

[37]徐琪、何静．供应链管理:理论与实验[M]．上海:上海人民出版社,2008(1)

[38]徐福缘,何静．多功能开放型企业供需网初探[J]．预测,2002. 6,19－22

[39]何静、徐福缘．多功能开放型企业供需网与几种动态联盟合作模式的关系研究[J]．科学学与科学技术管理 2006(6)

[40]何静、徐福缘．供应链瓶颈问题分析及其解决方法[J]．计算机集成制造系统－CIMS 2003(2)

[41]于辉,安玉发．在食品供应链中实施可追溯体系的理论探讨[J]．农业质量标准,2005(3)

[42]樊红平等．可追溯体系在食品供应链中的应用于探讨[J]．生态经济,2007(4)

[43]陈红华等．我国农产品可追溯系统中的博弈模型分析[J]．经济师,2007(7)

[44]曹江涛,彭亚拉．建设基于供应链的食用农产品安全信息管理系统—全程保障食品安全[J]．食品科学,2007(5)

[45]张卫斌,顾振宇．基于食品供应链管理的食品安全问题发生机理分析[J]．食品工业科技．2007(1)

[46]吴红姣,倪卫红. 食品供应链的可追溯体系设计[J]．工业工程,2008(11)

[47]方炎等．我国食品安全追溯制度研究[J]．农业质量标准,2005(2)

[48]张仕都．关于我国食品安全可追溯制度建设的问题探讨[J]．现代商业, 2009(9)

[49]陈彧．我国生鲜食品供应链风险管理研究[J]．南开大学硕士学位论文,2011(11)

[50]张红霞,安玉发,张文胜．我国食品安全风险识别、评估与管理[J]．经济问题探索,2013(6):135－141

[51]孙晓梅．生鲜农产品供应链绩效评价研究[D]．大连海事大学硕士学位论文,2012(6)

[52]秦瑶．基于供应链的第三方冷链物流企业绩效评价研究[D]．中南大学 2011(11)

[53]张莹,基于 HACCP 检测的冷链物流,物流技术,2006, 1, 105

[54]Golan,E. H,Krissoff,B. Traceability in the U. S. Food Supply:Economic theory and Industry Studies[J]. Agricultural Economic Report,2004

[55]Hobbs,J. E. Information asymmetry and the role of traceability systems. Agribusiness[J]. 2004,20(4):397－415

[56]Trautman,D. ,Goddard,E. ,&Nilsson,T. Traceability－a literature review[J]. Project Report of University of Alberta,2008(6):1－148

[57]Mitic,M. The Global Traceability Standard[J]. Food&Beverage International,2006,37(1):32－32

[58]Bollen,A. F. ,Riden,C. P. ,&Cox,N. R. Agricultural Supply System Traceability[J]. Bio systems Engineering,2007,98(4):391 – 400

[59]Bailey,D. Benefits And Costs Associated With an Animal Identification System for Cattle in the United States[J]. Animal Identification. 2004,2(4):1 – 20

[60]Bertolini,M. ,Bevilacqua,M. ,&Massini,R. FMECA Approach to Product Traceability in the Food Industry[J]. Food Control,2006. 17(2):37 – 45

[61]Fritz M. ,Schiefer G. Tracking,tracing,and business process interests in food commodities: A muti – level decision complexity[J]. Int. J. Production Economics,2009,117:317 – 329

[62]Marshall L. Fisher. What Is The Supply Chain for Your Product? [J]. Harvard Business Review,1997,75(2):105 – 106

[63]Evans G N, Towill D R, Naim M M. Business process re – engineering the supply chain[J]. Production Planning &Control, 1995,6(3):227 – 237

[64]Gregory N. Stock, Noel P. Greis, John D. Kasarda. Enterprise logistics and supply chain structure: the role of fit[J]. Journal of Operations Management, 2000,5:531 – 547

[65] G. Prem Premkumer. Supply Chain Management [J]. Information Systems Management, Summer. 2000,56 – 69

[66]Edward F. Mcdonough, Ⅲ and David Cedrone. Meeting the Challenge of Global Team Management[J]. IEEE Engineering Management Review, Second Quarter. 2001,61 – 66

[67]Markham T. Frohlich, Roy Westbrook. Arcs of integration: an international study of supply chain strategies[J]. Journal of Operations Management. 2001,19:185 – 200

[68]Gary J. Cross. How E – business is Transforming Supply Chain Management[J]. IEEE Engineering Management Review, Third Quarter. 2000,17 – 35

[69]Salem Lakhal, Alain Martel, Ossama Kettani, Muhittin Oral. On the Optimization of Supply Chain Networking Decisions[J]. European Journal of Operational Research. 2001,129, 259 – 270

[70]Harland C. Supply Chain Operational Performance Roles[J]. Integrated Manufacturing Systems,1997,8(2):70 – 78

[71]Evans G N, Towill D R and Naim M M. Business process re – engineering the supply chain[J]. Production Planning &Control. 1995,6(3):227 – 237

[72]Lee H. L, Padmanabhan V and Whang S. Information Distortion in a Supply Chain: the Bullwhip Effect [J]. Management Science. 1997,43(4):546 – 558

[73]Harland C. Supply Chain Operational Performance Roles. Integrated Manufacturing Systems[J]. 1997,8(2) : 70 – 78

[74]Christien J. M. Ondersteijn, Jo H. M. Wijnands, Ruud B. M. Huirne, Olaf van Kooten[J]. Quantifying the Agri – Food Supply Chain

[75]Elise Golan etc. Traceability in the US Food Supply:Dead End or Superhighway? [J]. Choices,2003(4)

[76]Diogo M. Souza – Monteiro,Julie A. Caswell,The Economics of Implementing Traceability in Beef Supply Chains: Trends in Major Producing and Trading Countries. http://www. umass. edu/resec/workingpapers,2004,6

[77]Hobbs,J. E. Information asymmetry and the role of traceability systems[J]. Agribusiness, 2004(4)

[78]M. Bevilacqua, F. E. Ciarapica, G. Giacchetta. Business process reengineering of a supply chain and a traceability system: A case study[J]. Journal of Food Engineering, 2009(93)